KB201335

CNB 546

데살로니가전 · 후서에 관한 구속사적 관점 강해
우리 시대를 점검하는 성경의 가르침 따른 교훈

데살로니가전·후서

이 광 호

2022년

교회와성경

지은이 | 이광호

영남대학교와 경북대학교대학원에서 법학과 서양사학을 공부했으며, 고려신학대학원(M.Div.)과 ACTS(Th.M.)에서 신학일반 및 조직신학을 공부한 후 대구 가톨릭대학교(Ph.D.)에서 선교학을 위한 비교종교학을 연구하였다. '홍은개혁신학연구원' 에서 성경신학 담당교수를 비롯해 고신대학교, 고려신학대학원, 영남신학대학교, 브니엘신학교, 대구가톨릭대학교, 숭실대학교 등에서 학생들을 가르쳤으며, 이슬람 전문선교단체인 국제 WIN선교회 한국대표, 한국개혁장로회신학교 교장을 지냈다. 현재는 실로암교회에서 담임목회를 하면서 한국개혁장로회신학교와 부경신학연구원에서 강의하고 있다.

저서

- 성경에 나타난 성도의 사회참여(1990)
- 갈라디아서 강해(1990)
- 더불어 나누는 즐거움(1995)
- 기독교관점에서 본 세계문화사(1998)
- 세계 선교의 새로운 과제들(1998)
- 이슬람과 한국의 민간신앙(1998)
- 아빠, 교회 그만하고 슈퍼하자요(1995)
- 교회와 신앙(2002)
- 한국교회 무엇을 개혁할 것인가(2004)
- 한의 학제적 연구(공저)(2004)
- 세상속의 교회(2005)
- 한국교회의 문제점과 극복방안(공저)(2005)
- 교회, 변화인가 변질인가(2015)
- CNB 501 에세이 산상수훈(2005)
- CNB 502 예수님 생애 마지막 7일(2006)
- CNB 503 구약신학의 구속사적 이해(2006)
- CNB 504 신약신학의 구속사적 이해(2006)
- CNB 505 창세기(2007)
- CNB 506 바울의 생애와 바울서신(2007)
- CNB 507 손에 잡히는 신앙생활(2007)
- CNB 508 아름다운 신앙생활(2007)
- CNB 509 열매 맺는 신앙생활(2007)
- CNB 510 웨스트민스터 신앙고백(2008)
- CNB 511 사무엘서(2010)
- CNB 512 요한복음(2009)
- CNB 513 요한계시록(2009)
- CNB 514 로마서(2010)
- CNB 515 야고보서(2010)
- CNB 516 다니엘서(2011)
- CNB 517 열왕기상하(2011)
- CNB 518 고린도전후서(2012)
- CNB 519 개혁조직신학(2012)
- CNB 520 마태복음(2013)
- CNB 521 히브리서(2013)
- CNB 522 출애굽기(2013)
- CNB 523 목회서신(2014)
- CNB 524 사사기, 룻기(2014)
- CNB 525 옥중서신(2014)
- CNB 526 요한 1, 2, 3서, 유다서(2014)
- CNB 527 레위기(2015)
- CNB 528 스코틀랜드 신앙고백서(2015)
- CNB 529 이사야(2016)
- CNB 530 갈라디아서(2016)
- CNB 531 잠언(2017)
- CNB 532 욥기(2018)
- CNB 533 교회헌법해설(2018)
- CNB 534 사도행전(2018)
- CNB 535 소선지서〈I〉(2018)
- CNB 536 소선지서〈II〉(2019)
- CNB 537 시대 분별과 신학적 균형(2019)
- CNB 538 역대상,하(2019)
- CNB 539 누가복음(2020)
- CNB 540 신명기(2021)
- CNB 541 아가서(2021)
- CNB 542 베드로전후서(2021)
- CNB 543 전도서(2021)
- CNB 544 예레미야,예레미야애가(2022)
- CNB 545 여호수아(2022)

역서

- 모슬렘 세계에 예수 그리스도를 심자(Charles R. Marsh, 1985년, CLC)
- 예수님의 수제자들(F. F. Bruce, 1988년, CLC)
- 치유함을 받으라(Colin Urquhart, 1988년, CLC)

홈페이지 http://siloam-church.org

데살로니가전·후서

CNB 546

데살로니가전·후서

A Study on the Book of 1, 2 Thessalonians
by Kwangho Lee

Published by the Church & Bible Publishing House

초판 인쇄 | 2022년 9월 23일
초판 발행 | 2022년 9월 30일

발행처 | 교회와성경
주소 | 평택시 특구로 43번길 90 (서정동)
전화 | 070-4894-7722
등록번호 | 제2012-03호
등록일자 | 2012년 7월 12일

발행인 | 문민규
지은이 | 이광호
편집주간 | 송영찬
편집 | 신명기
디자인 | 조혜진

총판 | (주) 비전북출판유통
주소 | 경기도 고양시 일산구 장항동 568-17호 (우) 411-834
전화 | 031-907-3927(대) 팩스 031-905-3927

값은 표지에 있습니다.
파손된 책은 구입처나 출판사에서 교환해 드립니다.
ISBN 978-89-98322-44-1 93230

Printed in Seoul of Korea

CNB 시리즈
서 문

CNB The Church and The Bible 시리즈는 개혁신앙의 교회관과 성경신학적 구속사 해석에 근거한 신·구약 성경 연구 시리즈이다.

이 시리즈는 보다 정확한 성경 본문 해석을 바탕으로 역사적 개혁 교회의 면모를 조명하고 우리 시대의 교회가 마땅히 추구해야 할 방향을 제시함으로써 교회의 삶과 문화를 창달하는 것을 그 목적으로 하고 있다.

따라서 이 시리즈는 진지하게 성경을 연구하며 본문이 제시하는 메시지에 충실하고 있다. 그렇다고 이 시리즈가 다분히 학문적이거나 또는 적용이라는 의미에 국한되지 않는다. 학구적인 자세는 변함 없지만 궁극적으로 하나님의 나라를 지향함에 있어 개혁주의 교회관을 분명히 하기 위해 보다 더 관심을 가진다는 의미이다.

본 시리즈의 집필자들은 이미 신·구약 계시로써 말씀하셨던 하나님께서 지금도 말씀하고 계시며, 몸된 교회의 머리이자 영원한 왕이신 그리스도께서 지금도 통치하시며, 태초부터 모든 성도들을 부르시어 복음으로 성장하게 하시는 성령께서 지금도 구원 사역을 성취하심으로써 창세로부터 종말에 이르기까지 거룩한 나라로서 교회가 여전히 존재하고 있음을 그 무엇보다도 중요하게 여기고 있다.

아무쪼록 이 시리즈를 통해 계시에 근거한 바른 교회관과 성경관을 가지고 이 땅에 진정한 그리스도인의 삶과 문화가 확장되기를 바라는 바이다.

시리즈 편집인

송영찬 목사, 교회와성경 편집인, 샤로수교회, M.Div.
이광호 목사, 한국개혁장로회신학교 교장, 실로암교회, Ph.D.

데살로니가전·후서

머리말

우리 시대 인간들은 극도로 타락한 길을 걸어가고 있다. 이는 전통적인 인간들의 오만함과는 비교가 되지 않는다. 현대의 첨단과학 문명은 이제껏 인간들이 전혀 경험해보지 못한 것들로 가득 차 있다. 이와 더불어 이제까지 지탱되어 온 전통적인 인간관이 급속도로 파괴되어 가고 있는 실정이다.

현대인들은 비행기를 타고 온 지구를 자유롭게 다니는가 하면 영상을 통해 지구 반대편에 있는 사람들과 실시간 얼굴을 보고 대화를 나누는 시대가 되어 있다. 그리고 각 사람의 손에 들린 스마트폰을 통해 모든 정보를 소유하고 있다. 어리석은 자들은 그것이 인간들이 이룬 쾌거인 양 착각하고 있다.

그리고 전반적인 4차 산업의 발달은 장차 도래하게 될 인간사회의 변화를 짐작조차 하기 어렵게 만들었다. 인공지능(AI), 인공감성(AE), 알고리즘을 통한 각종 정보의 취합 및 재구성, 거기다가 가상 세계의 현실화를 이끌어가게 될 메타버스(metaverse)의 발달로 말미암아 인간 자체에 대한 재해석의 우려가 눈앞에 도사리고 있다.

나아가 인간의 동물화 작업은 급속도로 진화되어 가고 있다. 짐승과 확연히 구별되는 만물의 영장으로서의 인간관을 포기한 지는 이미 오래된 형편이다. 애완동물과 반려동물의 일반화는 다양한 분야에서 짐승이 인간보다 우위를 점하는 양상을 보여주고 있다.

거기다가 우리 시대에는 동성애가 일반화되어 있으며 동성결혼 또한 여러 나라에서 합법화하고 있다. 남자와 남자가 결혼하고, 여자와 여자가 결혼한다는 말도 되지 않는 일이 인간들의 행동과 사고를 지배하고 있다. 문제는 하나님을 경외해야 할 지상 교회와 성도들 가운데 상당수가 그에 편승하고 있다는 점이다.

뿐만 아니라 현대 교회는 신학적 자유주의, 세속주의, 기복주의, 번영주의, 신비주의, 은사주의 등이 기승을 부리며 그로 인한 혼합주의가 만연해 있다. 어느 것이 하나님의 참뜻인지 알 수 없을 정도로 인간들의 오만함이 교회 내부로 들어와 뒤섞여 버린 것이다. 그렇게 되면 신앙이 어린 교인들은 심각한 판단 오류에 빠질 수밖에 없다.

하나님의 진리를 멸시하는 이런 참혹한 시대일수록 지상 교회는 올바른 신학과 신앙의 정체성을 유지해야 한다. 하나님을 진정으로 경외하는 교회와 성도들이라면 하나님으로부터 계시된 성경을 통해 참된 진리를 받아들이고 이 땅에 주님의 교회를 세워나가야 한다. 그렇게 하지 않고는 하나님을 진정으로 섬길 수 없다.

그럼에도 불구하고 하나님의 말씀인 성경이 기독교 내부에서조차 심한 무시를 당하고 있다. 이는 지상 교회 가운데서 하나님이 악한 인간들에 의해 이용당하고 있다는 사실을 의미한다. 따라서 '교회'라는 이름을 가지고 있다고 해서 모두가 동일한 교회라 말하기 어렵다. 이에 대해서는 상황이 크게 다르긴 하지만 성경에 나타나는 여러 교회 역시 마찬가지다.

예수님께서 부활 승천하신 첫 세기에는 여러 지역에 교회들이 흩어져 있었다. 예루살렘과 유다 지역뿐 아니라 시리아와 갈라디아 지역에도 교회가 있었다. 뿐만 아니라 소아시아 지역과 마케도니아와 아가야 지역과 로마와 북부 아프리카 지역에도 많은 교회가 존재했었다.

하지만 그 가운데 많은 교회는 심각한 문제들을 안고 있었다. 예수님의 부활 승천에 관한 잘못된 주장과 율법주의자들처럼 신앙 자체에 문제를 가진 교회들이 있었는가 하면 인간 중심의 권위주의가 팽배한 경우도 있었다. 나아가 간음이나 거짓이 난무한 윤리적 파괴 현상이 일어나는 경우도 많았다.

이처럼 당시 지상에 흩어진 교회들 가운데 다양한 문제들이 있었던 것에 반해 데살로니가 교회는 모범적인 교회였다. 그들은 하나님을 진정으로 경외했으며 하나님의 계시를 전적으로 믿었다. 그리고 그의 재림을 소망하며 세상의 잘못된 풍조에 동화되지 않았다. 따라서 바울은 데살로니가 교회를 매우 신뢰하고 있었다.

오늘날 우리 시대 교회도 데살로니가 교회를 본받을 수 있어야 한다. 주님의 재림을 앞둔 시대에 살아가는 하나님의 자녀들이 극도로 부패한 이 세상을 능히 이겨낼 수 있어야 한다. 참된 교회라면 그와 같은 근본적인 신앙 자세를 놓쳐서는 안 된다. 나아가 자라나는 다음 세대에 명확한 성경적 교훈을 상속해 줄 수 있어야 한다.

이 책을 접하는 성도들이 이 땅에 올바른 교회를 세워나가는 일에 한 부분을 담당해 주기를 바란다. 또한 주님의 재림을 앞둔 시기에 하나님을 진정으로 경외하는 성도들이 많아지기를 바란다. 필자가 목회하고 있는 실로암교회와 원고를 미리 읽고 교정을 보며 수고한 필자의 부모님이신 이재일 장로님과 김옥금 권사님, 그리고 아내 정정희 사모와 최은숙 자매에게 깊이 감사드린다. 또한 부족한 원고가 책으로 나오기까지 수고한 '교회와 성경'(CNB) 출판사 관계자들에게도 고마움을 전한다. "아멘, 주 예수여, 속히 오시옵소서!"

2022년 가을
실로암교회 목양실에서
이광호 목사

차 례

데살로니가전서

데살로니가후서

데살로니가전서

차 례

17

데살로니가전서

서 문

1. 데살로니가전서의 기록자와 수신자

데살로니가전서는 사도 바울이 하나님으로부터 계시받아 기록한 서신이다. 그와 함께 머물던 실루아노(실라)와 디모데 역시 바울이 계시받던 그 자리에 있었다. 이 서신은 신약성경 가운데 매우 이른 시기에 기록되었다. 아마도 사도 바울이 갈라디아서를 쓴 다음 AD50년 경에 기록했을 것으로 보인다.

2. 데살로니가 지역의 배경

에게해 서부 연안에 접한 도시인 데살로니가와 그 인근 지역에서 사도 바울은 여러 사건을 겪었다. 빌립보 감옥에서 석방된 그는 데살로니가로 가서 안식일날 그곳에 있던 유대인 회당을 방문했다. 저들에게 구약성경을 토대로 하나님의 복음을 전파하기 위해서였다. 즉 하나님께서 오래전부터 예언한 대로 메시아 곧 예수 그리스도께서 이 땅에 오셨다는 사실을 알려주고자 했다.

그로 말미암아 사도 바울은 데살로니가에 있던 유대인 율법주의자들로부터 심한 위협을 당했다. 그들은 바울이 모세 율법을 무시하고 이단사상을 주장하는 것으로 간주했다. 즉 그 사람들은 유대주의적 종교성은 강했으나 메시아가 오신 사실을 받아들이지 않았다. 그런 중에도 그곳에는 하나님의 말씀을 깨달아 예수 그리스도를 믿고 영접한 성도들이 상당수 있었다.

하지만 바울은 자기에 대한 위협이 점차 심하게 되자 그로 말미암아 데살로니가를 떠나야만 했다. 그곳을 떠난 바울은 일행과 함께 내륙에 있는 도시인 베뢰아로 갔다. 안식일이 되어 그가 유대인 회당을 방문했을 때 그 지역 사람들은 신사적이어서 바울이 전하는 언약의 말씀을 귀담아듣고자 했다.

하지만 데살로니가에 있던 유대인 극렬주의자들은 베뢰아까지 사람들을 보내 그를 해하려고 했다. 그로 인해 바울과 함께 있던 자들은 바울을 다시금 데살로니가 지역 항구로 데리고 가서 그곳에서 배를 태워 남쪽에 있는 아테네로 보내게 되었다. 이와 같은 여러 사정을 고려할 때 데살로니가 지역 자체로는 그에게 썩 좋은 기억으로 남아있었을 것 같지 않다.

그뿐 아니라 데살로니가의 주변 환경은 세상의 일반 종교적인 관점에서 볼 때 전혀 건전하지 않았다. 그곳 사람들은 로마 제국을 역사적으로 휘감듯이 전파된 종교사상의 전형이라 할 수 있는 다양한 신령들을 섬겼다. 대표적으로는 그리스 신 디오니수스(Dionysus), 이집트 신 이시스(Isis), 오시리스(Osiris), 세라피스(Serapis) 등이 있다. 나아가 그들은 기원전 첫 세기 말경 형성된 로마 제국의 집단 종교의식에 참여하고 있었다.[1)]

3. 데살로니가 교회 형편

데살로니가 교회는 냉혹하고 열악한 주변 환경 가운데도 역경을 이기고 모범적인 모습으로 성장해갔다. 따라서 사도 바울은 그들에 대한

---

1) Beverly, Roberts Gaventa, 데살로니가 전후서, (김기영 역), 서울: 한국장로교출판사, 2003. p.26. 참조.

인정(認定)과 더불어 칭찬을 아끼지 않았다. 정치 사회적인 측면과 종교적으로 힘든 주변 환경 가운데서도 데살로니가 교회 성도들은 구약성경과 사도들이 전한 하나님의 계시를 좇아 온전한 신앙을 지키고자 애썼다. 그런 중에 바울은 그들에게 하나님의 계시를 받아 편지를 써 보냈다.

4. 서신의 간단한 내용 정리

사도 바울은 데살로니가전서를 통해 지상 교회에 속한 성도들에게 소중한 교훈을 전달하고자 했다. 그 가운데는 단순한 권면이 아니라 반드시 지켜야 할 명령으로서 성도들이 소유할 진리의 말씀이 포함되어 있었다. 그는 서신에서 하나님의 선택으로 인해 이 땅에 거룩한 교회가 세워지게 된 사실을 언급했다. 따라서 지상 교회에 속한 모든 성도는 하나님의 복음을 좇아 살아가야만 한다. 그 복음은 예수 그리스도의 총체적인 사역으로 말미암아 허락된 영원한 구원에 연관되어 있다.

하지만 타락한 세상에 있는 성도들은 극심한 고난 가운데 살아갈 수밖에 없다. 그것을 극복하기 위한 유일한 방편은 하나님으로부터 제공되는 생명의 양식을 지속해서 섭취하는 것이다. 이처럼 그들은 항상 진리의 말씀을 심중에 받아들임으로써 주님을 따르는 신앙인으로 살아가야 한다.

또한 그 말씀을 통해 타락한 이 세상을 올바르게 해석하며 악한 풍조에 대한 경계의 끈을 늦추지 말아야 한다. 그렇게 함으로써 하나님의 자녀들을 진리로 권면하는 것은 교회에 주어진 소중한 사명이다. 그런 중에 하나님의 자녀들이 심한 고난이 닥친다고 할지라도 항상 영광스러운 교회 가운데 존재하게 된다.

지상 교회에 속한 모든 성도가 악한 세상에서 승리를 거두기 위해서는 참된 믿음이 있어야 한다. 그와 더불어 장차 임할 예수 그리스도를 간절히 소망하며 살아가게 된다. 그 궁극적인 소망을 가진 성도들은 개인의 욕망을 채우고자 이 땅의 것들을 추구하지 않으며 이웃을 위한 삶의 자세를 유지한다. 그들은 타락한 이 세상이 궁극적인 가치를 제공하지 못한다는 사실을 깨달아 알고 있기 때문이다.

그러므로 사도 바울은, 교회에 속한 성도들은 항상 주님의 재림을 소망하며 그날을 대비해야 한다는 사실을 언급했다. 따라서 참 교회는 신랑 되시는 예수 그리스도와 약혼한 신부로서 정결한 모습을 유지해야만 한다. 이는 단순한 관념적 표현에 머무는 것이 아니라 실제적 의미를 지니고 있다. 장차 주님의 재림과 더불어 완성될 성도의 부활과 공중 혼인잔치에 관한 구체적인 사실이 선포되고 있기 때문이다.

따라서 참 소망을 지닌 지상 교회는 항상 주님의 재림을 기다리며 그에 대비하고 있어야 한다. 그와 같은 본질적 믿음을 소유한 성도들은 온당한 직분의 질서를 유지하는 가운데 세상의 것을 포기하고 주님 안에서 화목한 삶을 살아가게 된다. 이는 일반적인 인간관계를 요구하는 윤리와는 그 성격이 근본적으로 다르다.

그러므로 세상에 살아가는 모든 성도는 교회 가운데서 자신이 감당해야 할 실천적 의무를 다해야 한다. 물론 교회 내부에서뿐 아니라 세상의 다양한 환경 가운데서도 인간적인 욕망을 추구하는 대신 이웃을 위한 겸손한 삶을 살아가야 한다. 그런 중에 세상의 오염된 가치로부터 자신을 비롯한 교회와 여러 성도를 지켜 보호하게 되는 것이다.

주님께 속한 성도들은 그런 신령한 삶을 지속하는 중에 교회와 성도들을 위한 성령 하나님의 사역에 대해 감사의 마음을 가지게 된다. 그렇게 할 때 이 세상에서 아무리 힘들고 고통스러운 일이 발생한다고 할지라도 그 어려움을 능히 이겨낼 수 있다. 따라서 하나님의 자녀들은 이 세상에서 처한 형편과 무관하게 항상 기뻐할 수 있으며, 지속적인 기도를 통해 주님과 교제하는 가운데 감사한 삶을 이어가게 된다.

교회와 그에 속한 성도들은 그와 더불어 예수 그리스도의 신부로서 주님의 재림을 대비하고 있어야 한다. 하나님의 자녀들이 이 세상을 삶의 목표지점으로 삼지 않는 것은 영원한 천국이 존재하기 때문이다. 이 세상이 나름대로 의미 있는 과정적 영역이기는 하나 주님의 재림을 간절히 소망함으로써 그리스도와 함께 완성될 천국을 바라보게 된다. 그와 같은 신앙인의 삶이 세상을 능히 이기는 힘을 제공하게 되는 것이다.

제1장

하나님과 그의 선택 가운데 존재하는 데살로니가 교회

(살전1:1-4)

(1:1) 바울과 실루아노와 디모데는 하나님 아버지와 주 예수 그리스도 안에 있는 데살로니가인의 교회에 편지하노니 은혜와 평강이 너희에게 있을찌어다 (2) 우리가 너희 무리를 인하여 항상 하나님께 감사하고 기도할 때에 너희를 말함은 (3) 너희의 믿음의 역사와 사랑의 수고와 우리 주 예수 그리스도에 대한 소망의 인내를 우리 하나님 아버지 앞에서 쉬지 않고 기억함이니 (4) 하나님의 사랑하심을 받은 형제들아 너희를 택하심을 아노라

"바울과 실루아노와 디모데는" (살전1:1ⓐ)

- 교회 지도자들의 고백적 연대의 중요성

사도 바울은 데살로니가 교회에 편지하면서 자기가 단독으로 그것을 써 보내는 것이 아니라 실루아노[2] 와 디모데[3] 와 더불어 편지를 쓰고 있음을 언급하고 있다. 이는 매우 중요한 의미를 지니고 있다. 물론 세 사람이 함께 편지한다는 표현이 공동으로 의논을 거쳐 편지를 쓴다는 것인지 아니면 세 명이 동시에 하나님의 계시를 받았다는 의미인지 이해하기 어려워 보일 수도 있다.

하지만 그 말은 그런 의미가 아닐 뿐더러 이해하기에 그다지 어렵지도 않다. 그것은 사도 바울이 하나님으로부터 계시를 받아 편지를 쓰되 하나님의 말씀에 대한 세 사람의 이해가 완벽하게 같다는 점을 말해주고 있다. 따라서 본문 가운데 드러나는 복음과 진리에 대한 저들의 깨달음은 완벽하게 동일하다.

우리가 여기서 얻게 되는 소중한 교훈은 하나님의 교회에서는 원리적으로 말씀에 대한 동일한 고백과 일치된 신앙을 소유해야 한다는 사실이다. 물론 지상 교회에서 그것은 쉽지 않은 일일 수 있다. 하지만 그것을 위해 모든 성도는 성경에 기록된 내용에 대하여 올바른 깨달음을 가지고자 성령 하나님의 도움을 바라며 기도하는 가운데 살아가야만

---

2) '실루아노'는 히브리식의 이름 '실라'의 라틴식 이름이다. 실라는 예루살렘 교회의 지도자격 지위에 있던 자로 보인다. 그는 예루살렘 공의회의 결의안을 안디옥 교회에 전달하기 위해 바울과 바나바와 함께 안디옥으로 갔다(행15:22,23). 그는 바울과 함께 많은 지역을 여행했다. 빌립보에서는 바울과 같이 감옥에 갇힌 적이 있다.

3) 디모데는 헬라인 아버지와 히브리인 어머니 유니게 사이에서 출생했으며 어머니와 외할머니 로이스를 통해 하나님의 말씀과 신앙을 익히며 성장했다. 그는 바울의 신실한 동역자로서 헌신적인 삶을 살았던 인물이다.

한다.

우리는 이를 위하여 역사적 참된 교회 가운데 허락된 전통적 신앙고백서를 중심에 두고 말씀을 이해하고자 한다. 고대 교회 시대부터 있었던 사도신경과 니케아 신조, 종교개혁 시대 교회에 허락된 스코틀랜드 신앙고백서, 하이델베르크 요리문답, 벨직 신앙고백서, 도르트 신조, 웨스트민스터신앙고백서와 대소 교리문답 등은 보편교회 가운데서 하나님의 간섭으로 작성된 것으로 이해한다. 따라서 원리적으로 볼 때 모든 참된 교회와 그에 속한 직분에 따른 지도자들은 성경을 기초로 하여 일치된 신앙을 소유하고 있어야 한다.

"하나님 아버지와 주 예수 그리스도 안에 있는 데살로니가인의 교회에"
(살전1:1ⓑ)

- '하나님 아버지와 주 예수 그리스도 안' 에 존재하는 교회

바울은 본문 가운데서 데살로니가 교회를 '하나님 아버지와 주 예수 그리스도 안(in God our Father and the Lord Jesus Christ)에 존재하는 교회' 로 묘사하고 있다. 여기서 나타나고 있는 바 중요한 사실은 데살로니가 교회가 마케도니아 지역에 있는 교회라든지 헬라 어느 지역에 존재하는 교회로 묘사하는 것 이상의 특별한 의미를 선포하고 있다는 점이다.

데살로니가 교회가 성부와 성자 하나님 안에 존재한다는 것은 지역과 장소적 실제를 뛰어넘고 있다. 즉 지상 교회는 어느 시대 어느 지역에 존재하는가 하는 문제보다 성부와 성자 하나님 안에 존재하느냐 하는 사실이 중요하다. 이 점은 우주적 보편교회에 대한 확정적인 의미를 드러내 보여주고 있다.

지상에 존재하는 교회이자 역사적 다양한 형편 가운데 존재하는 교회이지만 더욱 중요한 사실은 하나님 안에 존재해야 한다는 점이다. 물론 역사적 사명을 감당하기 위해서는 각 시대에 속한 지역 교회의 위치가 중요한 것이 사실이다. 하지만 더욱 소중한 점은 본질적 존재 위치이다. 즉 1세기에 존재하든지 중세나 21세기에 존재하든지 혹은 이스라엘이나 데살로니가나 로마에 존재하든지 오늘날 대한민국에 존재하든지 간에 성부와 성자 하나님 안에 존재할 때 진정한 하나의 참된 교회에 속할 수 있는 것이다.

"편지하노니" (살전1:1ⓒ)

- 천상으로부터 주어진 편지

사도 바울이 데살로니가에 보낸 이 편지는 사람들이 일반적으로 주고받는 통상적인 목적을 가진 서신이 아니다. 나아가 단순히 서로간 안부를 묻거나 상호 사업에 연관된 것도 아니다. 즉 그 편지는 개인의 목적하는 바를 전달하기 위한 편지와 다른 것이다.

그 편지는 매우 독특한 의미를 지닌 것으로서 하나님으로부터 계시된 절대 진리이다. 하나님께서는 자기 백성들을 향하여 행위 계시와 언술 계시, 그리고 인간들이 사용하는 문자를 통해 자신의 뜻을 계시하셨다. 행위와 언술은 그때가 지나가면 자동으로 소멸하는 특성을 보인다. 그에 반해 문자를 통한 기록 계시는 세상 가운데 지속해서 존재하는 성격을 지니고 있다.

또한 문자로 계시된 기록 계시는 보편성을 지니게 된다. 즉 어느 장소 어떤 사람에게 주어진 말씀이라고 할지라도 그것이 하나님으로부터 허락된 것이라면 시대와 장소를 불문하고 그 계시적 문자가 존재하는 것이다. 그 말씀은 시대와 장소를 불문하고 세상 어디에서든지 지상 교회를 통해 확인할 수 있게 된 것이다.

하나님의 영감에 의해 기록된 특별 계시로서 성경은 사도교회 시대의 마감과 동시에 중단되었다. 즉 AD70년 로마 제국에 의해 예루살렘 성전이 파괴되고 사도적 특별한 기관인 예루살렘 공의회가 직무를 완성한 후에는 더는 기록 계시가 허락되지 않았다. 이는 하나님으로부터 계시된 말씀인지 여부를 확증하는 사도적 성격을 지닌 예루살렘 공의회가 존속되지 않는 사실에 연관된 것으로 이해할 수 있다.

"은혜와 평강이 너희에게 있을찌어다" (살전1:1ⓓ)

- 교회 가운데 존재하는 은혜와 평강

사도 바울은 데살로니가 교회를 향해 '은혜'와 '평강'[4]을 빌고 있다. 여기서 언급된 은혜와 평강은 타락한 인간들의 마음이나 이 세상 가운데서 자체 생성되는 것과는 전혀 다른 성격을 지니고 있다. 이는 전적으로 외부에서 하나님의 자녀와 그들의 모임인 주님의 몸된 교회 가운데 허락되고 주입되는 성격을 지니고 있다. 즉 그것은 오직 하나님으로부터 선물로 허락되는 것이다.

그러므로 성경에서 언급된 은혜와 평강은 인간들이 일반적으로 누리

4) 성경에서 언급된 평강, 평화, 화평, 평안 등은 모두 같은 단어로서 영어의 peace에 해당하며 히브리어의 שָׁלוֹם(샬롬)과 신약성경 헬라어에서 언급하는 *Εἰρήνη*(에이레네)와 같은 의미를 지니고 있다. 물론 한국어에서는 각기 그 뉘앙스의 차이가 난다. 예를 들어 '평화'라고 하면 전쟁이나 갈등이 없는 시대적 환경을 의미한다면 '화평'은 가정이나 가까운 이웃 관계에서 설명할 수 있다. 그리고 평안이란 사람들의 마음 상태와 연관되는 것이 일반적이다. 물론 전체적으로는 동일한 의미를 내포하고 있다.

고 생각하는 것과 근본적인 성질 자체가 다르다. 하나님을 알지 못하는 상태에서는 절대로 그와 같은 은혜와 평강을 누릴 수 없다. 사람들이 흔히 생각하는 은혜와 평강은 이 세상에서 발생하는 것으로서 인간의 느낌과 감성에 연관되어 있을 따름이다.

바울이 성경 본문에서 언급하고 있는 은혜는 오직 하나님으로 말미암아 허락된다. 그것은 인간들이 스스로 쟁취하는 것이 아니라 선물로 받을 수 있다. 그 은혜가 영원한 구원과 연관되어 나타날 때는 불가항력적(不可抗力的)인 성격을 지니게 된다. 또한 그 구원은 전적인 하나님의 은혜로 허락되는 것으로서 인간들이 스스로 그것을 쟁취할 수 없을 뿐더러 하나님의 자녀라면 그것을 거부할 수도 없다.

하지만 일반적으로 인간들은 자신이 예기치 못한 무엇인가 좋은 것이 주어지면 그것을 은혜라 칭하기를 좋아한다. 또한 일정 기간 만족스러운 상태가 지속해서 유지되면 그것을 평강이라 여긴다. 하지만 그와 같은 은혜와 평강은 이 세상에서 잠시 존재하는 현상일 뿐 영원하고 참된 것이라 말할 수 없다. 그러므로 예수님께서는 그에 관한 중요한 말씀을 하셨다.

> "평안을 너희에게 끼치노니 곧 나의 평안을 너희에게 주노라 내가 너희에게 주는 것은 세상이 주는 것 같지 아니하니라 너희는 마음에 근심도 말고 두려워하지도 말라" (요14:27)

예수님께서 허락하시는 평안과 이 세상에서 말하는 평안은 근본적으로 다르다. 이처럼 사도 바울이 데살로니가 교회 성도들을 위하여 비는 평안 역시 세상의 것과는 전혀 다른 성격을 지니고 있다. 그것은 오직 하나님으로 말미암는 것이며 예수 그리스도를 통해 성취되어 하나님의 자녀들에게 선물로 주어진다. 지상 교회에 속한 하나님의 자녀들은 그와 같은 참되고 영원한 평강을 누리게 되는 것이다.

“우리가 너희 무리를 인하여 항상 하나님께 감사하고” (살전1:2ⓐ)

- 교회와 성도들로 인한 감사

사도 바울은 데살로니가 교회 성도들을 향해 하나님께 감사한다는 사실을 언급했다. 그것은 겉보기에 화려한 개인적인 형편이나 기분이 좋기 때문에 하는 말이 아니라 그 이유는 다른 데 있었다. 그가 하나님께 감사했던 진정한 이유는 ‘너희 무리’ 곧 ‘데살로니가 교회’로 말미암은 것이었다.

이는 데살로니가 교회와 그에 속한 성도들이 하나님의 말씀에 충실하고 그에 온전히 순종하고자 하는 자세를 유지하고 있었기 때문이다. 여기서 교회가 온전하다고 한 말은 성도들 사이에 종교적이거나 일반적인 분위기가 좋다는 의미와 전혀 다르다. 교회는 경우에 따라 피를 흘리기까지 싸워야 할 경우가 발생할 수 있기 때문이다.

이처럼 데살로니가 교회는 하나님의 뜻에 순종하고자 하는 신실한 마음을 소유하고 있었다. 그들은 하나님의 진리를 사수하는 일과 타락한 세상의 가치관에 물들지 않으려는 자세를 버리지 않았다. 그들이 하나님의 말씀을 신앙의 중심에 두고 참된 교회를 세워나가기 위해 최선의 노력을 기울이고 있었으므로 그것이 바울을 비롯한 여러 형제에게 감사의 조건이 되었다.

또한 바울은 그 모든 것에 대한 감사를 하나님께 돌리고 있다. 즉 데살로니가 교회 지도자들을 향해 감사하다는 말을 먼저 하지 않았으며 전체 교회를 향한 감사의 마음을 우선순위에 두지 않았다. 그는 데살로니가 교회와 성도들의 온전한 모습을 보며 여호와 하나님께 감사했다. 이는 모든 은혜가 하나님의 사랑에 기인한다는 사실에 대한 고백적 의미가 들어있음을 보여주고 있다.

"기도할 때에 너희를 말함은" (살전1:2ⓑ)

- 너희(교회)를 위한 기도

사도 바울은 본문 가운데서 기도할 때, '너희' 곧 데살로니가 교회를 언급한 사실을 말하고 있다. 이에 대해서는 우리가 매우 주의 깊은 관심을 기울여 생각해 보아야 한다. 그것은 바울이 기도 중에 데살로니가 교회를 언급했다고 하는 것은 항상 그 교회와 성도들을 떠올리며 기도하고 있다는 말과는 그 성격이 다소 다르다.

물론 그는 기도할 때 데살로니가 교회를 마음에 두고 있었음이 분명하다. 하지만 데살로니가 교회를 날마다 입술에 오르내린 것으로 보기는 어렵다. 바울은 데살로니가 교회뿐 아니라 예루살렘 교회, 안디옥 교회, 갈라디아 교회, 에베소 교회를 비롯한 소아시아 일곱 교회, 빌립보 교회, 베뢰아 교회, 로마 교회, 그리고 우리가 알지 못하는 수많은 교회들을 하나하나 입술로 불러가며 기도하기는 어려웠을 것이기 때문이다.

이는 그가 세상에 흩어져 존재하는 보편교회에 속한 모든 교회와 성도들을 마음에 두고 기도했음을 말하는 것으로 이해하는 것이 자연스럽다. 즉 앞에서 언급한 것처럼 하나님 아버지와 주 예수 그리스도 안에 있는 참된 교회들을 마음에 두고 기도했을 것이다. 바울은 로마에 있는 교회에 편지하면서도 그에 관한 언급을 하고 있다.

> "내가 그의 아들의 복음 안에서 내 심령으로 섬기는 하나님이 나의 증인이 되시거니와 항상 내 기도에 쉬지 않고 너희를 말하며 어떠하든지 이제 하나님의 뜻 안에서 너희에게로 나아갈 좋은 길 얻기를 구하노라" (롬 1:9,10)

바울은 로마에 있는 교회에 편지하면서도 항상 자기의 기도에 쉬지 않고 저들을 말한 사실을 언급했다. 이처럼 하나님께 속한 성도들은 하나님께 기도하면서 형편에 따른 구체적인 간구와 더불어 보편교회에 속한 성도들을 염두에 두고 있어야 한다. 그것은 각 교회에 속한 개인의 안위나 어려운 문제를 해결하기 위한 간구를 넘어 지상 교회의 온전한 신앙 유지와 연관되어 있다. 즉 개체 교회가 어떤 특수한 환경에 처해 있을지라도 하나님을 경외하며 그의 말씀에 온전히 순종하도록 기도하는 마음을 가져야 한다.

"너희의 믿음의 역사와 사랑의 수고와 우리 주 예수 그리스도에 대한 소망의 인내를" (살전1:3ⓐ)

- 믿음, 사랑, 소망

하나님의 자녀들은 이 세상에 살아가는 동안 항상 믿음과 사랑과 소망을 소유하고 있어야 한다. 그것은 물론 타락한 이 세상에서 인간들이 경험하는 것들과는 근본적으로 다르다. 참된 믿음과 참된 사랑과 참된 소망은 오직 하나님과 예수 그리스도를 통해 지상 교회와 그에 속한 성도들에게 공급되는 성격을 지니고 있다.

그러므로 그가 강조했던 것은 성도들이 소유한 믿음의 사역(your work of faith)과 사랑의 수고(labour of love)와 소망의 인내(patience of hope)에 연관된 것이었다. 여기서 언급된 믿음과 사랑과 소망은 단순한 관념이나 상징언어에 머물지 않는다. 그것은 성도들의 삶 가운데서 큰 노력과 더불어 구체적으로 드러나야만 할 성질을 띠고 있었다.

즉 성경 본문에서 언급된 믿음은 단순한 신념이 아니라 그로 말미암아 발생하는 사역을 포함하고 있다. 그리고 사랑은 일반적인 감정이 아니라 그에 따른 노력과 수고를 요구하는 성격을 지니고 있다. 또한 소망은 미래를 향한 막연한 기대가 아니라 상당한 인내가 요구된다는 사실을 말해주고 있다.

바울은 데살로니가 교회 성도들이 그와 같은 믿음과 사랑과 소망을 소유하고 있다는 사실을 언급하고 있다. 그것이 이 세상에 살아가는 성도들이 가져야 할 기본적인 신앙에 연관되어 있다. 어렵고 힘든 세상 가운데서도 교회가 그런 본질을 소유하고 있을 때 비로소 올바른 신앙의 삶을 살아낼 수 있는 것이다.

"우리 하나님 아버지 앞에서 쉬지 않고 기억함이니" (살전1:3ⓑ)

- 하나님 아버지 앞에서 기억해야 할 내용

사도 바울은 언약의 자손들이 믿는 하나님 아버지 앞에서 참교회에 속한 성도들을 쉬지 않고 기억하고 있음을 언급했다. 이 말은 개인적인 판단에 따라 그렇게 하는 것이 아니라는 사실을 말해준다. 우리는 여기서 지상에 흩어져 있는 모든 참된 교회와 성도들은 독자적으로 존재하지 않는다는 사실을 알게 된다. 이는 모두가 천상의 나라에 속해 하나로 상호 연결되어 있기 때문이다.

따라서 그는 항상 참된 교회에 속한 하나님의 자녀들이 소유한 믿음의 사역과 사랑의 수고와 소망의 인내를 기억하고 있다는 사실을 말했다. 지상에 살아가는 성도들의 그와 같은 삶이 보편교회에 공적으로 속하게 됨으로써 악한 세상에 맞서 공동으로 대응할 수 있게 된다. 즉 모든 성도는 항상 보편교회를 염두에 두고 그 가운데 존재하는 지역 교회와 성도들을 마음에 둠으로써 위로와 더불어 맡겨진 사명을 감당할 수 있게 되는 것이다.

이와 같은 바울의 고백적인 진술은 이 땅에 존재하는 모든 교회와 성도들이 본받아야 할 내용이다. 이는 선택적 사항이 아니라 당연히 그렇게 해야만 한다. 즉 이 세상에 살아가는 참된 성도들은 항상 공적인 신앙 자세를 유지해야 하며 개인주의는 물론 개교회주의에 빠지지 않도록 주의를 기울여야만 하는 것이다.

"하나님의 사랑하심을 받은 형제들아" (살전1:4ⓐ)

- 하나님의 사랑을 입은 교회와 형제들

바울은 본문 가운데서 데살로니가 교회의 성도들을 향해 '사랑하는 형제들' 이라고 칭하지 않았다. 그 대신 '하나님의 사랑하심을 받은 형제들' (brothers loved by God)이라는 표현을 사용하고 있다. 또한 그에 대해서는 바울을 비롯한 여러 형제가 이미 잘 알고 있다는 사실을 언급했다.

우리는 여기서 매우 중요한 의미를 엿보게 된다. 그것은 인간들이 먼저 하나님을 사랑한 것이 아니라 하나님께서 먼저 인간을 사랑하신 사실을 언급하고 있다는 사실에 연관되어 있다. 따라서 지상 교회는 하나님을 적극적으로 사랑하는 종교적인 무리이기에 앞서 하나님의 사랑을 입은 자들의 언약적 모임이다.

따라서 하나님의 교회가 존귀한 까닭은 하나님의 사랑을 받는 대상이기 때문이다. 예수 그리스도의 피로 값 주고 사신 바 된 교회는 그가 사랑하시는 신앙공동체이다. 만일 하나님께서 사랑하시는 교회에 대하여 해악을 끼치거나 어지럽히는 자가 있다면 하나님을 향해 죄를 범하는 무서운 자리에 앉는 것과 마찬가지가 된다. 세상에 살아가는 모든 성도는 이에 관한 올바른 깨달음을 가져야만 한다.

"너희를 택하심을 아노라" (살전1:4ⓑ)

- 하나님의 선택받은 교회

사도 바울은 또한 데살로니가 교회와 성도들을 향해 '하나님께서 그들을 택하셨다'(He has chosen you)는 사실을 언급했다. 이는 인간들이 먼저 하나님을 택하여 종교적으로 섬긴 것이 아니라 하나님께서 창세 전의 언약에 따라 선택한 자기 백성을 교회로 부르셨다는 것이다. 따라서 지상 교회에 속한 참된 성도들은 하나님을 알지 못하는 세상의 다른 인간들과 달리 처음부터 특별한 신분을 소유하고 있었다. 이에 대해서는 바울이 기록한 에베소서에 명확하게 나타나고 있다.

> "곧 창세 전에 그리스도 안에서 우리를 택하사 우리로 사랑 안에서 그 앞에 거룩하고 흠이 없게 하시려고 그 기쁘신 뜻대로 우리를 예정하사 예수 그리스도로 말미암아 자기의 아들들이 되게 하셨으니 이는 그의 사랑하시는 자 안에서 우리에게 거저 주시는바 그의 은혜의 영광을 찬미하게 하려는 것이라"(엡1:4-6)

이처럼 하나님의 자녀들은 우주 만물이 창조되기 전에 이미 하나님으로부터 선택을 받은 자들이다. 그는 죄에 빠진 자기 백성들을 구원하여 하나님 앞에서 거룩하고 흠이 없는 상태로 회복시켜 주시고자 했다. 그것은 하나님의 예정과 언약에 근거한 것이었다.

그 일을 위해 하나님께서는 독생자 예수 그리스도를 이 땅에 보내셨으며 그를 통해 성도들을 자기 아들로 입양하게 되었다. 그리하여 오늘날 우리는 하나님을 향해 아버지라 부를 수 있게 된 것이다. 그것은 인간들의 노력이 전혀 없는 상태에서 허락된 은혜로서 그것을 통해 하나님의 영광을 찬미하도록 했다.

제2장

하나님의 복음과 성도의 삶

(살전1:5-8)

(1:5) 이는 우리 복음이 말로만 너희에게 이른 것이 아니라 오직 능력과 성령과 큰 확신으로 된 것이니 우리가 너희 가운데서 너희를 위하여 어떠한 사람이 된 것은 너희 아는 바와 같으니라 (6) 또 너희는 많은 환난 가운데서 성령의 기쁨으로 도를 받아 우리와 주를 본받은 자가 되었으니 (7) 그러므로 너희가 마게도냐와 아가야 모든 믿는 자의 본이 되었는지라 (8) 주의 말씀이 너희에게로부터 마게도냐와 아가야에만 들릴 뿐 아니라 하나님을 향하는 너희 믿음의 소문이 각처에 퍼진고로 우리는 아무 말도 할 것이 없노라

"이는 우리 복음이 말로만 너희에게 이른 것이 아니라" (살전1:5ⓐ)

- 하나님의 복음

사도 바울은 본문 가운데서, 하나님의 복음을 입술로만 저들에게 전한 것이 아니라는 사실을 언급하고 있다. 이는 복음이 단순한 관념이나 종교적 언어 전달행위에 그치는 것이 아니라는 사실에 연관되어 있다. 그럼에도 불구하고 복음에 관한 올바른 깨달음이 없는 자들은 언어적 전달행위로써 모든 것을 의미화하려고 한다.

하지만 중요한 사실은 하나님의 복음은 항상 살아 움직이는 역동적인 성격을 지니고 있다는 점이다. 그 복음은 인간들의 종교적인 관념과 사용되는 언어 속에 내재하는 것이 아니라 하나님의 말씀과 더불어 전달되어 구체적으로 역사하게 된다. 히브리서에는 그에 연관된 중요한 내용이 기록되어 있다.

> "하나님의 말씀은 살았고 운동력이 있어 좌우에 날선 어떤 검보다도 예리하여 혼과 영과 및 관절과 골수를 찔러 쪼개기까지 하며 또 마음의 생각과 뜻을 감찰하나니 지으신 것이 하나라도 그 앞에 나타나지 않음이 없고 오직 만물이 우리를 상관하시는 자의 눈앞에 벌거벗은 것 같이 드러나느니라" (히4:12,13)

하나님의 복음이 계시된 말씀과 더불어 사람들에게 전해질 때 그것은 엄청난 파괴력을 지니게 된다. 그 말씀은 살아있기 때문에 정체된 상태로 머무는 것이 아니라 적극적인 운동력을 행사하고 있다. 그것은 또한 마치 좌우에 날선 날카로운 칼보다 훨씬 더 예리하다고 했다. 나아가 그 칼은 눈에 보이는 것뿐 아니라 세상의 모든 것들을 철저히 분석하여 드러내는 기능을 하게 된다.

그러므로 하나님의 말씀은 인간의 혼과 영과 관절과 골수를 찔러 쪼개며 그 마음과 생각과 뜻을 그대로 밝혀 세밀한 감찰을 하게 된다. 따라서 인간들을 포함한 모든 피조물 가운데 하나님의 눈길을 피할 수 있는 존재가 없다. 모든 것들이 스스로 숨기거나 감출 수 없는 상황에 이르게 된다. 즉 세상의 만물이 마치 벌거벗은 듯이 여호와 하나님 앞에 완전히 드러나게 되는 것이다.

"오직 능력과 성령과 큰 확신으로 된 것이니" (살전1:5ⓑ)

- 하나님의 능력과 성령과 큰 확신

하나님의 복음은 타락한 인간들이 만들어 낸 것이 아닐 뿐더러 이 세상에서 자연적으로 생성된 것도 아니다. 죄로 오염된 인간들 스스로 복된 것을 생산해내거나 제작하려는 것은 일시적인 욕망을 추구하는 것에 지나지 않는다. 하지만 어리석은 인간들은 이 땅에 살아가면서 끊임없이 그와 같은 작업을 되풀이하고 있다.

그럼에도 불구하고 인간들이 자발적으로 참된 복음에 접근해 가기는 커녕 그에 대한 근본적인 깨달음조차 없다. 또한 죄에 빠진 존재인 인간의 노력을 통해 그것을 소유할 수 있는 것도 아니다. 진정한 복음은 오직 하나님의 놀라운 능력과 성령 하나님의 사역과 완벽한 확신 가운데서 선물로 주어지게 된다. 이는 참된 복음은 오직 하나님으로 말미암는다는 사실을 말해주고 있다.

이에 대하여 올바른 이해를 하는 것은 매우 중요하다. 하나님에 의해 제공된 복음은 가변적인 것이 아니라 절대적인 성격을 지니고 있다. 그 복음은 전적으로 완벽하신 하나님께 속한 영역이기 때문이다. 따라서 인간들이 그 위에다 더러운 욕망을 덧입히거나 세상의 오염된 가치를 보태게 되면 순수하고 참된 복음을 훼손하게 될 따름이다.

"우리가 너희 가운데서 '너희를 위하여 어떠한 사람이 된 것'은 너희 아는 바와 같으니라" (살전1:5ⓒ)

- 교회를 위한 처신과 삶

바울과 실루아노와 디모데는 과거 데살로니가 교회 성도들 가운데 있을 때 신실한 믿음과 삶의 본을 보이며 살았다는 사실을 언급했다. 그것은 단순히 도덕적이고 윤리적인 행위에 국한된 것이 아니었다. 그들은 하나님을 아는 성도로서 진리를 추구하는 신앙의 본을 보인 사실에 연관되어 있다.

하나님을 진정으로 경외하는 바울과 그와 함께하는 사도적인 성도들은 그리스도인으로서 저들의 삶 자체가 근본적으로 변한 상태가 되었음을 말했다. 그에 대해서는 이미 데살로니가 교회의 성도들이 잘 알고 있다는 사실을 강조했다. 이는 하나님의 백성들은 타락한 세상에서 발생한 가치관을 버리고 영원하고 참된 가치를 소유하고 있는 실상을 말해주고 있다.

사도 바울은 이와 더불어 매우 중요한 말을 전하고 있다. 그것은 바울 일행이 그런 신앙인의 삶을 살아간 것은 '너희를 위하여' 곧 '데살로니가 교회 성도들을 위해서'였다는 점이다. 이 말은 그들의 삶이 곧 지상에 존재하는 교회를 위한 것이라는 점을 말해주고 있다. 즉 그들이 교회의 본이 되는 믿음의 사람이 되었음을 강조하고 있다.

우리는 여기서 매우 중요한 의미를 생각해 보아야 한다. 그것은 사도 바울을 비롯하여 그와 함께하는 성도들이 하나님을 경외하는 성도로서 변화된 삶을 산 것은 개인을 넘어 교회를 위한 것이라 말하고 있기 때문이다. 이 말은 그 편지를 받고 있는 데살로니가 교회 성도들의 삶 역시 자신만을 위한 것이 아니라 흩어진 모든 교회와 다음 세대 성도들을 위해 그렇게 해야 한다는 사실에 연관되어 있다.

그러므로 이 말씀은 지상에 존재하는 모든 교회와 성도들 삶 역시 그러해야 한다는 사실을 말해주고 있다. 이는 오늘날 우리 또한 그와 동일한 삶의 본질을 소유하고 있어야만 한다. 그리하여 세상에 흩어져 존재하는 교회를 위해 참된 신앙인으로서 본을 보이는 가운데 거룩한 삶의 실상을 유지할 수 있어야 한다.

"또 너희는 많은 환난 가운데서" (살전1:6ⓐ)

- 성도들이 당하는 심한 환난

하나님의 자녀들은 타락한 이 세상에 살아가는 동안 화려하고 풍요로운 삶을 보장받는 것이 아니다. 물론 어떤 교인들은 역사적 상황과 시대적 배경에 따라 여유로운 삶을 살아갈 수도 있다. 하지만 그와 같은 환경은 모든 성도에게 일반적으로 제공되지 않는다.

오히려 하나님의 백성들은 이 세상에서 많은 환난을 겪게 된다. 이는 사람들이 생각하는 일반적인 환난과 차이 나는 성격을 지니고 있다. 즉 여기서 말하는 환난이란 정치적인 박해나 경제적인 궁핍으로 인한 박해를 주로 말하지 않는다. 물론 역사 가운데는 하나님의 자녀들이 종교적으로 심한 박해를 받는 경우가 많이 있었다. 나아가 믿음을 지키기 위해 순교를 당하는 경우도 많았다.

이 같은 경우가 아닐지라도 세상에 살아가는 모든 성도는 제각각 환난을 겪게 된다. 그것은 물리적인 박해가 아니라 타락한 세상의 가치관과 다른 천상의 가치관을 소유함으로 말미암아 세상 사람들로부터 받는 고통에 연관되어 있다. 사도들을 비롯한 믿음의 선배들은 그 환난을 참고 견뎌냈다. 사도 바울은 고린도 교회에 보내는 두 번째 편지에서 그에 관한 중요한 교훈을 주고 있다.

> "우리의 모든 환난 중에서 우리를 위로하사 우리로 하여금 하나님께 받는 위로로써 모든 환난 중에 있는 자들을 능히 위로하게 하시는 이시로다 그리스도의 고난이 우리에게 넘친 것 같이 우리의 위로도 그리스도로 말미암아 넘치는도다 우리가 환난 받는 것도 너희의 위로와 구원을 위함이요 혹 위로받는 것도 너희의 위로를 위함이니 이 위로가 너희 속에 역사하여 우리가 받는 것 같은 고난을 너희도 견디게 하느니라"(고후 1:4-6)

사도 바울은 하나님의 자녀로서 이 땅에 살아가는 동안 환난을 겪는 것은 그다지 특별한 일이 아니라는 사실을 언급하고 있다. 오히려 그런 고통 중에 하나님께서는 자기 백성들을 위로해 주신다고 했다. 즉 성숙한 성도들은 세상에 속한 자들에 의해 심한 환난을 받지만, 그 위로를 통해 또다시 어린 성도들을 위로해 주도록 하신다.

그러므로 그리스도로 인한 세상의 고난이 매우 심하다고 할지라도 그리스도로 말미암아 임하는 위로도 넘친다고 했다. 그것은 역사 가운데 항상 되풀이되는 성격을 지니고 있다. 즉 그 위로는 막연한 정서적인 차원이 아니라 하나님의 구원에 직접 연관되어 있다. 따라서 사도들을 비롯한 믿음의 선배들이 세상에서 환난을 받는 것도 교회가 소유하게 되는 위로와 구원을 위한 것이라고 했다.

따라서 그들이 하나님으로부터 위로를 받을 때 그것 역시 교회를 위한 공적인 성격을 지니고 있음을 말했다. 하나님께서 특별히 허락하신 그 위로가 지상의 교회와 성도들 가운데 역사하게 된다는 것이었다. 그리하여 교회는 그들로부터 위로를 받아 누릴 뿐 아니라 그들이 받는 고난조차도 기꺼이 견디게 한다는 사실을 말해주고 있다. 이처럼 하나님의 자녀들은 이 세상에서 당하는 환난을 믿음으로 극복할 수 있게 되는 것이다.

"성령의 기쁨으로 도를 받아" (살전1:6ⓑ)

- 성령의 기쁨으로 받아들여야 할 말씀

하나님의 도(道) 곧 하나님으로부터 계시된 진리의 말씀은 살아 움직이는 실체이다. 즉 단순한 상징이나 관념이 아니라 구체적으로 생동하는 성격을 지니고 있다. 하지만 하나님의 선택을 받아 그를 알고 믿는 자들은 그 말씀을 받아들일 수 있으나 그렇지 않은 자들은 결코 받아들일 수 없다.

하나님과 아무런 상관이 없는 자들이 설령 그 말씀을 읽고 어느 정도 이해한다고 주장할지라도 그것은 온전한 것이라 말할 수 없다. 그들은 하나님의 말씀을 통해 일반 윤리적인 교훈을 얻으려 할 뿐 영원불변한 진리로 믿지 않는다. 그와 같은 상황에서는 말씀을 통한 영적인 작용이 일어나지 않는 것이다.

그러므로 하나님의 자녀들은 성령께서 허락하시는 천상의 참된 기쁨으로 그 말씀을 받아들이게 된다. 그것은 물론 인간들의 자발적인 판단에 따라 그렇게 하는 것이 아니라 전적인 하나님의 은혜로 말미암는 것이다. 그렇게 할 때 하나님의 말씀을 삶 속에 받아들인 성도들이 온전한 신앙인의 삶을 살아갈 수 있게 된다.

"우리와 주를 본받은 자가 되었으니" (살전1:6ⓒ)

- '우리와 주'를 본받은 자

지상 교회에 속한 성도들은 성령의 도우심에 따라 하나님의 말씀을 심중에 받아들임으로써 참된 신앙을 소유하게 된다. 그와 더불어 우리가 기억해야 할 바는 하나님을 진정으로 경외하는 삶은 다음 세대에 상속되어 간다는 사실이다. 따라서 성도들의 신앙과 삶은 항상 주변의 이웃을 비롯한 많은 사람에게 영향을 끼치게 된다.

또한 성도들의 좋은 신앙이 주변의 이웃에게 선한 영향을 끼치듯이 왜곡된 신앙을 가진 자들의 잘못된 신앙의 행태 또한 다른 사람들에게 심각한 영향을 미치게 된다. 따라서 교회는 항상 올바른 신앙을 소유하고 살아가는 성도들을 위해 깊은 관심을 가지고 독려해야 하는 동시에 그렇지 않은 자들에 대해서는 경계하는 자세를 취해야만 한다. 옳고 그름을 떠나 사람들의 신앙은 누군가에게 본이 될 것이기 때문이다.

그러므로 사도 바울은 본문 가운데서 데살로니가 교회 성도들이 주님을 본받는 자가 된 사실을 언급하고 있다. 그리고 그들이 주님뿐 아니라 '우리' 곧 사도들이 소유한 믿음을 본받고 있음을 말했다. 이는 사도들이 주님을 온전히 본받고 있다는 점에 연관되어 있다. 즉 사도들은 주님께 전적으로 예속된 믿음을 소유하고 있다는 것이다.

따라서 데살로니가 교회 성도들이 주님과 사도들의 신앙을 본받고 있는 사실이 얼마나 중요한지 강조하고 있다. 이처럼 참된 신앙은 인간들이 독자적으로 생성하거나 소유할 수 있는 성질의 것이 아니라 사도들로부터 계승되는 것이어야만 한다. 바울은 고린도 교회와 빌립보 교회에 편지하면서도 그리스도를 본받고 있는 자기를 본받으라는 점을 강조하고 있다.

"내가 그리스도를 본받는 자 된 것 같이 너희는 나를 본받는 자 되라"(고전11:1); "그러므로 내가 너희에게 권하노니 너희는 나를 본받는 자 되라"(고전4:16); "형제들아 너희는 함께 나를 본받으라 또 우리로 본을 삼은 것 같이 그대로 행하는 자들을 보이라 내가 여러번 너희에게 말하였거니와 이제도 눈물을 흘리며 말하노니 여러 사람들이 그리스도 십자가의 원수로 행하느니라"(빌3:17,18)

사도 바울은 위의 편지 가운데서도 자기가 예수 그리스도를 본받아 살아간다는 사실을 분명히 밝히고 있다. 즉 그리스도를 떠난 상태에서는 어떤 신앙의 형태도 생각할 수 없다는 것이었다. 나아가 지상에 존재하는 모든 교회와 성도들은 자기의 그와 같은 신앙을 본받아야 한다는 사실을 강조하고 있다.

이는 물론 바울이 자기 자신을 절대적인 존재로 내세우려는 것이 아니라 하나님의 복음을 맡은 모든 사도를 그 의미 가운데 두고 있다. 이처럼 지상에 존재하는 참된 교회에 속한 모든 성도는 예수 그리스도를 본받은 사도들이 소유한 신앙의 본을 받아들여야 한다. 즉 사도들의 신앙에서 벗어난 신앙은 인간들의 이성에 근거한 왜곡된 종교 행위에 지나지 않는다. 아무리 그럴듯한 기독교적인 색채가 깊이 배어있는 것처럼 보일지라도 그들의 신앙은 잘못된 것이라 할 수밖에 없다.

그러므로 사도 바울은 빌립보 교회 성도들을 향해 주님을 본받아 살아가는 자기를 본으로 삼아 신앙생활을 하라는 강력한 권면을 하고 있다. 바울은 여러 교회들을 향해 그에 관한 간절한 요구를 수도 없이 많이 했을 것이 분명하다. 따라서 지금도 눈물을 흘리며 그에 대해 요청을 하고 있다는 사실을 말했다. 이에 관해서는 모든 사도가 지상에 흩어진 교회와 성도들을 향해 동일한 가르침과 교훈을 베풀었음이 틀림없다.

그렇지만 하나님의 참된 복음을 멀리하는 배도자들이나 어리석음에 빠진 자들은 그 본질적인 의미를 받아들이지 않았다. 이처럼 사도들의 가르침을 거부하는 것은 예수 그리스도를 부인하는 것과 마찬가지다. 따라서 그런 자들은 사도들을 배척한 채 역사적인 시대와 장소에 따라 자신의 취향에 맞는 신앙행태를 만들어내기를 좋아했다.

하지만 바울은 그와 같은 종교적인 태도는 예수 그리스도의 십자가의 원수로 행하는 것에 지나지 않는다는 사실을 언급했다. 그런 자들은 기독교 역사 가운데 숱하게 많이 있었으며 오늘날 우리 시대 역시 그와 전혀 다르지 않다. 따라서 우리는 예수 그리스도를 본받은 참된 신앙을 소유한 사도들의 믿음을 계승하여 살아가야 하며 다음 세대에 그대로 상속해 주어야만 한다.

"그러므로 너희가 마게도냐와 아가야 모든 믿는 자의 본이 되었는지라"
(살전1:7)

- 마케도니아와 아가야의 믿는 성도들의 본

이 세상에 존재하는 하나님의 교회가 다른 믿는 성도들의 본이 되는 것은 매우 중요한 일이다. 그 자체로서 다른 사람들에게 좋은 영향을 끼치게 될 것이기 때문이다. 그것을 위해서는 교회에 속한 모든 성도가 하나님을 진정으로 경외하는 가운데 세상과 타협하지 않고 그의 말씀에 순종해야만 한다.

그러므로 사도 바울은 먼저 데살로니가 교회가 마케도니아와 아가야 여러 지역에 흩어져 살아가는 성도들에게 본이 되고 있다는 사실을 언급했다. 마케도니아에는 데살로니가 교회뿐 아니라 빌립보 교회와 베뢰아 교회 등이 있었다. 그 외에도 구체적으로 이름이 알려지지 않은 여러 교회가 있었을 것이다. 데살로니가 교회의 건전한 신앙은 그 교회에 속한 성도들뿐 아니라 주변의 이웃 교회들에 큰 위로와 교훈이 되었을 것이 분명하다.

그리고 아가야 지역에는 고린도 교회를 비롯하여 흩어진 여러 교회가 있었다. 또한 그 주변에는 아테네를 비롯한 주변 지역에서 신앙생활을 하는 성도들도 상당수 있었다. 데살로니가 교회와 성도들은 그리스 남부 지역에 해당하는 지역에서 하나님을 섬기며 살아가는 자들에게도 신앙의 본이 되었다. 각 교회와 성도들의 처지에서는 주변에 본이 될 만한 교회가 존재한다는 사실 자체가 큰 복이라 할 수 있다.

"주의 말씀이 너희에게로부터 마게도냐와 아가야에만 들릴 뿐 아니라 하나님을 향하는 너희 믿음의 소문이 각처에 퍼진고로 우리는 아무 말도 할 것이 없노라" (살전1:8)

- 각 처에 있는 교회에 소문으로 퍼진 데살로니가 교회의 믿음과 말씀

사도 바울은 데살로니가 교회가 소유한 믿음과 성도들의 신앙적인 삶이 그리스 남북부 지역에 있는 마케도니아와 아가야 지역뿐 아니라 당시 전 기독교 세계에 퍼져나갔음을 언급했다. 그것은 예루살렘, 수리아, 갈라디아, 갑바도기아, 밤빌리아, 소아시아를 비롯한 에게해 동부와 내륙 지역뿐 아니라 이탈리아를 비롯한 서쪽 지역의 여러 교회들에도 소문으로 퍼져나갔음을 말해주고 있다.

바울은 나중 로마 교회에 보내는 편지에서도 그들의 신앙에 관하여 그와 동일한 사실을 언급하고 있다. 로마에서 살고 있는 성도들의 온전한 믿음이 온 세상에 전파되었다고 말했다. 따라서 그는 예수 그리스도로 말미암아 로마 교회의 모든 성도들로 인해 하나님께 감사한다는 사실을 언급했다.

"내가 예수 그리스도로 말미암아 너희 모든 사람을 인하여 내 하나님께 감사함은 너희 믿음이 온 세상에 전파됨이로다" (롬1:8)

우리가 여기서 알 수 있는 사실은 바울이 당시 세상에 흩어진 여러 교회들의 실상을 눈여겨보고 있었다는 점이다. 이는 바울뿐 아니라 다른 모든 사도와 성숙한 성도들 역시 그렇게 했으리라는 사실을 말해주고 있다. 이처럼 성도들에게 있어서 가장 기쁘고 감사한 일은 참된 믿음을 소유한 교회들을 알고 관심을 기울여 지켜보며 교제하는 것이다.

그와 반대로 지상의 교회들 가운데는 복음의 본질을 크게 벗어난 교회들이나 교회라는 이름만 가진 종교단체들이 많이 있었다. 그런 교회들은 사도들을 비롯한 성숙한 성도들에게는 근심의 대상이 될 수밖에 없었다. 따라서 때로는 저들을 채찍질하듯 강하게 책망하기도 했으며 때로는 엄중한 경고의 말로 교훈하기도 했다. 그렇게 함으로써 이 땅에 참된 교회가 세워지기를 원했던 것이다.

이와 같은 모든 상황은 오늘날 우리 시대에도 여전히 발생하고 있으며 그 모든 교훈이 동일하게 적용되어야 한다. 우리는 먼저 자신이 속한 교회가 굳건한 믿음으로 세워져 세상에 흩어진 교회들의 본이 되어야 한다는 사실을 기억해야 한다. 그리고 그 소문이 자연스럽게 여러 지역으로 퍼져나갈 수 있어야 한다.

또한 이 세상에 흩어진 여러 교회로부터 좋은 소문을 들을 수 있도록 해야 한다. 어느 지역에 있든지 그 교회들을 참된 본으로 삼을 수 있다면 그것이 최상의 복이 된다. 이와 반대로 복음의 본질에서 벗어난 교회들에 대한 소문을 듣게 되면 마음 아파해야 하며 그들을 위하여 성숙한 자세를 유지해야 한다. 그 가운데 존재하는 하나님의 자녀들이 심각한 영적 고통을 당하고 있음을 간과할 수 없기 때문이다.

이는 지상에 존재하는 모든 참된 교회들이 하나의 보편교회를 이루고 있으며 상호 그에 속해 있어야 한다는 사실에 밀접하게 연관되어 있다. 하나님을 진정으로 경외하며 계시된 그의 말씀을 통해 참된 믿음을 소유한 교회라면 세상 어디에 존재하든지 상호 분리될 수 없다. 즉 한 몸에 속한 개체 교회로서 다른 교회와 구별될지라도 절대 분리되지 않는다. 지상 교회는 항상 이에 관한 올바른 깨달음을 가지고 있어야만 하는 것이다.

47

제3장

하나님과 예수 그리스도의 구원

(살전1:9,10)

(1:9) 저희가 우리에 대하여 스스로 고하기를 우리가 어떻게 너희 가운데 들어간 것과 너희가 어떻게 우상을 버리고 하나님께로 돌아와서 사시고 참되신 하나님을 섬기며 (10) 또 죽은 자들 가운데서 다시 살리신 그의 아들이 하늘로부터 강림하심을 기다린다고 말하니 이는 장래 노하심에서 우리를 건지시는 예수시니라

"저희가 우리에 대하여 스스로 고하기를 우리가 어떻게 너희 가운데 들어간 것과" (살전1:9ⓐ)

- 보편교회

'저희'와 '우리'는 항상 구별되는 개념을 지니고 있다. '저희' 가운데는 나쁜 대상이 있는가 하면 좋은 이웃들도 있다. 하나님의 자녀들은 항상 하나님을 경외하는 상호간 좋은 이웃을 두는 것이 중요하다. 이와 달리 '우리'는 동일한 정체성을 지닌 공동체적 의미를 지니고 있다. 따라서 '우리' 내부에서는 절대적인 신뢰가 유지되어야 한다. 만일 '우리' 가운데 배신자가 발생하면 '우리'라는 개념이 심각한 손상을 입을 수밖에 없게 되기 때문이다.

본문 가운데 언급된 '저희'란 데살로니가 교회의 형편과 바울을 비롯한 그 일행에 관련된 일에 대한 소문을 들은 흩어져 있는 성도들을 지칭하고 있다. 그들은 바울 일행이 데살로니가 성도들로부터 받은 대접뿐 아니라 빌립보에서 겪었던 모든 일에 대하여 익히 알고 있었다. 바울은 데살로니가로 가기 전 빌립보 감옥에서 심한 고난을 겪었다.

바울은 앞서 빌립보에 도착했을 때 그곳에서 점하는 귀신들린 여종 하나를 만나게 되었다. 그 여종이 당하는 심한 고통을 보고 하나님의 능력으로 치유해 주었다. 그가 그 여종에게 붙어있던 귀신을 쫓아내자 이해관계에 놓여있던 자들로부터 심한 저항이 따랐다. 그를 이용하여 돈을 벌던 악덕 주인이 바울을 향해 심한 비난을 퍼부으며 주변 사람들에게 거짓 소문을 퍼뜨렸기 때문이다. 바울 일행이 로마인들의 상식에 어긋나는 이상한 종교적 풍습을 전한다는 것이었다.

그리하여 실상을 제대로 알지 못하면서 그에 동조하던 무지한 사람들이 악한 자들의 거짓 주장을 듣고 바울과 실라를 법정에 고소했다. 빌립보의 관청에서는 돈 많은 부자의 사주에 따른 고소를 받아들여 그들을 지하 감옥에 가두게 되었다. 그리고는 죄수가 된 그들에게 심한 고문을 가하며 괴롭혔다.

> "로마 사람인 우리가 받지도 못하고 행치도 못할 풍속을 전한다 하거늘 무리가 일제히 일어나 송사하니 상관들이 옷을 찢어 벗기고 매로 치라 하여 많이 친 후에 옥에 가두고 간수에게 분부하여 든든히 지키라 하니 그가 이러한 영을 받아 저희를 깊은 옥에 가두고 그 발을 착고에 든든히 채웠더니" (행16:21-24)

그들은 이처럼 하면서도 법 집행을 위한 정식 절차 없이 바울과 실라를 감옥에 가두었으므로 바울이 그들의 불법성을 두고 문제를 제기했다. 로마 시민권자에 대해서는 그렇게 할 수 없다는 것이었다. 결국 그들은 하나님의 놀라운 은혜에 힘입어 빌립보에서 나와 데살로니가로 가게 되었다.

바울은 우선 데살로니가의 성도들이 자신을 영접한 사실을 언급했다. 바울 일행이 그곳에 있던 유대인 회당에서 하나님의 말씀을 강론하자 그의 교훈을 받아들이고 예수 그리스도를 믿는 자들이 상당수 생겨났다. 당시 야손을 비롯하여 그와 함께한 사람들이 나중 데살로니가 교회의 중요한 구성원이 되었다.

하지만 그들은 데살로니가에서 지내는 중에도 고통스러운 상황을 맞닥뜨리게 되었다. 바울 일행을 시기하며 저들에게 저항하는 자들이 상당수 있었기 때문이다. 그들은 결국 바울과 실라를 비롯한 믿는 형제들을 법정에 고소하기에 이르렀다. 당시 그곳에 살던 많은 사람은 빌립보 지역에서 있었던 바울 일행에 연관된 상황에 대하여 어느 정도 알고 있었을 것이다. 따라서 행정 당국은 그들을 직접 정죄하는 대신 바울에게 동조하는 자들에 대하여 벌금을 매기는 정도로 조치하고자 했다.

그러나 데살로니가에 살고 있던 다수의 유대인 무리는 그와 달랐다.

극성파 유대주의자들은 바울과 실라를 가만두지 않으려고 했다. 그로 인해 저들의 생명이 위태로운 지경에 빠지게 되었다. 그리하여 데살로니가의 믿는 형제들이 아무도 모르는 한밤중에 그들을 베뢰아로 보내 피신시켰다. 사도행전에는 그에 연관된 소상한 내용이 기록되어 있다.

> "그러나 유대인들은 시기하여 저자의 어떤 불량한 사람들을 데리고 떼를 지어 성을 소동하게 하여 야손의 집에 침입하여 그들을 백성에게 끌어내려고 찾았으나 발견하지 못하매 야손과 몇 형제들을 끌고 읍장들 앞에 가서 소리 질러 이르되 천하를 어지럽게 하던 이 사람들이 여기도 이르매 야손이 그들을 맞아 들였도다 이 사람들이 다 가이사의 명을 거역하여 말하되 다른 임금 곧 예수라 하는 이가 있다 하더이다 하니 무리와 읍장들이 이 말을 듣고 소동하여 야손과 그 나머지 사람들에게 보석금을 받고 놓아 주니라 밤에 형제들이 곧 바울과 실라를 베뢰아로 보내니 그들이 이르러 유대인의 회당에 들어가니라"(행17:5-10)

이처럼 사도 바울은 데살로니가 지역에 머물면서 유대인들로부터 심한 위협과 고통을 당했다. 그에 대해서는 그 지역 교회에 속한 성도들은 직접 경험한 바였으므로 잘 알고 있었다. 그런데 바울은 데살로니가 교회에 보내는 편지에서 자신이 과거에 그곳에서 겪었던 일에 대하여 멀리 흩어져 살아가는 여러 지역 교회의 성도들도 소문을 통해 알고 있다는 사실을 언급했다.

"너희가 어떻게 우상을 버리고" (살전1:9ⓑ)

- 세상에 대한 포기와 교회

우상의 실상은 눈으로 볼 수 있는 가시적인 형상이나 물질뿐 아니라 눈에 보이지 않는 잘못된 종교사상이나 세상의 풍조 혹은 그로 말미암아 발생하는 행위까지 포함하고 있다. 그것은 하나님의 말씀을 떠난 세속에 물든 가치관에 연관된 문제이기도 하다. 그런 것들은 인간들의 눈에 아무리 그럴듯하게 비칠지라도 하나님의 뜻에 반하는 것일 수 있다.

타락한 이 세상은 악한 사탄에게 속한 영역이다. 바울은 사탄을 공중권세를 잡은 자로 지칭하며 세상의 풍속은 그로 말미암은 것이라고 했다(엡2:2). 따라서 그것을 추구하며 세상에서 만족을 누리며 살아가려는 욕망에 눈이 어두워진다면 우상을 받아들이는 행위와 마찬가지다. 따라서 사도 요한은 성도들을 향해 '자신을 지켜 우상에서 멀리하라' 는 당부를 했다(요일5:21). 또한 사도 바울은 빌립보 교회에 편지하면서 그에 관한 자신의 삶을 고백적으로 말하고 있다.

> "그러나 무엇이든지 내게 유익하던 것을 내가 그리스도를 위하여 다 해로 여길뿐더러 또한 모든 것을 해로 여김은 내 주 그리스도 예수를 아는 지식이 가장 고상함을 인함이라 내가 그를 위하여 모든 것을 잃어버리고 배설물로 여김은 그리스도를 얻고 그 안에서 발견되려 함이니 내가 가진 의는 율법에서 난 것이 아니요 오직 그리스도를 믿음으로 말미암은 것이니 곧 믿음으로 하나님께로서 난 의라"(빌3:7-9)

바울은 그전에 이 세상에서 유익하다고 판단하던 것을 이제는 '예수 그리스도를 위하여' 다 해로 여길 따름이라고 했다. 세상의 것들은 본질적으로 영원한 가치를 보유하고 있지 않다는 것이었다. 따라서 그동안 귀중한 것으로 여기던 것들을 배설물이나 쓰레기처럼 여긴다고 했다. 그리스도를 믿는 믿음으로 말미암아 하나님으로부터 난 의가 유일한 참된 가치라는 사실을 알게 되었기 때문이다.

이처럼 사도 바울에게 가장 중요한 것은 예수 그리스도로부터 주어진 하나님의 의(the righteousness)이다. 그것이 하나님의 자녀들에게 참된 값어치가 된다. 지상 교회에 속한 성도로서 그 의를 온전히 소유하게 되면 타락한 세상에 존재하는 것들은 우상과도 같아서 모두 버리게 되는 것이다.

바울은 데살로니가 교회 성도들이 그와 같은 삶을 회복했다는 사실을 언급하고 있다. 그것이 결코 쉬운 일이 아니었음에도 그들은 주님의 은혜로 말미암아 그렇게 했다. 그리하여 그들은 세상을 온전히 포기할 수 있었다.

"하나님께로 돌아와서" (살전1:9ⓒ)

- 하나님께 돌아와야 할 성도들

자연인으로 이 땅에 출생한 모든 인간은 하나님을 모르는 채 사망의 구렁텅이에 빠진 상태에 놓여 있다. 그러다 보니 올바른 방향을 설정하지 못한 채 엉뚱한 길을 지향하게 된다. 어리석은 인간들은 잘못된 길로 나아가면서도 중간중간 세상에서 취하는 현상적인 즐거움으로 인해 만족을 누리며 살아가기를 좋아한다.

그런데 사도 바울은 데살로니가 교회 성도들이 그 실상을 알고 하나님께로 돌아오게 되었다는 사실을 언급하고 있다. 이는 예수 그리스도를 알기 전에는 다른 잘못된 길로 나아갔었다는 점을 의미한다. 즉 하나님과 상관없는 세상의 것을 추구하는 길로 가다가 성령의 인도하심에 따라 하나님께로 돌아오게 된 것이다.

그러므로 하나님께 속한 백성은 죄인의 상태에 있다가 주님을 향해 돌아서게 되는 데 이를 회심(回心)이라고 한다. 하나님을 알기 전에 유익하다고 판단하던 모든 것들을 완전히 버리게 되는 것이다. 이는 그동안 세상의 가치를 추구하며 살아가던 삶의 방향을 돌려 하나님을 향해 전

환하게 되었음을 의미하고 있다. 이처럼 지상 교회에 속한 모든 하나님의 자녀들은 하나님께로 돌아와야만 한다.

"사시고 참되신 하나님을 섬기며" (살전1:9ⓓ)

- 살아계신 참된 하나님을 섬겨야 할 교회

성경에 계시된 여호와 하나님은 살아계시는 하나님이다. 이에 반해 세상에 존재하는 모든 종교의 신들은 근본적으로 실재(實在)하는 신이 아니다. 구약성경에 기록되어 나타나는 고대의 바알신, 아세라신, 밀곰신 등이나 그리스의 제우스, 포세이돈, 에로스, 로마의 주피터나 아프로디테 등은 처음부터 실재하지 않았다. 그리고 우리 시대의 이슬람의 알라신이나 힌두교, 불교, 무속의 신들은 종교적인 이름만 가지고 있을 뿐 실제로 존재하지는 않는다.

따라서 여호와 하나님 이외에 어리석은 자들에 의해 섬김을 받는 세상의 모든 신들은 인간들의 두뇌에 자리잡은 관념의 신에 지나지 않는다. 그와 같은 신들은 인간들의 종교적인 경험에 연관되어 있을 따름이다. 즉 종교적인 숭상의 대상이 되는 다양한 신들은 지구상이나 우주공간 어디엔가 살아 존재하는 것이 아니지만 잘못된 신사상과 함께 인간의 관념을 지배하고 있다. 그것은 또한 인간들이 살아가는 시대와 지역에 따라 집단을 아우르는 사회적 관념을 지배하게 된다. 그것은 사탄과 귀신들의 보이지 않는 영적인 역할과 연관되어 있다.

그에 반해 하나님의 몸된 교회에 속한 성도들은 오직 살아계신 참된 하나님을 믿고 섬긴다. 데살로니가 교회에 속한 성도들 역시 참 하나님을 섬기는 자들이었다. 우주 만물을 창조하시고 창세 전부터 자기 자녀들의 구원을 약속하신 하나님은 세상 가운데서 항상 놀라운 구속사를 이루어가고 계신다. 하나님의 백성들은 그에 관한 소망을 가지고 이 세상을 극복하며 살아가는 것이다.

"또 '죽은 자들' 가운데서 다시 살리신 그의 아들이" (살전1:10ⓐ)

- 죽음에서 부활하신 성자 하나님의 승천

타락한 인간들은 누구나 육체적 죽음을 겪게 된다. 인간들은 대개 자신의 수명을 늘려 좀 더 오래 살고자 하는 마음을 가지지만 인간들 마음대로 그렇게 할 수 없다. 그런데 어리석은 자들은 육신의 죽음에 대해서는 지극히 당연한 것으로 받아들이면서도 참된 생명과 영원한 죽음에 대해서는 철저히 무지하다.

사도 바울이 본문에서 '죽은 자들' 이라고 말한 대상은 육신으로 죽은 자들뿐 아니라 영적으로 죽은 자들을 포함하는 것으로 이해하는 것이 자연스럽다. 즉 죄에 가두어진 인간들은 살아 움직일지라도 영적으로는 죽은 상태에 놓여 있다. 그런 자들은 일시적인 생명을 가지고 있으나 참된 생명이 없이 죽음에 빠진 존재에 지나지 않는다.

바울은 성부 하나님께서 자기의 사랑하는 아들인 성자 하나님을 '죽은 자들' 가운데서 다시 살리셨음을 언급하고 있다. 이는 그가 인간으로서 세상의 삶을 끝내고 죽은 시체들 가운데서 다시 살게 되었다는 의미와 더불어 외견상 살아 움직이되 실상은 참 생명이 없는 자들 가운데서 다시 살아났다는 의미를 동시에 지니고 있다.

또한 이 말씀 가운데는 하나님의 아들이신 예수 그리스도가 사망을 이기고 육체적으로 살아나신 사실이 증거되고 있다. 즉 아담의 범죄로 인해 영적인 죽음의 상태에 놓여 있는 인간들 가운데서 부활하심으로써 그 죽음을 이기게 되었다. 이로 말미암아 궁극적인 승리를 거두신 주님께서 선택된 자기 자녀들에게 영원한 생명을 허락하셨다. 부활하신 하나님의 아들에게 붙어 있는 자들에게 참 생명이 공급되었다.

"하늘로부터 강림하심을 기다린다고 말하니" (살전1:10ⓑ)

- 주님의 재림 약속과 교회의 소망

사도 바울은 여기서 데살로니가 교회 성도들이 부활 승천하신 예수 그리스도의 재림을 간절히 기다리고 있다는 사실을 언급하고 있다. 예수를 믿는 저들의 믿음은 십자가에 달려 돌아가심으로써 쟁취하신 그의 구원 사역에 기초하고 있다. 그와 더불어 그후 이루어진 부활과 승천 및 재림에 직접 연관되어 있었다.

그럼에도 불구하고 불신자들은 그에 대한 사실을 절대로 받아들이지 않는다. 나아가 현대 기독교 언저리에 들어와 있는 어리석은 자들 역시 그리스도의 몸의 부활과 몸의 승천 및 몸의 재림을 받아들이지 않는다. 안타깝게도 현대 신학자들 가운데는 어설픈 과학주의에 함몰되어 이성과 경험을 내세우며 그 실제적 사실을 정면으로 부정하는 자들이 많이 있다. 그러나 성경에는 그에 대한 분명한 증거를 제시하고 있다.

> "이 말씀을 마치시고 저희 보는데서 올리워 가시니 구름이 저를 가리워 보이지 않게 하더라 올라가실 때에 제자들이 자세히 하늘을 쳐다 보고 있는데 흰옷 입은 두 사람이 저희 곁에 서서 가로되 갈릴리 사람들아 어찌하여 서서 하늘을 쳐다 보느냐 너희 가운데서 하늘로 올리우신 이 예수는 하늘로 가심을 본 그대로 오시리라 하였느니라" (행1:9-11)

예수님께서 사망을 이기고 부활하신 후 몸으로 천상의 나라로 올라가신 사실은 사도행전에서 그대로 증거하고 있다. 그것은 아무도 모르게 혹은 소수의 몇 사람이 보는 가운데 비밀리에 행해진 일이 아니었다. 사도 바울은 그 광경을 직접 지켜본 사람들이 무려 오백 명이 넘는다고 말했다(고전15:6). 즉 주님의 제자들뿐 아니라 무수히 많은 사람들이 공개적으로 천상의 나라로 올라가시는 주님의 몸을 바라보았다.

바울이 하나님의 말씀을 계시받아 기록하던 시기에도 그 역사적 사실을 직접 지켜보았던 증인들이 상당수 생존해 있었다(고전15:6). 일반적인 상식을 동원하여 얘기한다고 해도 그리스도께서 몸으로 승천한 것은 역사적 사실일 수밖에 없다. 만일 그것이 실제가 아니라면 그와 같은 주장을 펼치는 제자들을 강하게 비판하는 자들이 많았을 것이 분명하다. 하지만 그 사실에 대하여 문제로 삼거나 비판하는 자들이 아무도 없었다.

예수님께서 살아있는 몸으로 천상의 나라로 올라가실 때, 흰옷을 입은 두 천사가 나타나 하늘을 바라보고 있던 제자들을 향해 중요한 사실을 선포했다. 하늘로 승천하신 주님께서 올라가신 때와 동일한 모습 그대로 다시 오실 것이라고 말했기 때문이다. 이는 제자들을 비롯한 모든 하나님의 자녀들은 이제부터 예수님의 재림을 간절히 소망하며 기다려야 한다는 사실에 연관되어 있다.

이와 같은 신앙은 오늘날에 이르기까지 성경과 교회를 통해 그대로 상속되었다. 믿음의 선배들이 과거에 목격한 그 광경은 우리 역시 본 것과 마찬가지다.[5] 그리고 흰옷 입은 두 천사가 선포한 그 말씀은 현대 교회 가운데서도 여전히 유효하다. 따라서 지상 교회가 소유해야 할 가

5) 우리는 과거 역사를 직접 목격하거나 경험하지 않았으나 그에 대한 전달을 통해 확실하게 알고 있는 경우가 무수히 많다. 예를 들어, 오래전에 있었던 칭기즈칸이나 나폴레옹의 정복행위와 세종대왕의 통치행위나 이순신 장군의 활약을 우리가 직접 목격한 적이 없으나 그것을 직접 본 듯이 역사적 사실로 받아들인다. 이처럼 예수님의 모든 사역에 대해서도 믿을 수 있는 증인들을 통해 그에 관한 사실을 그대로 알게 된다.

장 중요한 소망은 죽음을 이기고 부활 승천하신 주님께서 많은 사람이 보는 가운데 올라가신 그대로 이 땅에 다시 오실 날을 간절히 기다리는 것이다.

"이는 장래 노하심에서 우리를 건지시는 예수시니라" (살전1:10ⓒ)

- 하나님의 진노와 구원을 행하시는 예수 그리스도

하나님께서는 자기를 떠나 사탄에게 속한 자들에 대하여 크게 진노하시는 분이다. 그는 단순히 분노하고 마는 것이 아니라 반드시 그에 대한 엄중한 심판을 행하신다. 그 심판 또한 단순한 징계를 넘어 영원한 멸망에 빠뜨리는 무서운 형벌을 동반하게 된다.

하지만 타락한 세상 가운데 살아가는 보통 인간들은 그에 대한 깨달음이 전혀 없다. 세상에 살아가는 경험으로 말미암아 더 이상의 무서운 심판을 상상조차 할 수 없기 때문이다. 그러나 타락한 인간들에 대한 모든 심판은 개인의 죽음이나 마지막 종말의 날이 임할 때 행해지게 된다.

그러므로 히브리서 기자는, '한번 죽는 것은 사람에게 정하신 것이요 그 후에는 심판이 있으리라'(히9:27)는 사실을 언급했다. 이는 인간으로서 하나님의 심판을 피할 수 없다는 점을 말해주고 있다. 하지만 하나님의 무서운 진노로부터 우리를 구원해 내실 분이 계시는데 그 일을 행하실 이는 오직 예수 그리스도 한 분밖에 없다. 바울은 로마에 있는 교회에 편지하면서 그에 관한 중요한 교훈을 주고 있다.

> "우리가 아직 죄인 되었을 때에 그리스도께서 우리를 위하여 죽으심으로 하나님께서 우리에게 대한 자기의 사랑을 확증하셨느니라 그러면 이제

> 우리가 그 피를 인하여 의롭다 하심을 얻었은즉 더욱 그로 말미암아 진노하심에서 구원을 얻을 것이니 곧 우리가 원수 되었을 때에 그 아들의 죽으심으로 말미암아 하나님으로 더불어 화목되었은즉 화목된 자로서는 더욱 그의 살으심을 인하여 구원을 얻을 것이니라" (롬5:8-10)

하나님은 창세 전에 이미 자기 자녀들을 택정하여 두시고 저들을 위해 무한한 사랑을 베푸시는 분이다. 아담의 범죄로 말미암아 그로부터 출생한 모든 인간이 그와 동일한 죄에 빠지게 되었으나 약속에 신실하신 하나님께서는 자기에게 속한 자들에 대해서는 여전히 그 사랑의 마음을 가지고 계셨다. 그의 사랑은 무궁무진할 뿐 아니라 영원불변한 성격을 지니고 있다.

그러나 하나님의 자녀로 인정받고 있음에도 불구하고 타락한 아담의 속성을 가진 인간들은 범죄의 굴레를 벗어나지 못했다. 그와 같은 상태에서 죄 없는 존재인 예수 그리스도께서 자기 백성을 위해 기꺼이 생명을 내어주셨다. 그것은 자기 백성들의 죄를 대신 감당하고자 하여 스스로 자신을 고통스러운 상황에 내어주심으로써 확증된 참된 사랑이었다.

이는 죄에 빠진 언약의 자손들이 하나님 앞에서 무언가 잘했기 때문이 아니라 도리어 원수처럼 행하고 있을 때 일어난 구속사적 사건이다. 그가 십자가에 달려 돌아가심으로써 창조주 하나님께서 독생자 예수님을 화목제물로 받아 영원한 화해를 이루게 되었다. 그리고 그가 죽음에서 부활하심으로 말미암아 참된 생명을 위한 구원을 얻게 되었다.

이처럼 데살로니가 교회 성도들은 이에 대한 분명한 깨달음을 소유하고 있었다. 그것을 통해 그들은 하나님의 은혜를 깨달아 그에게 진정으로 감사하는 마음을 가지게 되었다. 이에 관한 진리는 역사 가운데 존재하는 모든 교회가 깨달아야 했으며 오늘날 우리 역시 그와 동일한 신앙 안에서 살아가고 있다.

제4장

복음 선포자로서 신앙의 본이 되는 사도

(살전2:1-5)

(2:1) 형제들아 우리가 너희 가운데 들어감이 헛되지 않은 줄을 너희가 친히 아나니 (2) 너희 아는 바와 같이 우리가 먼저 빌립보에서 고난과 능욕을 당하였으나 우리 하나님을 힘입어 많은 싸움 중에 하나님의 복음을 너희에게 말하였노라 (3) 우리의 권면은 간사에서나 부정에서 난 것도 아니요 궤계에 있는 것도 아니라 (4) 오직 하나님의 옳게 여기심을 입어 복음 전할 부탁을 받았으니 우리가 이와 같이 말함은 사람을 기쁘게 하려 함이 아니요 오직 우리 마음을 감찰하시는 하나님을 기쁘시게 하려 함이라 (5) 너희도 알거니와 우리가 아무 때에도 아첨의 말이나 탐심의 탈을 쓰지 아니한 것을 하나님이 증거하시느니라

"형제들아 우리가 너희 가운데 들어감이 헛되지 않은 줄을 너희가 친히 아나니" (살전2:1)

- 사도들과 지상 교회의 관계

사도 바울은 그 전에 일행과 함께 데살로니가 지역으로 들어간 것이 전혀 헛되지 않다는 사실을 언급했다. 또한 그로 인한 구체적인 유익에 대해서는 그 지역 성도들이 충분히 깨닫고 있는 바라고 했다. 사도들을 통해 하나님과 그의 몸된 교회에 관한 올바른 지식을 습득하는 것은 무엇보다 중요하다.

이 말씀에 관해서는 지상의 교회가 그 보편적 의미를 염두에 두고 있어야 한다. 즉 데살로니가 교회가 사도들의 방문을 소중하게 받아들인 사실은 모든 성도가 그와 동일한 관점에서 이해해야 한다. 데살로니가 교회가 사도들의 방문을 통해 얻은 소중한 유익은 모든 교회가 함께 공유해야 할 내용이기 때문이다.

비록 우리 시대 교회가 사도들을 육체적으로 만나 교제하지 못할지라도 그 역사적 의미는 그대로 받아들여야 한다. 그렇게 함으로써 바울을 비롯한 사도들이 역사적 교회와 분리된 존재가 아니라 연합하는 관계에 놓일 수 있게 된다. 따라서 과거 데살로니가 교회 성도들이 경험하고 깨닫고 있던 바를 지상 교회들이 동일하게 수용해야 한다.

이는 비단 데살로니가 교회와 사도 바울의 사적인 관계뿐 아니라 모든 사도와 성경에 나타난 모든 교회 사이에 형성된 관계 역시 마찬가지다. 즉 베드로와 요한과 같은 사도들이 여러 교회와 맺은 관계가 오늘날 우리에게도 그대로 유효하다. 이로 말미암아 거대한 보편교회의 모습이 드러나게 되는 것이다.

"너희 아는 바와 같이 우리가 먼저 빌립보에서 고난과 능욕을 당하였으나"
(살전2:2ⓐ)

- 사도들이 당한 고난과 능욕을 통해 얻게 되는 교훈

바울과 그 일행은 과거 빌립보 지역에서 당했던 심한 고난과 능욕에 관한 언급을 하고 있다. 그에 대해서는 데살로니가 교회 성도들도 익히 알고 있는 바였다. 그 모든 일은 감추어져야 할 비밀이 아니라 모든 사람이 알고 있는 공개적인 사건이었다.

사도 바울이 여기서 자기가 빌립보에서 당한 고통스러웠던 일들을 다시금 일컫는 것은 중요한 메시지를 주기 위한 것으로 이해할 수 있다. 즉 예수 그리스도와 그의 사역을 알고 하나님을 믿는 성도들은 이 세상에서 그와 같은 고통을 당할 준비를 하고 있어야 한다. 하나님의 자녀들이라고 해서 이 세상에서 평안하고 행복한 삶을 제공받지는 못하기 때문이다.

또한 바울이 빌립보 지역에서 모진 고통을 겪었으므로 이제 모든 어려움이 끝난 것은 아니었다. 그가 장차 겪게 될 고난과 능욕은 그전보다 훨씬 심각한 것이 될 수 있다. 참된 하나님의 자녀들은 속성을 달리하는 이 세상과 진리에 저항하는 배도자들로부터 우호적인 대우를 받지 못한다.

이에 대해서는 오늘날 우리 역시 마찬가지다. 하나님의 자녀로서 세상에 살아가는 동안 부귀영화를 누리거나 신앙적인 차원에서 저들로부터 인정받을 수 없다. 성경에 기록된 모든 진리를 가감 없이 드러내면 그들이 도리어 싫어할 것이며 그것을 끝까지 양보하지 않을 경우 정신적인 측면뿐 아니라 육체적으로도 박해가 가해질 수밖에 없기 때문이다.

"우리 하나님을 힘입어 많은 싸움 중에" (살전2:2ⓑ)

- 전투하는 교회와 성도들

지상 교회에 속한 성도들은 원수들에 맞서 싸우는 자들이다. 이는 물론 이기적인 욕망을 달성하기 위해서 싸우는 것과는 본질적으로 다르다. 오히려 그와 같은 싸움이라면 항상 져주는 것이 바람직하다. 세상의 것을 쟁취하기 위해서 싸운다면 아무런 의미 없는 것에 지나지 않기 때문이다.

하나님의 자녀들은 사탄의 지배를 받는 세상의 가치관에 대항하여 싸워야 한다. 바울은 사랑하는 제자 디모데에게 보내는 첫 번째 편지에서 그에 관한 언급을 했다. 믿음의 선한 싸움을 싸우기 위해 그가 하나님의 특별한 부르심을 받았다는 것이다.

> "믿음의 선한 싸움을 싸우라 영생을 취하라 이를 위하여 네가 부르심을 입었고 많은 증인 앞에서 선한 증거를 증거하였도다" (딤전6:12)

하나님께서 디모데를 부르신 까닭은 그가 이 세상에 살아가는 동안 평안하고 행복한 삶을 살아가도록 하기 위해서가 아니었다. 이는 비록 디모데뿐 아니라 이 편지를 쓰는 바울은 물론 모든 사도와 믿음의 백성들 역시 그와 같다는 사실을 말해주고 있다.

이에 대해서는 오늘날 우리 시대 교회에 속한 성도들 역시 마찬가지다. 하나님께서는 창세 전에 택하신 백성들을 불러 자기편에서 선한 싸움을 싸우도록 하셨다. 따라서 하나님의 자녀들은 악한 세상에 대항하여 목숨 바쳐 싸워야 한다. 우리의 대장이신 예수 그리스도께서는 세상을 발 아래 두실 때까지 싸우시며 우리도 그 신령한 전쟁에 참여하는 은혜와 축복을 누리고 있다.

그것을 위해서는 자신이 먼저 무장해야 하며 그 무장한 병사들이 교회로서 하나의 공동체를 이루고 있다. 그와 연관하여 바울은 에베소 교회에 편지하면서 악한 마귀를 대적하여 싸우기 위해서는 전신갑주를 입어야 한다는 사실을 언급했다. 상대인 사탄이 막강한 세력을 가지고 있으므로 완전무장을 해야 한다는 것이다.

그러므로 하나님의 편에서 원수들을 대항하여 싸우기 위해서는 참된 진리와 의와 복음과 믿음을 가져야 한다는 사실을 말했다. 그리고 구원의 확신과 더불어 성령의 도우심과 함께 하나님의 말씀을 마음속에 간직하고 있어야만 한다. 그와 같은 것들이 갖추어지지 않은 상태에서는 영적인 전투에서 승리하기 어렵다는 것이다.

> "종말로 너희가 주 안에서와 그 힘의 능력으로 강건하여지고 마귀의 궤계를 능히 대적하기 위하여 하나님의 전신갑주를 입으라 우리의 씨름은 혈과 육에 대한 것이 아니요 정사와 권세와 이 어두움의 세상 주관자들과 하늘에 있는 악의 영들에게 대함이라 그러므로 하나님의 전신갑주를 취하라 이는 악한 날에 너희가 능히 대적하고 모든 일을 행한 후에 서기 위함이라 그런즉 서서 진리로 너희 허리 띠를 띠고 의의 흉배를 붙이고 평안의 복음의 예비한 것으로 신을 신고 모든 것 위에 믿음의 방패를 가지고 이로써 능히 악한 자의 모든 화전을 소멸하고 구원의 투구와 성령의 검 곧 하나님의 말씀을 가지라" (엡6:10-17)

바울은 어둠의 세계를 주관하고 공중권세 잡은 악한 영들과 그 모든 것을 통솔하는 마귀와 싸우기 위해서는 하나님 안에서 강력한 힘을 가져야 한다는 사실을 언급하고 있다. 그것을 위해 성도들은 완전무장을 해야 한다는 사실과 함께 구체적인 상황을 설명하고 있다. 즉 진리로 허리띠를 매고 의의 흉배를 붙이고 평안의 복음으로 예비한 신을 신고 그 위에 믿음의 방패를 가지고 구원의 투구를 쓰라고 했다. 그리하여 성령의 검 곧 하나님의 말씀으로 공격하여 적의 세력을 소멸시키라는 것이다.

사도 바울은 또한 고린도 교회에 보내는 첫 번째 편지에서 전투를 위한 무기뿐 아니라 그 근본적인 자세에 관한 사실을 언급하고 있다. 하나님께 속한 성도들이 강력한 영적인 무기를 가지고 싸우되 그 대상을 분명히 파악하고 있어야 한다는 것이다. 또한 그것을 위해서는 자신과의 싸움을 필수적으로 동반하게 된다고 했다.

> "그러므로 내가 달음질하기를 향방 없는 것 같이 아니하고 싸우기를 허공을 치는 것 같이 아니하여 내가 내 몸을 쳐 복종하게 함은 내가 남에게 전파한 후에 자기가 도리어 버림이 될까 두려워함이로라"(고전 9:26,27)

아무리 훌륭한 무기와 강력한 힘을 가지고 있을지라도 방향 설정이 잘못되면 모든 것이 허사로 돌아가고 만다. 따라서 바울은 전투에 임하는 자로서 먼저 자신의 몸을 쳐 복종시켜야 한다고 했다. 개인적인 감정이나 욕망에 치중하다 보면 승리를 거두지 못한다. 즉 자기를 제어하지 못하고 공격해야 할 대상인 원수를 확실히 알지 못하면 도리어 자기 혹은 자기가 속한 교회가 큰 상처를 입게 될 우려마저 따른다.

그러므로 우리가 기억해야 할 바는 성도들의 싸움에는 단계가 있다는 사실이다. 우선 전투에 나서는 자는 자기와의 싸움에서 이겨 자신을 억제할 수 있어야 한다. 그리고 바울이 에베소 교회에 보내는 편지에서 언급한 대로 하나님의 말씀을 비롯한 여러 무기를 갖추어 완전무장을 해야만 한다. 그후에는 싸워야 할 대상을 올바르게 파악하여 방향 설정을 정확하게 한 후 전투에 임해야 한다.

지상 교회에 맡겨진 중요한 사명은 내부적으로 언약에 따라 하나님을 예배하는 일과 동시에 외부적으로 악한 사탄의 세력에 맞서 싸우는 일이다. 이를 위해서는 항상 주님 안에서 영적인 긴장을 풀지 말아야 한다. 따라서 자기와의 싸움에서 승리한 자들이 하나님께서 제공하신 신령한 무기들로써 완전 무장하여 원수들과 싸워 최종 승리를 거두게 되는 것이다.

"하나님의 복음을 너희에게 말하였노라" (살전2:2ⓒ)

- 하나님의 복음

하나님의 복음은 상대적 개념이 아니라 절대적인 성격을 지니고 있다. 그 복음은 오직 하나님으로부터 나와서 예수 그리스도를 통해 세상에 존재하는 그의 몸된 교회에 허락되었다. 즉 그 복음은 세상 전체가 아니라 하나님의 자녀들이 모인 교회 공동체에 주어진 것이다.

그 복음은 배타적 성격을 지니며 타락한 이 세상에서 자발적으로 생성된 것이 아니다. 타락한 이 세상에서는 참된 복음이 생겨나지 못한다. 오직 천상의 나라로부터 하나님을 믿는 성도들에게 선물로 주어지게 된다. 따라서 하나님께서 허락하신 복음 위에 타락한 이 세상에서 그럴듯하게 보이는 것들을 첨가하면 변질될 수밖에 없다.

그리고 하나님의 복음은 강력한 힘을 지니고 있다. 이 세상은 그 힘에 밀려나게 되며 그에 저항하지 못한다. 일시적으로 저항하는 것같이 보일지라도 궁극적으로는 완전히 패배하게 된다. 하지만 그 복음의 힘은 외견상 부드럽게 나타날 수 있다. 이는 그것이 강압적이지 않고 온유한 속성을 지니고 있기 때문이다.

따라서 어리석은 자들은 세상의 힘으로 하나님의 복음을 억누르려 하나 결코 그렇게 되지 않는다. 심하게 악한 자들은 그 복음을 멋대로 짓밟기도 하지만 결국은 그것을 통해 자기의 사악한 모습만 드러내게 될 따름이다. 바울은 데살로니가 교회 성도들을 향해 바로 그 복음을 전한 사실을 언급하고 있다.

"우리의 권면은 간사에서나 부정에서 난 것도 아니요 궤계에 있는 것도 아니라" (살전2:3)

- 권징 사역(discipline)

본문에서 언급된 권면(exhortation)은 타이르고 권하는 것으로서 경고와 훈계의 의미를 내포하고 있다. 이는 곧 교회의 권징 사역과 밀접하게 연관되어 있다. 사도 바울은 그전에 데살로니가 교회를 향한 권면이 있었음을 언급하고 있다. 그러면서 그런 권면을 한 것은 불순한 동기나 누군가를 속이고자 한 것이 아니라고 했다. 이는 그것이 전적으로 데살로니가 교회를 위한 것이었음을 말해주고 있다.

우리는 교회에서 권징 사역이 매우 중요하다는 사실을 알고 있다. 여기서 권징 사역이란 교회를 올바르게 세우기 위한 권면적 교육(discipline)을 의미한다. 따라서 권징이란 단순히 벌을 주기 위한 징계와는 그 성격이 다르다. 징계가 잘못한 자에게 벌을 내리는 것이라면 권징은 올바른 신앙과 삶의 자세를 회복하기 위한 뜻을 담고 있다.

이는 세상에 존재하는 지상 교회에서 필요불가결의 중요성을 지니고 있다. 따라서 교회에서는 끊임없이 상호 권면하는 권징 사역이 진행되어야 한다. 역사적 신실한 교회들에서는, 정당한 권징을 순수한 말씀 선포와 올바른 성례의 시행과 더불어 교회의 세 표지로 삼고 있다. 이 셋이 교회 가운데 존재하면 참 교회이지만 그것이 없거나 무시되면 거짓 교회에 지나지 않는다는 것이다. 교회에 속한 모든 성도는 이에 대한 올바른 깨달음을 소유해야만 한다.

"오직 하나님의 옳게 여기심을 입어 복음 전할 부탁을 받았으니"
(살전2:4ⓐ)

- 복음 선포 위탁

사도 바울은 자기와 함께하는 형제들이 하나님으로부터 인정받은 자들이라는 사실을 언급했다. 이 말은 그들이 행하는 모든 사역은 하나님의 뜻에 순종한 결과라는 사실을 드러내 보여주고 있다. 이는 또한 그의 가르침에 순종하여 참여하는 성도들 역시 그와 같은 자리에 놓이게 됨을 말해주고 있다.

하나님으로부터 복음 전파의 사명을 부여받은 성도들은 그 복음을 가감(加減) 없이 그대로 전해야만 한다. 만일 그것을 인간들의 이성과 취향에 맞추어 전하게 되면 변질이 생겨날 수밖에 없을 것이기 때문이다. 바울은 자기에게 부과된 복음 전파를 위한 사명을 감당하기 위해 최선의 노력을 쏟아부어야 한다는 점을 잘 알고 있었다.

사도 바울은 세 번째 복음 전파 사역을 마무리하면서 고린도를 출발하여 예루살렘으로 가고자 했다. 긴 여행 중에 그는 데살로니가를 비롯한 마케도니아 지역을 거쳐 소아시아의 밀레도에 도착했다. 그때 가까이 있던 에베소 교회의 장로들을 그곳으로 불러 모았다. 그 자리에서 고별 설교를 하며 하나님의 복음을 전파하는 사역자로서 자신의 심경을 밝혔다.

> "오직 성령이 각 성에서 내게 증거하여 결박과 환난이 나를 기다린다 하시나 나의 달려갈 길과 주 예수께 받은 사명 곧 하나님의 은혜의 복음 증거하는 일을 마치려 함에는 나의 생명을 조금도 귀한 것으로 여기지 아니하노라" (행20:23,24)

바울은 에베소 교회 장로들에게 전하는 고별 설교에서 복음 전파를 위해 자신이 받은 사명에 관한 언급을 했다. 자기 인생에서 가장 소중한 것은 개인적인 성공이나 부귀영화가 아니라 하나님의 복음을 증거하는 일이라는 것이다. 따라서 어떤 환난과 고통도 복음 전파 사역을 위한 자기의 사역을 가로막지 못한다고 했다.

그는 지금까지 그 일을 위해 열심히 달려왔으며 앞으로도 그렇게 하리라는 말을 했다. 이제 자기가 가게 될 앞길에 무서운 고통이 기다리고 있다는 사실을 알고 있으나 그에 전혀 구애받지 않는다는 것이었다. 즉 그 소명을 감당하기 위해서는 자기의 생명을 조금도 귀하게 여기지 않는다고 했다.

바울의 이 말 가운데는 그와 같은 자세가 자신에게만 국한된 것이 아니라 거기 모인 모든 장로들도 역시 동일하게 받아들여야 한다는 의미가 내포되어 있다. 이는 또한 그 자리에 있던 에베소 교회 장로들뿐 아니라 당시 모든 교회가 들어야 할 내용이었다. 나아가 이 말씀은 현대 교회 성도들 또한 그 교훈을 받아들여 동일한 신앙 자세를 소유해야만 한다.

"우리가 이와 같이 말함은 사람을 기쁘게 하려 함이 아니요" (살전2:4ⓑ)

- 사람들의 눈치에 얽매이지 않음

어리석은 인간들은 이 세상에서 칭찬 듣고 인정받기를 좋아한다. 그것을 위해 사람들을 기쁘게 해주려는 마음을 가지게 된다. 이는 기본원리를 떠나 누군가의 비위를 맞추려는 태도를 가질 수 있다. 설령 선행이나 이웃을 위한 배려를 함으로써 얻게 되는 좋은 칭찬이라고 할지라도 그 자체로 궁극적인 의미가 부여되지는 않는다.

나아가 하나님과 참된 진리에 관한 것이라면 더욱 그렇다. 사람들을 기쁘게 하려고 적절하게 구색을 갖추려는 태도는 도리어 위험할 수 있다. 그렇게 하는 것은 진리를 왜곡시키거나 사람들 마음속에서 그것을 와해시킬 우려마저 따르기 때문이다.

그러므로 바울은 자기가 하나님의 복음을 전파하는 주된 목적이 사람을 기쁘게 하기 위한 것이 아니라는 사실을 언급하고 있다. 사람들의 환심을 사고자 그처럼 하는 것은 아무런 의미가 없다는 것이다. 바울은 갈라디아 교회에 편지하면서 그점을 분명하게 언급했다.

> "이제 내가 사람들에게 좋게 하랴 하나님께 좋게 하랴 사람들에게 기쁨을 구하랴 내가 지금까지 사람의 기쁨을 구하는 것이었더면 그리스도의 종이 아니니라"(갈1:10)

바울은 사람들에게 좋게 하여 인정받고자 하지 않는다고 했다. 또한 그렇게 함으로써 사람들로부터 만족과 기쁨을 취하려는 생각이 없다고 했다. 그렇게 하면 하나님의 복음을 그대로 전하지 못하고 적절한 타협을 시도하기 쉽기 때문이다. 즉 복음을 선포하는데 그에 대한 이해가 없거나 부정적인 사람을 만나게 되면 그를 설득하기 위해서 본질을 벗어나 상대의 견해에 맞추는 것이 마치 지혜로운 듯 잘못 생각하게 될 우려가 따른다.

이에 대해서는 우리 역시 주의를 기울여 받아들여야만 한다. 만일 사람들의 환심을 사고 인정을 받음으로써 자신의 종교적인 생활과 활동을 성공적으로 이끌어가고자 한다면 그것은 근본적으로 잘못된 일이다. 그것은 결국 하나님의 교회를 영원한 천상의 나라로부터 멀어지게 하며 세속주의를 불러일으키게 될 것이기 때문이다.

“오직 우리 마음을 감찰하시는 하나님을 기쁘시게 하려 함이라” (살전2:4ⓒ)

- 하나님에 대한 순종 행위

일반적인 인간들은 자기의 이성과 경험에 갇힌 존재이다. 그러다 보니 모든 것을 주관적인 방식대로 사고하고 실행하며 그것이 마치 자기를 위한 최선의 방책인 양 착각하고 있다. 그런 자들에게는 하나님이 어떤 분인지 그 구체적인 실상에 대한 개념이 없거나 부족하다.

하나님은 전지전능하신 분인데 반해 인간은 지극히 제한적인 존재에 지나지 않는다. 따라서 인간들은 항상 자기의 모든 것이 하나님 앞에 낱낱이 드러나고 있다는 사실을 깨달아야 한다. 그것이 하나님 앞에서 올바른 것이든지 하나님 보시기에 악한 일이든지 마찬가지다. 또한 인간의 행위로 말미암는 것뿐 아니라 마음속의 생각까지도 그렇다.

그러므로 바울은 하나님이 사람의 마음을 감찰하시는 분이라는 사실을 언급하고 있다. 이는 인간들의 위선적인 것을 하나님께서는 속속들이 알고 계신다는 사실을 의미한다. 우선 하나님께서 이 세상의 모든 것을 철저히 감찰하고 계신다는 사실을 기억하지 않으면 안 된다.

> “여호와께서 하늘에서 감찰하사 모든 인생을 보심이여 곧 그 거하신 곳에서 세상의 모든 거민을 하감하시도다 저는 일반의 마음을 지으시며 저희 모든 행사를 감찰하시는 자로다”(시33:13-15)

하나님께서는 천상의 나라에 좌정해 계시지만 이 세상의 모든 것을 감찰하시며 인간들의 행위와 생각을 꿰뚫어 보고 계신다. 사람들은 아무도 모르게 비밀리에 행한다고 생각하지만, 하나님 앞에서 드러나지 않는 것은 없다. 그와 같은 깨달음이 인간으로 하여금 하나님에 대한 경외감을 가지게 한다.

이 모든 사실을 알고 있는 사도는 사람의 마음을 감찰하시는 하나님을 기쁘시게 하기를 원한다는 사실을 언급했다. 이는 예수 그리스도를 통한 하나님의 은혜가 없이는 불가능하다. 따라서 지상 교회에 속한 성도들은 오직 하나님의 말씀이 요구하는 대로 순종하며 살아가고자 할 따름이다. 그와 같은 삶을 추구할 때 비로소 하나님과 사람 앞에서 참 겸손한 자세로 살아갈 수 있게 된다.

"너희도 알거니와 우리가 아무 때에도 아첨의 말이나 탐심의 탈을 쓰지 아니한 것을 하나님이 증거하시느니라" (살전2:5)

- 진리를 전파하는 자로서의 사명

사도 바울은 자기를 비롯하여 자기와 함께하는 자들은 항상 '하나님 앞에서'(coram deo) 살아간다는 사실을 언급했다. 하나님을 올바르게 아는 성도들이라면 자신의 삶을 위장하려고 하지 않는다. 그렇게 하면 사람들을 속이거나 기만할 수 있을지언정 하나님 앞에서는 오히려 더 큰 가증스러운 것이 된다는 사실을 잘 알고 있기 때문이다.

그러므로 사도는 어떤 경우에도 사람들 앞에서 아첨하는 말을 하지 않는다는 사실을 언급했다. 나아가 겉으로 드러나지 않은 탐심을 가리기 위한 가면을 쓰고 행동하지 않는다고 했다. 즉 마음속에 감추어진 이기적인 욕망을 달성하기 위해 남에게 아첨하거나 탐심으로 인한 속임수를 쓰지 않았다는 것이다.

그에 대해서는 지금도 모든 것을 훤히 내려다보시는 하나님께서 친히 증거하시는 바라고 했다. 바울의 이 말은 자기를 자랑하기 위함이 아니라 데살로니가 교회 성도들에게 그와 동일한 삶을 살도록 요구하는 성격을 지니고 있다. 하나님을 진정으로 경외하고 그의 뜻에 순종하는 삶이 인간에게 가장 값어치 있는 삶이기 때문이다.

주님의 재림을 눈앞에 둔 오늘날 우리 역시 바울이 고백한 삶의 원리를 그대로 받아들여야 한다. 개인적인 성공이나 만족을 추구할 목적으로 위선적인 행동을 해서는 안 된다. 더군다나 종교적인 야망이나 목적을 달성하기 위해 그런 행동을 하는 것은 사람들을 속이고 기만하는 행위일 뿐 아니라 하나님의 진노를 불러일으키는 결과를 가져오게 된다. 지상 교회에 속한 모든 성도는 이에 관한 깊은 주의를 기울여 신앙생활을 할 수 있어야 한다.

제5장

사도들과 지상 교회 사이에 존재하는 소중한 관계

(살전2:6-10)

(2:6) 우리가 그리스도의 사도로 능히 존중할 터이나 그러나 너희에게든지 다른 이에게든지 사람에게는 영광을 구치 아니하고 (7) 오직 우리가 너희 가운데서 유순한 자 되어 유모가 자기 자녀를 기름과 같이 하였으니 (8) 우리가 이같이 너희를 사모하여 하나님의 복음으로만 아니라 우리 목숨까지 너희에게 주기를 즐겨함은 너희가 우리의 사랑하는 자 됨이니라 (9) 형제들아 우리의 수고와 애쓴 것을 너희가 기억하리니 너희 아무에게도 누를 끼치지 아니하려고 밤과 낮으로 일하면서 너희에게 하나님의 복음을 전파하였노라 (10) 우리가 너희 믿는 자들을 향하여 어떻게 거룩하고 옳고 흠없이 행한 것에 대하여 너희가 증인이요 하나님도 그러하시도다

"우리가 그리스도의 사도로 능히 존중할 터이나" (살전2:6ⓐ)

- 그리스도의 사도로서의 권위

다른 성경 번역본들 가운데는 이 구절을 '우리가 그리스도의 사도로서 권위를 내세울 수도 있었으나'(even though as apostles of Christ we might have asserted our authority: NASB)라고 번역하기도 한다. 또한 '우리는 그리스도의 사도로서 부담을 느끼고 있으니'(we might have been burdensome, as the apostles of Christ: KJV)로 번역한 경우도 있다. 이는 사도의 권위를 가진 자로서 여러 성도에 대하여 가지는 부담과 연관되어 있다.

또한 이 말씀 가운데는 사도로서 부당한 권세를 내세우지 않았으며 교회와 성도들을 위해 잘못된 말과 행동을 하지 않기 위해 극히 자제한 사실을 언급하고 있다. 우리가 잘 알고 있듯이 사도들의 권위는 매우 중요하다. 그것은 개인에게서 생성되는 인간적인 권위가 아니라 하나님으로부터 특별히 주어진 것이다. 따라서 사도들이라 할지라도 자기 마음대로 그 권위를 축소해서는 안 된다.

사도의 권위는 주님께서 재림하시는 그날까지 교회 가운데 존속되어야 한다. 즉 그 권위가 당대에 끝나는 것이 아니라 역사적 지상 교회 가운데 지속해서 상속되어 가야 한다. 이는 나중 보편교회의 직분 제도가 가지는 권위와도 연관되어 있다. 특히 교회의 교사로 세워진 목사들을 통해 그 의미가 구체적으로 드러나야 한다.

이 말이 목사에게 개별적인 특별한 권세가 존재한다는 것을 의미하지 않는다. 교회에서 가르치는 교사로 세움받은 목사는 교회 가운데서 사도들의 권위를 드러내며 그 말씀에 따라 하나님과 예수 그리스도를 전파하는 사명을 부여받은 직분자이다. 만일 이에서 벗어나게 되면 다시는 어떤 권위도 그에게 부여하지 말아야 한다.

이처럼 하나님을 진정으로 경외하는 자라면 사도들이 전한 하나님의 말씀을 선포하는 교사의 말을 귀담아듣고 그에 순종해야 할 의무가 있다. 성경에 근거한 올바른 교훈임에도 불구하고 그것을 거부하는 태도는 사도들뿐 아니라 하나님을 부인하는 것과 마찬가지기 때문이다. 따라서 지상 교회에 세워진 모든 직분자들과 일반 성도들은 이에 대한 분명한 깨달음을 가져야만 한다.

"그러나 너희에게든지 다른 이에게든지 사람에게는 영광을 구치 아니하고" (살전2:6ⓑ)

- 오직 하나님께 영광

사도 바울은 하나님의 특별한 소명을 받은 자로서 이 세상으로부터 어떤 영광도 취하지 않는다는 사실을 언급하고 있다. 그는 데살로니가 교회의 성도들을 비롯한 지상의 모든 교인에 대해서도 마찬가지라고 했다. 오로지 지상에 존재하는 모든 교회가 하나님께 참된 영광을 돌리기를 바란다는 것이었다.

교회의 교사와 직분자의 칭호를 가지고 있으면서 타락한 세상의 눈치를 보며 진리를 약화시키는 일에 가담하는 자들이 있어서는 안 된다. 그럼에도 불구하고 타락한 세상의 논리에 빠진 어리석은 자들은 인간의 이성과 경험에 따라 내리는 종교적 판단이 마치 대단한 지혜라도 되는 양 착각한다. 성숙한 성도들은 그와 같은 일이 순결해야 할 하나님의 몸된 교회 가운데서 일어나지 않도록 주의를 기울여야 한다.

올바른 신앙을 확립하지 못한 자들은 타락한 인간들의 풍조를 받아들여 타협하면서 그것이 마치 기독교인이 가져야 할 합당한 관용인 양 여기기도 한다. 심지어는 세상의 잘못된 논리를 교회 안으로 가지고 들여옴으로써 하나님의 말씀을 약화시키기도 한다. 그렇게 하여 자신을 세상 모든 것들에 대해 관대한 자로 내세우며 신앙이 어린 자들로부터 인정받으려고 안간힘을 쓴다.

우리는 타락한 이 세상에 살아가면서 하나님의 영광을 가로채는 것이 가장 큰 도둑질이라는 사실을 기억해야 한다. 자기가 인정받기 위해 하나님의 뜻을 멀리하거나 외면하는 것은 결코 있을 수 없는 일이다. 바울을 비롯한 사도들은 주님의 영광을 드러내기 위하여 애쓸 뿐 결코 사람들로부터 인정받아 자기의 영광을 구하는 행위를 하지 않는다는 사실을 강조하고 있다.

"오직 우리가 너희 가운데서 유순한 자 되어" (살전2:7ⓐ)

- 사도들의 유순한 삶

하나님으로부터 허락된 특별한 권위를 가진 사도 바울은 저들이 소유한 유순하고 부드러운 삶의 자세에 관한 언급을 하고 있다. 그들은 데살로니가 교회 가운데서 유순한 자세로 지낸 사실을 언급했다. 이는 물론 그들과 함께 있으면서 그것을 직접 경험한 성도들이 익히 알고 있는 바였다.

바울 일행이 성도들과 함께 거하면서 유순한 삶의 자세를 유지했다고 한 것은 모든 것을 강압적으로 행하지 않았다는 사실에 연관되어 있다. 이는 일반적인 모든 일에 연관된 것으로 이해해야 한다. 즉 하나님의 말씀이나 진리를 전하는 일에 있어서 잘못된 것을 보고도 부드럽고 유순한 자세를 취했다는 의미와 다르다.

사도들은 진리를 벗어나거나 교회를 어지럽히는 문제에 대해서는 단호한 입장을 취했다. 만일 그것을 방치하게 되면 온 교회에 악한 누룩

이 퍼져 크게 혼란스럽게 될 것이기 때문이었다. 물론 그와 같은 일이 발생하게 되면 초기에는 부드러운 자세로 바로잡고자 노력하지만, 그것이 교정되지 않으면 단호해질 수밖에 없는 것이다.

사도들의 그와 같은 삶은 보편교회 시대의 직분자들은 물론 모든 성도가 본받아야 한다. 그것은 각 성도의 인품이 점차 좋아져 가야 한다는 개별적인 성격에 앞서 교회 공동체의 온전한 성숙을 위해서이다. 그것은 곧 언약 가운데서 점차 하나님을 온전히 찬양하며 경배할 수 있어야 한다는 의미를 내포하고 있다. 따라서 우리 역시 사도들의 본을 받아야 하며, 교회 공동체가 하나님을 진정으로 경외함으로써 신의를 지키는 가운데 그 유순한 성품을 이어갈 수 있어야 한다.

"유모가 자기 자녀를 기름과 같이 하였으니" (살전2:7ⓑ)

- 어머니의 마음으로

여기서 먼저 본문에 표현된 '유모'(nursing mother)와 '어머니'(mother)에 연관된 실제적 의미를 생각해 볼 필요가 있다. 유모는 다른 사람의 자녀를 대신 키워주는 사람을 일컫는다. 그에 반해 어머니는 자기 자식을 직접 양육하게 된다. 한글 개역성경에서 '유모'로 표현된 단어가 다른 성경 번역본들 가운데는 '어머니'로 번역된 경우가 많이 있다.[6]

우리가 여기서 기억해야 할 바는 바울이 자신을 유모와 같다는 표현

---

6) 한글개역, 개역개정에서는 '유모'로, 새번역, 공동번역, 현대인의 성경에서는 '어머니'로 번역하고 있다. 그리고 영어 성경 KJV, NASB에서는 '유모'를 뜻하는 'nursing mother'로 번역되어 있는 반면 NIV에서는 mother(어머니)로 번역하고 있다.

을 했을 때 자기는 데살로니가 교회에 지속해서 계속 머물면서 젖을 먹이며 양육하는 자가 아니라 잠시 그처럼 했다는 의미를 내포한 것으로 이해할 수 있다. 하지만 그 본질적인 의미를 생각할 때는 진정한 사랑을 가진 '어머니'로 이해하는 것이 자연스럽다.

이처럼 모든 사도는 하나님의 몸된 교회에 속한 성도들을 그와 같은 자세로 대했다. 따라서 그후에 세워지는 역사적인 모든 교회의 교사들 역시 그와 동일한 자세를 가져야만 한다. 그것은 개인의 성품을 넘어 하나님의 복음 선포 사역에 밀접하게 연관되어 있다. 칼빈(Calvin)은 교회를 두고 '성도의 어머니'라는 표현을 했는데, 이는 지상 교회가 성도들을 양육하고 교육하는 신령한 기관이라는 사실을 말해주는 동시에 매 주일 하나님의 말씀을 선포하며 가르치는 교사를 중심에 두고 있다.

"우리가 이같이 너희를 사모하여 하나님의 복음으로만 아니라 우리 목숨까지 너희에게 주기를 즐겨함은" (살전2:8ⓐ)

- 사도들의 어머니 같은 사랑

사도 바울은 데살로니가 교회와 그에 속한 성도들을 사모한다는 사실을 언급하고 있다. 그것은 일반적인 사랑이 아니라 마치 어머니가 귀한 자식에게 깊은 관심을 기울이는 것과 같다. 이는 어느 누구도 그 사랑을 갈라놓을 수 없다는 사실과 교회가 사도들이 사랑해야 할 대상이라는 점을 말해주고 있다.

본문 가운데서는 사도적 권위를 가진 형제들이 하나님의 복음으로만 그들을 사랑하는 것이 아니라고 했다. 이는 복음 자체로는 무언가 부족하다는 것을 의미하지 않는다. 바울이 여기서 말하고자 한 것은 그들이 베푸는 사랑이 관념이나 이론 혹은 종교성에 연관된 상징적인 것에 머물지 않는다는 사실을 강조하고 있다.

어리석은 인간들은 말로 '사랑' 이라는 단어를 되풀이하여 발설하면서 그것이 마치 사랑인 양 여기는 경우가 일반적이다. 나아가 주관적이며 이기적인 사랑의 감정이 마치 진정한 사랑인 것처럼 착각하기도 한다. 더군다나 그것이 마음에 없는 소리가 아니라 자신의 감정에 뒤섞여 나타난다면 그것이 사랑이라고 믿게 되는 것이다.

하지만 그와 같은 심적인 상태나 입술의 표현은 그 자체로 참된 사랑일 수 없다. 진정한 사랑은 감정적 상태가 아니라 삶 가운데 실천적으로 드러나야 하며 어떤 문제가 발생했을 때 즉시 그에 참여하여 해결해주고자 한다. 즉 그 사랑은 구체적이어서 사랑의 대상인 이웃을 위한 마음문이 항상 열려 있으며 그것을 베풀고자 하는 대기 상태에 놓여있다.

그러므로 사도 바울을 비롯한 그의 동역자들은 저들을 위해 목숨까지 내어줄 준비가 되어있다고 했다. 그것은 억지가 아니라 즐거운 마음으로 기꺼이 그렇게 한다는 것이다. 또한 그 말은 그처럼 하고자 하는 마음 자체가 기쁨과 감사의 근원이 된다.

우리가 여기서 눈여겨보아야 할 점은 그 대상이 교인들 개개인을 넘어 교회 공동체라는 사실이다. 즉 사도 바울이 개인 한 사람 한 사람을 위해 자기 목숨을 기꺼이 내어주겠다고 말한 것이라기보다 하나님의 몸된 교회를 위해 그렇게 할 수 있다는 것이었다.

바울이 언급한 이 말은 데살로니가 교회에 속한 개별 성도들의 육체적 생명을 넘어선 의미를 지니고 있다. 이는 곧 이 세상에서 굳건히 세워져 가야 할 하나님의 몸된 교회가 궁극적인 사랑의 대상이라는 점을 말해주고 있기 때문이다. 따라서 사악한 자들이 지상 교회를 침해할 경우 실제로 목숨을 바쳐 하나님의 진리를 사수하며 저들을 구해주리라는 것이었다.

"너희가 우리의 사랑하는 자 됨이니라" (살전2:8ⓑ)

- 확고한 관계 형성

바울은 하나님의 복음을 소유한 데살로니가 교회의 정체성에 관한 언급을 했다. 그는 그 교회에 속한 성도들이 사도들의 진정한 사랑의 대상이 된다는 사실을 밝히고 있다. 이는 사도들이 사랑하는 교회라면 참교회라는 선포와 더불어 하나님께서 진정으로 사랑하는 대상이라는 사실을 증거하는 말이기도 하다.

이에 대해서는 지상에 존재하는 모든 교회 가운데 그 의미가 분명히 드러나야만 한다. 사도들이 사랑하는 교회여야만 참 교회라 할 수 있기 때문이다. 나아가 참 교회라면 사도들뿐 아니라 모든 성도가 당연히 사랑해야 할 대상이 되는 것이다.

그에 반해 사도들이 사랑하는 대상이 아님에도 불구하고 교회라는 이름을 도용하는 자들이 있다면 그 종교집단은 예수 그리스도와 무관한 거짓 교회에 지나지 않는다. 그와 같은 무리는 하나님의 증오 대상이 될 따름이다. 따라서 사도들은 하나님께 속한 교회를 위해 자신의 생명을 아끼지 않을 만큼 사랑하고 있으며, 만일 그럴 만한 상황이 발생한다면 기꺼이 자기 생명을 내어놓겠다고 말했다.

그러므로 우리 시대 교회 역시 원리적인 의미상 사도들의 사랑의 대상이 되어야 한다. 그러기 위해서는 사도들이 계시받아 기록한 말씀에 온전히 순종해야 하며 그들을 절대로 신뢰하는 자세를 가져야 한다. 그렇게 되면 저들의 사랑의 대상이 되며 하나님께서 사랑하시는 대상이 되는 것이다. 이에 대해서는 하나님의 말씀과 사도들의 권위를 멸시하는 것이 예사로 되어버린 현대 교회가 특히 귀담아들어야만 한다.

"형제들아 우리의 수고와 애쓴 것을 너희가 기억하리니" (살전2:9ⓐ)

- 사도들의 수고와 애씀

사도 바울은 데살로니가에 머무는 동안 그곳 교회와 성도들을 위해 혼신의 힘을 쏟아부었다고 말했다. 어렵고 힘든 환경 가운데서도 하나님의 복음과 진리를 위해 모든 노력을 아끼지 않았다는 것이다. 그와 같은 수고는 개인적인 욕망을 달성하기 위해서가 아니었다. 그에게는 종교인으로서 자신의 성공을 추구하려는 마음이 전혀 없었다. 그리고 이 사람 저 사람에게 접근하여 자기편을 만들려고 애쓰지도 않았다.

바울 일행은 하나님의 말씀에 온전히 순종함으로써 오직 교회와 성도들을 위해 최선의 노력을 기울였을 따름이다. 데살로니가 교회 성도들은 사도들이 그전에 보여준 삶의 자세에 대하여 추호의 의심도 하지 않았다. 따라서 바울은 그들을 향해 그에 연관된 모든 사실을 기억하고 있으리라는 사실을 언급했다.

이에 대해서는 지상에 존재하는 참 교회의 모든 일군이 귀담아듣고 실천해야 한다. 따라서 직분을 부여받은 자들은 교회 가운데서 게으르거나 나태해서는 안 된다. 그 대신 모든 수고와 노력을 다해 이 땅에 하나님의 몸된 교회가 올바르게 세워져 가도록 순전한 관심과 열정을 보여야 한다. 교회에 속한 성도들이 그에 대한 올바른 깨달음을 가지고 있을 때 비로소 진정한 신뢰와 더불어 신실한 교제가 이루어질 수 있게 되는 것이다.

"너희 아무에게도 누를 끼치지 아니하려고 밤과 낮으로 일하면서 너희에게 하나님의 복음을 전파하였노라" (살전2:9ⓑ)

- 교회의 짐이 되지 않고 복음을 전파하고자 한 사도들

바울은 하나님의 복음을 전파하는 사역이 이 세상에서 살아가기 위한 삶의 방편으로 이용되어서는 안 된다고 말했다. 만일 생계를 위한 목적으로 그 소중한 일을 행한다면 슬픈 일이 아닐 수 없다. 따라서 그는 스스로 노동하는 가운데 자신의 생활을 유지해가고 있음을 말했다. 그는 사도로서 자비량(自備糧)하며 하나님의 복음 전파 사역을 감당했다.

이와 같은 신앙 정신은 복음 사역에 참여하는 모든 성도가 반드시 이해하고 받아들여야 한다. 만일 세상에서 먹고 살아가는 방편으로 주님의 사역을 감당하고자 한다면, 그것은 노동을 제공하고 돈을 받는 삯꾼의 행위에 지나지 않는다. 따라서 그런 태도는 결코 하나님 앞에서 신실한 사역자의 자세가 될 수 없다.

성경에는 복음 선포를 위한 전담 사역자들이 성도들에 의해 생활을 보장받는 것이 마땅하다고 하신 예수님의 말씀이 나타난다(눅10:7, 참조). 또한 사도 바울은 전쟁에 나가 싸우는 군인이 생활을 보장받는 것이 당연하다는 점과 포도나무를 심거나 양을 치는 자가 그 열매나 젖을 먹는 것이 자연스럽다는 사실을 강조하고 있다(고전9:7, 참조).

그와 더불어 바울은 모세 율법에 그와 연관된 매우 중요한 원리가 기록되어 있다는 사실을 언급했다. '곡식을 떠는 소의 입에 망을 씌우지 말라'(신25:4)고 한 율법을 근거로 하여, 구약시대 성전에서 행해지는 거룩한 직무에 종사하며 봉사하던 자들이 제단에서 나오는 제물을 먹는 것이 당연하다는 것이었다. 바울은 고린도 교회에 보내는 첫 번째 편지에서 그에 관련된 내용을 구체적으로 설명하고 있다.

"모세의 율법에 곡식을 밟아 떠는 소에게 망을 씌우지 말라 기록하였으니 하나님께서 어찌 소들을 위하여 염려하심이냐 오로지 우리를 위하여 말씀하심이 아니냐 과연 우리를 위하여 기록된 것이니 밭 가는 자는 소망을 가지고 갈며 곡식 떠는 자는 함께 얻을 소망을 가지고 떠는 것이라 우리가 너희에게 신령한 것을 뿌렸은즉 너희의 육적인 것을 거두기로 과하다 하겠느냐 ... 성전의 일을 하는 이들은 성전에서 나는 것을 먹으며 제단에서 섬기는 이들은 제단과 함께 나누는 것을 너희가 알지 못하느냐 이와 같이 주께서도 복음 전하는 자들이 복음으로 말미암아 살리라 명하셨느니라" (고전9:9-14)

이 말씀은 하나님의 복음을 선포하는 전담 사역자가 교회로부터 생활을 보장받는 것이 당연하다는 점에 대한 근거를 제시하고 있다. 이는 앞에서 바울 자신은 다른 성도들에게 재정적인 부담을 지우지 않기 위해 자비량한다고 말한 점과 어긋나는 것이 아니다. 바울이 자비량 사역을 언급한 것은 교회가 생계를 위한 방편이 되어서는 안 된다는 점과 더불어 후대에 그에 연관된 중요한 교훈을 남기기 위해서였다. 교회의 재정적인 도움 없이 사역하는 것이나 생활을 보장받으며 직분을 수행하는 경우 모두 주님과 그의 몸된 교회를 위한 것이어야 한다는 사실은 동일하다.

신약시대의 교회에서는 전임 사역을 담당하는 교사 곧 목사들에게 교회가 생활비를 부담하고 있는 것이 일반적이다. 우리는 여기서 왜 그와 같은 제도가 타당한 것인지 생각해 보아야 한다. 거기에는 교회가 목회자의 생계 문제를 책임짐으로써 목사로 하여금 개인적인 야망이나 취향에 따라 목회하는 것을 방지하게 되는 매우 중요한 의미가 담겨 있다.

만일 하나님의 몸된 교회에서 목사로 세워진 성도가 자비량하게 되면 교회의 요구를 떠나 개인이 원하는 대로 모든 것을 행할 우려가 따른다. 이와 달리 교회가 목사의 생계를 보장하는 것은 그가 개인적인 욕망에 따라 목회를 하지 않고 주님의 몸된 교회의 의사에 따라야 한다는 명시적 관계가 형성된다. 이처럼 교회에서 목사와 교사로 세워진 자들은 개인의 목적을 위해 목회하는 것이 아니라 주님과 교회가 맡긴 사역을 감당해야 한다.

"우리가 너희 믿는 자들을 향하여 어떻게 거룩하고 옳고 흠없이 행한 것에 대하여" (살전2:10ⓐ)

- 거룩하고 흠 없는 삶을 추구하는 자세

사도 바울은 그전에 데살로니가 지역에 잠시 머물 때 교회와 성도들을 위하여 어떻게 행했는지 상기시키고 있다. 그는 사사로운 목적이나 이기적인 욕망을 이루기 위해 그들을 대하지 않았다고 했다. 하나님으로부터 보내심을 받은 자로서 교회를 위해 마땅히 감당해야 할 성도의 자세를 유지했다는 것이다.

바울은 당시 자기를 비롯하여 함께 있던 동료들이 '거룩하고 옳고 흠없이 행했다' 는 사실을 강조하고 있다. 여기서 '거룩하게 살았다' 고 한 말은 저들이 '경건한' (devout) 삶을 유지한 사실을 말해주고 있다. 그리고 '옳게 행했다' 고 한 말은 저들의 '올곧은' (upright) 신앙에 연관되어 있다. 또한 '흠 없이 행했다' 고 한 말을 통해 사람들에게 '흠 잡힐 만한 처신을 하지 않았음' (blameless)을 강조하고 있다.

바울의 이 고백적인 표현은 자기와 함께한 형제들이 완벽하다고 주장하는 것이 아니다. 오히려 힘든 여건 가운데서도 하나님의 사역자로서 신실한 자세를 유지했다는 사실을 말해주고 있다. 이에 대해서는 하나님의 교회를 섬기는 모든 사역자가 본받을 수 있어야 한다. 즉 이 세상에 살아가는 하나님의 자녀들 가운데 완벽한 인물은 없을지라도 하나님 앞에서 신실한 삶을 살아낼 수 있어야만 하는 것이다.

"너희가 증인이요 하나님도 그러하시도다" (살전2:10ⓑ)

- 사도들에 대한 증인이 되는 교회와 하나님의 증거

바울의 이와 같은 고백적인 말은 단순한 개인적인 주장에 그치는 것이 아니었다. 그에 대해서는 데살로니가 교회와 성도들이 이미 그에 대한 증인이라고 했다. 따라서 그 교회에 속한 성도들 가운데 그것이 사실이 아니라고 주장할 자는 아무도 없다.

이는 사실 전체 교회를 위해 매우 중요한 의미를 지니고 있다. 교회가 하나님의 복음을 선포하는 사도들에 대한 증인이 된다고 했기 때문이다. 지상 교회에는 기본적으로 사도들에 대한 이와 같은 신뢰가 깔려 있어야만 한다. 만일 교회 가운데 그 신뢰가 깨어지거나 상호 신뢰 관계를 훼방하는 자가 있어서는 절대로 안 된다.

오늘날 우리 시대에도 그 신뢰는 존속되어야 한다. 우리는 바울을 비롯한 신약시대의 사도들뿐 아니라 구약시대의 선지자들을 절대적으로 신뢰한다. 따라서 그들이 계시받아 전한 하나님의 말씀과 그들의 모든 가르침을 추호의 의심 없이 그대로 받아들이고 따른다.

이처럼 사도들의 교훈을 완벽하게 신뢰하는 그 신뢰를 바탕으로 하여 우리 시대의 교회 공동체에 속한 성도들 상호간에 신뢰가 형성되어 가야 한다. 사도들에 대한 신뢰가 없는 상태에서 인간들끼리 형성해 가는 신뢰는 진정한 보장성이 없다. 언제 어떻게 그 관계가 허물어질지 알 수 없기 때문이다. 그러나 사도들에 대한 신뢰를 바탕으로 하는 신뢰는 영원한 성격을 지니고 있다.

사도 바울은 또한 하나님께서 친히 자기를 위한 증인이 되신다고 말했다. 전지전능하신 하나님께서는 사람들의 마음과 생각을 속속들이 감찰하시는 분이기 때문에 감히 그 앞에서 뻔뻔스러운 거짓말을 할 수 없다. 그에 대해서는 사도들을 비롯한 복음을 전파하는 사역자들이 가장 잘 알고 있다. 그런 형편에서 바울이 하나님께서 친히 자기를 위한 증인이 된다고 말한 것은 지상 교회를 위해 매우 중요한 의미를 지닌다.

제6장

생명의 떡인 하나님의 말씀과 권면 및 경계

(살전2:11-13)

(2:11) 너희도 아는 바와 같이 우리가 너희 각 사람에게 아비가 자기 자녀에게 하듯 권면하고 위로하고 경계하노니 (12) 이는 너희를 부르사 자기 나라와 영광에 이르게 하시는 하나님께 합당히 행하게 하려 함이니라 (13) 이러므로 우리가 하나님께 쉬지 않고 감사함은 너희가 우리에게 들은 바 하나님의 말씀을 받을 때에 사람의 말로 아니하고 하나님의 말씀으로 받음이니 진실로 그러하다 이 말씀이 또한 너희 믿는 자 속에서 역사하느니라

"너희도 아는 바와 같이 우리가 너희 각 사람에게 아비가 자기 자녀에게 하듯" (살전2:11ⓐ)

- 사도들의 아버지 같은 사랑

사도 바울은 자기와 함께한 형제들이 데살로니가 교회에 속한 각 성도에게 어떤 자세로 대해왔는지 상기시켰다. 사도들 일행은 지금까지 마치 아버지가 자기 자녀에게 대하듯이 해왔다는 사실을 언급하고 있다. 그에 대해서는 데살로니가 교회의 모든 성도가 이미 잘 알고 있는 바라는 것이었다.

우리는 바울이 데살로니가 교회의 성도들을 향해 그동안 아버지가 자식을 대하듯이 했다는 사실은 무엇을 의미하는 것인지 생각해 보아야 한다. 이는 앞에서 바울과 형제들이 마치 어머니가 자식을 양육하는 것처럼 했다는 말과 대비된다. 어머니는 대개 부드럽고 섬세한 자세로 자식을 가르치며 양육하는 것이 일반적이다.

그에 반해 아버지는 자식들을 대할 때 대개 엄격한 자세를 취한다. 만일 부정직하여 거짓을 말하거나 주변의 다른 이웃에게 해악을 끼치는 행동을 한다면 아버지는 자식에게 크게 호통친다. 따라서 자식은 어머니에게 따뜻한 마음을 가지는 것이 일반적인 데 반해 아버지의 엄한 태도로 인해 두려운 마음을 가지는 것이 보통이다. 만일 아버지를 두려워하는 마음이 전혀 없다면 올바른 가정 교육이 이루어지기 어렵다.

바울은 이와 같은 비유적인 언급을 하면서 자기가 데살로니가 교회 성도들에게 어떤 자세로 대하였는지 언급하고 있다. 하나님의 자녀로서 계시된 말씀을 멀리하거나 교회를 어지럽히는 자들에 대해서는 엄격하게 대했다는 것이다. 따라서 성도들이 자기의 엄한 교육을 잘 받아들였으므로 지금 건강한 교회를 이루고 있다는 것이었다.

"권면하고 위로하고 경계하노니" (살전2:11ⓑ)

- 권면과 위로와 경계

바울은 또한 데살로니가 교회 성도들에게 아버지같이 대하면서 무엇을 가르치고 교육했는지에 관한 언급을 하고 있다. 그는 성도들을 권면하며 위로하고 경계했다는 사실을 말했다. 이는 그가 교회와 성도들이 처한 형편에 따라 적절한 방법으로 지도하고 교육해 온 것으로 이해할 수 있다.

여기서 바울이 성도들을 권면했다고 한 말(exhorted)의 의미는 성도들에게 하나님의 자녀답게 올바른 삶을 살아가도록 사랑으로 권하는 것을 의미한다. 교회에 속한 성도들이 그와 같은 삶을 살게 됨으로써 하나님의 뜻을 이루어 가게 되는 것이다.

또한 성도들을 위로했다고 한 말(comforted)은 하나님의 자녀로서 타락한 이 세상에 살아가는 것이 결코 쉽지 않다는 사실과 연관되어 있다. 올바른 성도의 삶을 살아가게 되면 하나님을 알지 못하는 세상 사람들이 그것을 쉽게 용납하지 않는다. 나아가 교회 내부에 들어와 있는 배도자들은 참 하나님의 자녀들을 괴롭히며 교회를 어지럽힌다. 그와 같이 힘든 상황에 부닥친 성도들에 대하여 자기가 아버지처럼 위로했다는 말을 했다.

그리고 바울은 그들을 경계한 사실(charged)을 언급했다. 이는 이 세상이 성도들이 살아가기에 얼마나 험악한지 말해주고 있다. 또한 지상교회를 어지럽히는 사악한 종교인들이 주변에 많이 있으리라는 사실에 연관되어 있다. 따라서 거기에는 참된 하나님의 자녀들은 그 모든 상황과 그와 같은 행동을 하는 악한 자들에 대한 경계의 끈을 잠시도 늦추지 말라는 의미를 담고 있다.

"이는 너희를 부르사" (살전2:12ⓐ)

- 하나님의 부르심

사도 바울은 하나님께서 친히 자기 자녀들을 교회로 부르셨다는 사실을 언급하고 있다. 이는 인간들이 자신의 종교적인 판단과 결단에 의해 교회 안으로 들어가게 된 것이 아니라는 사실을 말해주고 있다. 하나님께서 자신의 구속사적인 목적을 이루기 위한 의도를 가지고 각 성도들을 교회 안으로 불러들이셨다.

우리가 여기서 기억해야 할 바는 지상에 존재하는 참된 교회에 속한 모든 성도는 하나님의 부르심을 입은 자들이라는 사실이다. 이에 대해서는 시대와 장소를 초월하는 의미를 지니고 있다. 과거 구약시대나 사도교회 시대뿐 아니라 오늘날 우리 역시 그와 동일한 과정을 거쳤다는 것은 매우 중요한 일이다.

하나님께서 각 성도들을 지상 교회로 부르실 때는 임기응변적인 판단에 의한 것이 아니었다. 하나님께서는 창세 전에 이미 자기 자녀를 선택해 두고 계셨다. 첫 사람 아담으로 인해 모든 인간이 하나님을 배반하고 떠나게 되었으나 언약에 신실하신 하나님께서 때가 되어 택하신 자기 자녀들을 교회로 부르셨다.

하나님의 몸된 교회로 부르심을 입어 예수 그리스도의 몸을 이루는 지체가 된 성도들은 그에 조화되는 신앙인의 삶을 살아야 한다. 즉 그들에게는 머리이신 그리스도의 뜻에 따라 모든 것을 사고하고 행동해야 할 의무가 있다. 성도들을 교회로 부르신 하나님의 뜻에 합당한 삶을 살아야만 하는 것이다.

"자기 나라와 영광에 이르게 하시는 하나님께 합당히 행하게 하려 함이니라"
(살전2:12ⓑ)

- 하나님 나라 시민과 저들에게 허락된 영광

하나님을 알지 못하는 인간들은 사탄의 통치 영역인 이 세상 나라에 속해 살아가고 있다. 창세 전에 선택받은 하나님의 자녀들이라 할지라도 부르심을 입기 전에는 사탄의 영역에서 살아갈 수밖에 없다. 그곳에서 하나님의 뜻에 반하는 것을 추구하며 잘못된 가치관을 가지고 살아가게 되는 것이다.

그러므로 하나님의 부르심을 입은 자들은 그때부터 과거와는 전혀 다른 하나님 나라에 속하게 된다. 그들은 이제 하나님 나라의 시민으로 살아가게 되는 것이다. 사도 바울은 빌립보 교회에 편지하면서 그에 관한 실제적인 사실을 언급하고 있다.

> "오직 우리의 시민권은 하늘에 있는지라 거기로서 구원하는 자 곧 주 예수 그리스도를 기다리노니" (빌3:20)

이처럼 하나님 자녀들은 천상의 나라(Heaven)에 속한 시민으로서 왕이신 예수 그리스도의 백성이 된다. 그래서 성도들의 영적인 존재 위치는 근본적으로 이 땅이 아니라 하늘에 있다. 따라서 타락한 이 세상에 살아가지만, 천상으로부터 예수 그리스도가 재림하실 것을 소망하며 살아가게 되는 것이다.

예수 그리스도가 왕이신 천상의 나라 백성이 된다는 것은 인간으로서 누릴 수 있는 최상의 영광이 된다. 부패한 세상에서 얻게 되는 그 어떤 것이라 할지라도 그에 비할 바 되지 못한다. 세상의 나라는 자기에게 속한 인간들을 지켜내지 못할 뿐더러 보호하지도 않는다. 이와 달리 하나님 나라와 그 왕이신 예수 그리스도께서는 끝까지 자기 백성을 돌아보며 지켜 보호하게 된다.

그러므로 하나님의 백성은 자기를 구원하여 천상의 나라에 속하게 하신 하나님께 합당한 도리를 다해야만 한다. 교회 가운데서 성실하게 하나님을 섬기며 그의 말씀에 온전히 순종함으로써 천국 시민의 책무를 다해야 한다. 바로 그 사명을 감당하게 하려고 택하신 자기 자녀들을 부르셨기 때문이다.

"이러므로 우리가 하나님께 쉬지 않고 감사함은" (살전2:13ⓐ)

- 사도들의 감사 제목

하나님의 자녀로서 하늘나라 백성이 된 것은 오직 성도들에게만 주어진 특권이다. 성숙한 성도들은 항상 그에 대한 올바른 깨달음 가지고 살아가야만 한다. 그것은 단순히 세상의 나라에서 천상의 나라로 수평이동해 간 것에 그치는 것이 아니라 엄청난 하나님의 사랑과 희생으로 말미암아 허락된 것이기 때문이다.

이는 성도들이 사탄의 지배 영역에서 탈출하여 하나님의 통치 영역으로 옮겨왔음을 의미하고 있다. 따라서 교회에 속한 성도들은 더 이상 사탄의 간섭을 받을 필요가 없게 되었다. 하나님 나라에 속한 자이면서 사탄이 통치하는 영역을 기웃거리며 무언가 얻고자 하는 일이 있어서는 결코 안 된다.

그러므로 바울을 비롯하여 그와 함께하는 자들은 항상 쉬지 않고 감사한다는 사실을 언급했다. 이는 하나님 나라에 속하여 영광스러운 자리에 앉게 됨으로써 그것을 허락하신 하나님께 감사한다는 의미가 내포되어 있다. 그와 동시에 하나님의 자녀로서 이 세상에서 어떤 일이 발생할지라도 감사한 마음을 유지하게 된다는 고백적인 마음이 담겨 있다.

즉 하나님의 백성은 한시적인 이 세상에서 자기가 추구하는 바가 잘 이루어지기 때문에 감사하지 않는다. 즉 세상에서 나타나는 상황의 변화나 특별한 조건이 직접적인 감사의 제목이 되어서는 안 된다. 참된 교회에 속한 성숙한 성도들은 세상의 형편과 상관없이 항상 하나님께 감사한 마음을 가지게 되는 것이다.

"너희가 우리에게 들은 바 하나님의 말씀을 받을 때에" (살전2:13ⓑ)

- 사도들이 전하는 진리의 말씀

하나님의 백성이 된 성도들은 타락한 세상에서 소유하게 된 모든 가치관을 포기해야 한다. 즉 세상에서 익힌 가치와 하나님께서 제공하시는 새로운 가치 사이에는 결코 만날 수 없는 엄청난 차이가 나기 때문이다. 그러므로 사도 바울은 자기가 이전에 값어치 있다고 판단해 왔던 모든 것들이 주님을 알게 된 후로는 마치 쓰레기나 배설물처럼 되어버렸다는 사실을 고백하고 있다.

> "그러나 무엇이든지 내게 유익하던 것을 내가 그리스도를 위하여 다 해로 여길뿐더러 또한 모든 것을 해로 여김은 내 주 그리스도 예수를 아는 지식이 가장 고상함을 인함이라 내가 그를 위하여 모든 것을 잃어버리고 배설물로 여김은 그리스도를 얻고 그 안에서 발견되려 함이니 내가 가진 의는 율법에서 난 것이 아니요 오직 그리스도를 믿음으로 말미암은 것이니 곧 믿음으로 하나님께로서 난 의라" (빌3:7-9)

사도 바울은 여기서 매우 강한 어조로 자신의 변화를 고백하고 있다. 그전에 값어치 있다고 여기던 모든 것들이 단순히 무익(無益)할 뿐이라고 말하는 대신 그것들이 도리어 자신을 적극적으로 해치는 해로운 것이라 말하고 있기 때문이다. 그런 것들은 쓸모없는 더러운 쓰레기와 배설물에 지나지 않아 그 가운데는 독성(毒性)이 존재한다는 것이다.

바울에게 가장 소중하고 값진 것은 하나님의 말씀을 통해 주 예수 그리스도를 올바르게 알고 그에 순종하는 삶이었다. 그것은 율법을 통한 자기의 종교적인 의로 말미암아 제공된 것이 아니라고 했다. 그와 같은 믿음의 자세는 오직 예수 그리스도에 대한 믿음으로 인한 것으로서 하나님으로부터 허락된 의와 연관되어 있다.

하나님의 진리는 사도들로부터 제공되는 하나님의 말씀을 통해 소유할 수 있게 된다. 바울은 데살로니가 교회 성도들이 그것을 위해 자기가 전한 진리의 말씀을 들었다고 했다. 그리고 그 말씀을 영혼과 삶 가운데 받아들인 사실을 언급하고 있다.

"사람의 말로 아니하고 하나님의 말씀으로 받음이니 진실로 그러하다"
(살전2:13ⓒ)

- 절대 진리인 하나님의 말씀

사도 바울은 교회에 속한 성도들이 하나님의 말씀을 어떻게 받아들여야 하는지에 관한 언급을 하고 있다. 그리고 자신이 전하는 말이 곧 하나님의 말씀이라는 점을 분명히 밝혔다. 물론 이는 사도들만 할 수 있는 말일 뿐 아무나 그렇게 주장하지 못하며 해서도 안 된다.

우리는 또한 사도들이 입술로 말하는 모든 내용 전체가 하나님의 말씀이라고 할 수 없다는 사실을 기억해야 한다. 사도직을 가진 자라 할지라도 사적(私的)인 자리에서 하는 모든 말들이 진리 자체가 아니다. 단지 하나님으로부터 계시된 말씀이나 신앙인들이 모인 공적인 자리에서 전해지는 내용은 하나님의 말씀이라는 것이다.

그러므로 바울은 데살로니가 교회 성도들이 자기가 전하는 내용을 사람의 말로 받지 않고 하나님의 말씀으로 받아들인 점에 관한 언급을 하고 있다. 사도들을 통해 교회 가운데 전해지는 공적인 말씀이 진리라는 사실을 깨닫는 것은 매우 중요하다. 따라서 사도인 바울의 교훈을 하나님의 말씀으로 받아들이는 저들의 자세가 올바르다는 것이었다.

우리가 여기서 기억해야 할 바는 사도들로부터 선포된 말씀을 진리가 아니라 단순한 사람의 교훈으로 받아들이는 것은 하나님을 모독하는 성격을 지니게 된다는 사실이다. 하나님으로부터 계시된 사도들의 말은 시대와 장소를 초월하는 의미를 지니고 있다. 이는 계시된 말씀이 지상 교회가 처한 시대적 상황과 지역적 환경에 예속되어서는 안 된다는 점을 말해준다. 성경은 시대와 장소에 무관하게 변함없는 하나님의 말씀이기 때문이다.

이는 또한 우리 시대 매주 공예배 중에 시행되는 설교와도 연관성이 있다. 원칙적으로 말하자면 참된 하나님의 교회에서 올바른 목회자가 공예배 시간에 설교하는 내용이라면 하나님의 말씀으로 받아들여야 한다. 그와 같은 원리가 교회의 권위를 온전히 드러내 보여주게 된다. 물론 잘못된 목사의 잘못된 설교를 그렇다고 말해서는 안 된다.

따라서 하나님을 진정으로 경외하는 설교자라면 그에 대한 깨달음과 더불어 하나님을 경외하는 마음으로 하나님의 말씀을 깨달아 선포해야 한다. 공예배에 참여하는 모든 성도는 지교회에 속한 지체로서 선포된 그 말씀을 동일한 마음으로 받아들이게 되는 것이다. 천상의 나라로부터 허락된 그 말씀이 동시대 동일한 지역에서 살아가는 성도들의 삶을 고르게 해주는 것이다.

"이 말씀이 또한 너희 믿는 자 속에서 역사하느니라" (살전2:13ⓓ)

- 살아서 생동하는 하나님의 말씀

사도는 하나님의 말씀이 정체된 상태에 가만히 놓여있는 것이 아니라고 말했다. 이는 그 말씀을 귀로 듣기만 하고 눈으로 읽기만 하는 것으로는 부족하다는 사실을 말해주고 있다. 중요한 것은 생명의 떡인 하나님의 말씀을 영적으로 섭취하여 먹어야 한다는 것이다. 우리는 실제로 그 떡을 영혼의 양식으로 삼아야만 한다. 구약성경과 신약성경에는 그에 관한 사실을 언급하고 있다.

> "너를 낮추시며 너로 주리게 하시며 또 너도 알지 못하며 네 열조도 알지 못하던 만나를 네게 먹이신 것은 사람이 떡으로만 사는 것이 아니요 여호와의 입에서 나오는 모든 말씀으로 사는 줄을 너로 알게하려 하심이니라" (신8:3); "예수께서 대답하여 가라사대 기록되었으되 사람이 떡으로만 살 것이 아니요 하나님의 입으로 나오는 모든 말씀으로 살 것이라 하였느니라 하시니" (마4:4)

성경은 이처럼 지상 교회에 속한 성도들이 하나님의 입에서 나오는 모든 말씀으로 말미암아 진정한 신앙인의 삶을 살아가게 된다는 사실을 증거하고 있다. 인간들은 날마다 먹는 육적인 음식을 통해 그날그날의 생명을 유지해가지만 그것은 영원한 보장성이 없다. 인간들이 먹는 그 음식은 결국 죽음을 향하고 있기 때문이다.

그런데 사도 바울은 하나님으로부터 허락된 그 말씀을 성도들이 각자의 심령 가운데 섭취해야 한다는 사실을 언급했다. 그것을 영적인 양식으로 먹어야만 한다는 것이다. 그리하여 하나님의 말씀이 저들 가운데 살아 역사하게 된다는 것이었다.

우리는 이 말을 인간의 일상적인 삶을 기억하며 그에 연관된 교훈을 얻을 수 있다. 사람들이 먹는 음식을 두고 눈으로 바라보기만 한다면 음식 그대로 존재할 뿐 스스로 운동력을 가지지 못한다. 그에 반해 사람이 입으로 그 음식을 먹음으로써 몸 안으로 들어가면 활발한 운동력을 가지게 된다. 그것이 소화되어 육신의 살과 피가 되는 것이다.

이처럼 하나님으로부터 주어지는 진리의 말씀도 눈으로 읽고 귀로 듣는 행위 자체로는 아무런 효력이 없다. 이 세상에는 성경을 수없이 많이 읽고 듣고 연구하는 자들이 있지만, 그들에게 그 말씀이 생명의 양식으로 작용하지 않는 경우가 많다. 하나님의 말씀을 먹고 영혼에 섭취할 때 비로소 생명을 공급하는 소중한 역할을 하게 되는 것이다.

우리가 또한 여기서 생각해 보아야 할 점은 그것이 개인적인 신앙을 넘어 교회 공동체와 연관지어 이해되어야 한다는 사실이다. 지상 교회는 하나님의 말씀을 교회를 위한 생명의 양식으로 먹어 섭취해야 한다. 그래야만 그 말씀이 믿는 성도들 가운데서 활발하게 역사할 것이기 때문이다. 하나님의 말씀이 구체적으로 살아 운동하지 않는 교회라면 이름만 가졌을 뿐 참 생명이 존재하는 교회라 말할 수 없는 것이다.

제7장

고난 중에 존재하는 영광스러운 교회

(살전2:14-20)

(2:14) 형제들아 너희가 그리스도 예수 안에서 유대에 있는 하나님의 교회들을 본받은 자 되었으니 저희가 유대인들에게 고난을 받음과 같이 너희도 너희 나라 사람들에게 동일한 것을 받았느니라 (15) 유대인은 주 예수와 선지자들을 죽이고 우리를 쫓아내고 하나님을 기쁘시게 아니하고 모든 사람에게 대적이 되어 (16) 우리가 이방인에게 말하여 구원 얻게 함을 저희가 금하여 자기 죄를 항상 채우매 노하심이 끝까지 저희에게 임하였느니라 (17) 형제들아 우리가 잠시 너희를 떠난 것은 얼굴이요 마음은 아니니 너희 얼굴 보기를 열정으로 더욱 힘썼노라 (18) 그러므로 나 바울은 한번 두번 너희에게 가고자 하였으나 사단이 우리를 막았도다 (19) 우리의 소망이나 기쁨이나 자랑의 면류관이 무엇이냐 그의 강림하실 때 우리 주 예수 앞에 너희가 아니냐 (20) 너희는 우리의 영광이요 기쁨이니라

"형제들아 너희가 그리스도 예수 안에서 유대에 있는 하나님의 교회들을 본받은 자 되었으니" (살전2:14ⓐ)

- 교회의 원형인 예루살렘 교회의 상속

지상의 교회는 시대적 이웃 교회와 무관하게 독자적으로 존재하지 않는다. 이는 모든 참된 교회는 역사 가운데 앞선 교회로부터 상속받아 세워져 가기 때문이다. 만일 올바른 교회를 상속받지 않고 인간들이 원하는 교회로 만들어간다는 것은 심각한 문제를 안고 있는 것과 마찬가지다.

그럼에도 불구하고 우리 시대에는 종교적인 목적에 의해 개인 혹은 집단이 스스로 교회를 세우는 것인 양 여기는 경우가 많다. 즉 '교회를 개척한다'는 말은 엄격한 의미로 볼 때 올바른 개념이라 할 수 없다. 교회는 종교적인 목적으로 인간들이 개척하는 것이 아니라 앞선 교회로부터 상속받아야 한다. 물론 '교회 개척'이라는 용어를 사용한다고 해도 참된 교회라면 본질적으로 앞선 교회로부터 상속받게 되는 것이다.

그러므로 사도 바울은 데살로니가 교회를 향해 저들이 그리스도 예수 안에서 유대에 있는 하나님의 교회들을 본받은 자 되었다는 사실을 언급했다. 이는 외적으로 저들의 신앙을 본받는 의미를 내포하고 있으나 그 가운데는 상속의 의미가 자리잡고 있다. 즉 원형의 교회를 올바르게 상속받은 각 지역의 교회들이 나중 역사 가운데 세워지는 모든 교회들의 모범이 되어야 한다.

이에 대해서는 오늘날 우리 시대의 교회들 역시 마찬가지다. 21세기 한국 땅에 존재하는 교회라 할지라도 한국에서 자생한 한국적 교회가 아니라 역사 가운데 앞선 교회로부터 상속을 이어가고 있어야 한다. 따라서 전 세계 어느 지역에 존재할지라도 모든 참된 교회들은 과거의 교회로부터 상속받은 동일한 언약공동체이다.

따라서 우리 시대에 존재하는 참된 교회들 역시 1세기의 여러 교회로부터 신앙을 상속받고 있으며 더 근원적으로는 데살로니가 교회와 마찬가지로 유대에 있는 하나님의 교회들 곧 예루살렘 교회를 본받고 있다. 그 예루살렘 교회에는 예수 그리스도를 중심에 둔 사도들의 '공의회'가 존재하고 있다. 따라서 이 세상에 존재하는 모든 참된 교회들은 역사와 지리적으로 떨어져 있을지라도 예외 없이 사도교회인 예루살렘 교회와 거룩한 공의회에 직접 연결되어 있는 것이다.

현대 교회가 이에 대해 올바른 이해를 하는 것은 매우 중요하다. 이천 년 전 예수 그리스도로 말미암아 예루살렘에 심어진 한그루 포도나무가 사도교회 시대에는 안디옥과 갈라디아, 소아시아, 마케도니아의 데살로니가, 로마를 비롯한 여러 지역까지 가지를 뻗어나갔다. 물론 그 외에도 우리가 기억할 만한 각 지역의 교회들은 무수히 많다. 그 모든 교회는 한결같이 예루살렘 교회에 직접 연결되어 있었다.

그러다가 AD70년 로마 제국에 의해 예루살렘 성전이 완전히 파괴된 후에는 포도나무 가지처럼 뿌리로부터 연결된 교회가 훨씬 더 넓은 영역으로 퍼져나갔다. 고대교회와 중세교회 시대에는 하나님의 복음이 더 멀리 선포되어 교회들이 상속되어 갔다. 그 교회들이 종교개혁 시대를 거쳐 근대와 현대에 이르러 오늘날 한반도에 있는 우리에게까지 하나님의 교회가 상속되어 세워지게 된 것이다.

따라서 21세기의 참된 교회들은 어떤 언어를 사용하며 어디에 존재하고 있든지 전체가 하나로 연결되어 있다. 즉 지상의 모든 교회가 역사적으로는 예루살렘 교회에 속해 하나의 교회를 이루고 있기 때문이다. 우리는 이를 예수 그리스도를 머리로 둠으로써 여러 지체가 영적으로 상호 작용하는 하나의 보편교회로 이해하고 있다.

"저희가 유대인들에게 고난을 받음과 같이" (살전2:14ⓑ)

- 처음부터 고난받는 교회

지상 교회와 성도들이 이 땅에서 받게 되는 고난은 대개 세 가지 유형으로 크게 나뉜다. 첫째는 하나님을 전혀 알지 못하는 불신자들로부터 받는 고난이다. 둘째는 기독교라는 이름 혹은 언약의 자손으로 겉치장하고 있으나 실상은 복음과 상관이 없는 자들이다. 그리고 셋째는 교회 혹은 언약의 집단 내부에 존재하는 자들로부터 임하는 고난이다.

불신자들은 자신의 정치나 사회적인 신념에 어긋날 경우 교회에 속한 성도들을 핍박한다. 특히 정치적 목적을 가진 자들은 모든 백성을 자신에게 굴복하기를 바라면서 그에 거부하면 칼의 박해를 가하게 된다. 또한 언약의 백성인 양 겉보기에는 기독교적 색채를 띠고 있으나 실제로는 배도에 빠져 별도의 종교적인 무리를 형성한 자들은 자기를 인정하지 않는 정통 교회를 핍박하게 된다.

그리고 기독교 내부에 들어와 있으면서 교회를 위협하는 자들이다. 그런 자들은 하나님의 말씀을 절대 진리로 받아들이지 않은 채 인간의 종교적 이성과 경험을 앞세워 그것을 도구 삼아 어린 교인들을 미혹한다. 신앙이 어려 분별력이 부족한 자들은 그것이 마치 올바른 것인 양 착각하거나 속게 되는 것이다.

사도 바울은 예루살렘을 비롯한 유대 지역에 있던 성도들이 유대주의자들로부터 심한 고난을 받은 사실을 언급하고 있다. 하나님을 올바르게 알고 예수 그리스도가 유일한 구세주라는 사실을 믿고 그 신앙을 지키는 자들이 도리어 악한 자들에 의해 많은 고난을 받았다는 것이다. 그런 자들은 구약성경을 가지고 있으면서 하나님의 말씀을 아는 듯 행세했으나 실제는 배도에 빠져 이단 사상을 퍼뜨리는 종교인에 지나지 않았다.

하나님의 자녀들이 분명히 깨달아야 할 점은 외부로부터 임하는 물리적인 박해보다 지상 교회를 내면적으로 허무는 겉보기에 그럴듯한 행태를 띤 영적인 박해가 훨씬 더 무섭다는 사실이다. 따라서 교회 지도자들은 항상 그에 대한 경계심을 가지고 성도들을 살펴야만 하는 것이다. 물리적인 박해와 그로 인해 당하는 고통은 누구나 쉽게 알 수 있는데 반해 영적인 미혹은 분별하기 쉽지 않기 때문이다.

"너희도 너희 나라 사람들에게 동일한 것을 받았느니라" (살전2:14ⓒ)

- 모든 교회가 당할 고난

지상 교회가 어떤 형태로든 안팎으로부터 심한 고난이 닥치는 것은 지극히 당연한 일이라 할 수 있다. 타락한 세상에 속한 자들은 이 땅에 하나님의 복음이 선포되는 것을 극도로 싫어한다. 그리고 영원한 진리에 따라 하나님의 몸된 교회가 온전히 세워져 가는 것을 좋아하지 않는다. 그들 가운데 다수는 인간들의 취향에 맞는 종교적인 집단을 만들기 위해 다양한 노력을 기울이고 있다.

사도교회 시대였던 1세기 당시 유대주의자들은 저들이 추구하는 종교적인 전통을 보존하고 유지하는 일에 주된 관심을 기울이고 있었다. 그들은 입술로 구약성경을 언급하며 아브라함과 다윗이 저들의 조상이라는 생각을 하며 자부심을 가지기를 좋아했다. 하지만 그들은 자신이 하나님께 저항하는 무서운 죄인이라는 사실을 깨닫지 못했으며 도리어 자기의 종교적인 의를 추구하며 드러내기에 급급했다.

그러므로 유대교를 신앙하던 자들은 자신이 마치 매우 훌륭한 종교인이라도 되는 양 착각하고 있었다. 그런 자들은 누구든지 자기의 신앙을 훌륭한 것으로 인정해주지 않으면 즉시 분노하는 특성을 지니고 있다. 그들은 결국 자신의 종교적인 사고에 반하는 자들이라 판단되면 박해의 손을 뻗쳐 그 세력을 행사하게 된다.

바울의 편지를 받는 데살로니가 교회 역시 예루살렘 교회에 속한 성도들이 그랬듯이 악한 자들로부터 많은 핍박을 받았다. 당시 유대주의자들은 로마 제국 전역에 퍼져 있었다. 그런 자들은 데살로니가 지역에서도 그와 같은 태도를 보이는 가운데 하나님의 교회를 핍박하기를 주저하지 않았다. 그런 종교적인 양상은 오늘날 우리 시대에도 모습을 달리한 채 그대로 재현되고 있다.

"유대인은 주 예수와 선지자들을 죽이고 우리를 쫓아내고 하나님을 기쁘시게 아니하고 모든 사람에게 대적이 되어" (살전2:15)

- 배도자들의 악행

유대주의자들은 자기의 이념적인 종교 전통을 중시했을 뿐 참된 진리에 대해서는 그다지 관심이 없었다. 그들은 자기를 반대하는 자들에 대해서는 강한 적대감을 가지고 공격적인 성향을 지니게 되었다. 따라서 이 땅에 메시아로 오신 주 예수 그리스도조차도 그들의 눈에는 적으로 보일 따름이었다.

그들은 예수님을 십자가에 못 박아 죽이면서도 스스로 하나님에 대하여 충성을 다하는 양 착각하고 있었다. 자기 의에 빠진 유대주의자들은 감히 하나님의 아들에게 채찍질을 가하고 심한 고문을 하며 십자가에 매달면서 그 실상에 대해서는 아무런 생각이 없었다. 따라서 하나님의 말씀을 증거하는 선지자들을 고통에 빠뜨리고 죽이면서도 기본적인 양심의 가책마저 느끼지 않았다.

결국 그들은 예수 그리스도를 믿고 선지자들이 전한 말씀을 추종하는 성도들을 심하게 멸시했다. 나아가 그들을 잘못된 언약을 앞세운 유대인들의 그룹에서 쫓아냈다. 저들의 입장에서 본다면 유대인들이 주축이 되어 있던 시기에 이방인들을 저들과 동일한 언약의 영역으로 받아들이는 상황을 용납할 수 없었다.

유대주의자들에게 가장 중요했던 것은 인간적인 종교 기득권을 유지하는 것이었다. 그들은 하나님께서 계시하신 진리의 말씀에 온전히 순종하는 삶 따위에는 별다른 관심을 두지 않았다. 단지 종교 전통에 근거한 유대 민족주의의 영향력을 외부로 확대하기에 혈안이 되어 있었을 따름이다.

그와 같은 유대인들의 오만한 태도는 하나님을 기쁘시게 하는 행위와는 거리가 멀었다. 그것은 도리어 하나님을 분노케 하는 사악한 행위에 지나지 않았다. 그런 상황은 결국 하나님의 복음을 아는 신실한 성도들에 대한 적대 감정으로 나타났다. 특히 이방인들을 불러 영원한 하나님의 자녀로 삼고자 하는 것을 방해하는 행위는 하나님과 지상 교회에 대한 악행에 지나지 않았다.

"우리가 이방인에게 말하여 구원 얻게 함을 저희가 금하여 자기 죄를 항상 채우매 노하심이 끝까지 저희에게 임하였느니라" (살전2:16)

- 이방인을 위한 복음 전파를 거부하는 유대주의자들

여호와 하나님께서는 민족주의를 지향하는 특정한 민족의 신이 아니었다. 그는 창세 전에 선택하신 자기 백성을 구원하시기 위해 아브라함을 부르시고 이삭과 야곱을 통해 자기 뜻을 이루시고자 한 민족을 조성하셨다. 그들을 언약의 민족으로 세워 구속사 가운데 구원의 기틀을 마련하시고자 했다.

그러므로 여호와 하나님은 유대인의 하나님에 머무는 것이 아니라 언약에 속한 온 백성들을 위한 하나님이었다. 따라서 유대인들뿐 아니라 이방인들 가운데 자기에게 속한 백성들을 자신의 몸된 교회에 속하도록 불러들이셨다. 따라서 사도들은 이방인들에게 진리의 복음을 선포하여 선택받은 자들로 하여금 구원을 얻게 하고자 했다.

하지만 사악한 유대주의자들은 하나님께서 작정하고 행하시는 신령한 그 일을 적극적으로 가로막으며 훼방했다. 그와 같은 행위는 하나님을 향해 정면으로 도전하는 악한 행동이었다. 그럼에도 불구하고 그 어리석은 자들은 하나님을 거역하는 자신의 사악한 태도에 대한 깨달음이 전혀 없었다.

그러므로 하나님을 떠난 유대주의자들은 자기의 죄를 뉘우쳐 회개하기는커녕 도리어 그것을 채우는 일에 열중했다. 그들은 악행을 마치 선행인 양 여기며 하나님을 대적하는 종교 행위를 지속했다. 그것은 하나님의 무서운 진노를 불러일으킬 수밖에 없었다. 하나님을 대적하는 그와 같은 행동은 자기 머리에 하나님의 분노를 쌓아 자신을 영원한 멸망으로 이끌어가게 된다.

"형제들아 우리가 잠시 너희를 떠난 것은 얼굴이요 마음은 아니니 너희 얼굴 보기를 열정으로 더욱 힘썼노라" (살전2:17)

- 영적으로 항상 함께 하는 보편교회 성도들

사도 바울은 그와 같은 형편에서 심한 고난을 당하고 있는 데살로니가 교회 성도들에게 위로의 말을 전했다. 물론 그 고난은 육체적인 고난보다는 오히려 믿음을 방해하는 자들에 의해 가해지는 영적인 고난이었다. 하나님에 대한 믿음이 분명한 그들이었지만 지상 교회에 속한 성도로서 쉽지 않은 삶을 살아가야만 했다.

그런 가운데 바울은, 자기와 함께하는 자들이 데살로니가 성도들을 잠시 떠나 있으면서 얼굴을 마주 대하지 못한 것일 뿐 마음은 그렇지 않다고 했다. 여기서 우리는 그가 '잠시' 떠나 있을 따름이라고 한 표현의 상징적인 의미를 주의 깊게 생각해 볼 필요가 있다. 이 말은 지상에 존재하는 모든 교회에 속한 성도들과 더불어 보편적인 관점에서 되새길 필요가 있기 때문이다.

사도 바울은 육체적으로는 떨어져 있다고 할지라도 자기의 마음은 저들을 떠난 것이 아니라고 했다. 즉 그 마음은 여전히 데살로니가 교회 성도들과 함께 있다는 사실을 강조하고 있다. 이는 보편적 개념을 지닌 것으로 받아들일 수 있다. 성도들의 육신은 제한된 공간의 지역교회에 머물 수밖에 없으나 참된 교회라면 지구상 어디에 있든지 그 영적인 상태는 하나로 연합되어 있기 때문이다.

바울은 그와 더불어 영적으로는 데살로니가 교회 성도들의 얼굴을 보고자 하는 마음이 간절하다는 사실을 언급했다. 이는 바울과 데살로니가 성도들간의 상호 관계에 관한 말이지만 실상은 그 이상의 일반적 개념을 가지는 것으로 이해할 수 있다. 즉 여러 지역의 교회에 흩어져 살아가는 하나님의 자녀들이 마음뿐 아니라 실제로 만나 교제하는 것에 대한 중요성이 드러나고 있다.

주님의 사도들이 지상에 흩어진 교회들에 대해 마음을 쓰고 있듯이 모든 성도가 상속받아야 할 그 정신은 현대 교회까지 미치고 있다. 사도들은 이미 이 세상에서의 생애를 마감하고 영원한 주님의 나라에 도달해 있으나 그 실제적인 의미는 여전히 존재한다. 즉 지구상 여러 지역에 존재하는 참된 교회에 속한 모든 성도는 사도들이 언급한 것처럼 한마음에 속해 있어야 한다.

그러므로 지상 교회에 속해 살아가는 성도들은 다른 이웃 교회 성도들을 만나보는 것을 기쁘게 생각해야 한다. 언어와 문화가 다른 멀리 떨어진 지교회에 속한 성도들이라 할지라도 그들과 함께 계시는 하나님의 사역에 관심을 가져야 한다. 그것을 통해 보편교회에 속한 모든 성도가 서로간 영적으로 교통하며 하나님의 사랑을 깨달아가게 되기 때문이다.

"그러므로 나 바울은 한번 두번 너희에게 가고자 하였으나 사단이 우리를 막았도다" (살전2:18)

- 데살로니가 교회를 방문하고자 하는 바울의 계획과 사탄의 방해

사도 바울은 그동안 자기가 한두 차례 데살로니가 교회를 직접 방문하고자 했음을 언급했다. 그곳 성도들의 얼굴을 마주 보고 교제하고자 하는 마음이 있었다는 것이다. 이는 물론 편지를 쓰고 있던 당시에도 마찬가지였다.

바울이 그들을 보고 싶어 했던 까닭은 단순한 교제를 나누고자 한 것은 아니었을 것으로 보인다. 그는 오히려 데살로니가 교회에 속한 성도들과 함께 하나님의 말씀을 읽고 나누며 영적인 교제를 하고자 했다. 그리고 날마다 변해가는 세상의 악한 형편에 대응하며 주님의 몸된 교회를 온전히 세우는 일을 위해서였을 것이다.

그러나 하나님께 저항하는 사악한 사탄이 그 일을 가로막으며 방해했다는 사실을 언급했다. 여기서 사탄이 구체적으로 어떤 식으로 가로막았는지에 대해서 말하기는 어렵다. 우리가 이해할 수 있는 점은 성령의 이끌림에 의해 교회를 굳건하게 세우기 위한 사역을 시도할 때 다양한 환경이 부정적으로 다가온 것을 두고 그렇게 말한 것으로 보인다. 그것은 특정 상황을 두고 하는 말이라기보다 포괄적인 개념으로 받아들이는 것이 자연스럽다.[7] 즉 바울이 그에 관해 언급한 의미는 하나님께서 원하시는 신령한 일을 행하고자 할 때 주변의 부정적인 여건에 의해 가로막히는 것에 연관되어 있다(롬15:22, 참조). 사탄은 하나님을 위한 사역이 순조롭게 진행되는 것을 결코 원치 않는다. 바울은 그와 같은 훼방거리가 발생하는 것은 사탄의 간섭이 있기 때문이라고 간주했다.

이에 대해서는 오늘날 우리 시대에도 동일하게 이해되고 적용되어야 한다. 현대를 살아가는 성도들도 서로간 직접 만나 교제하는 기회들이 많아야 한다. 하지만 그것이 단순한 교제 차원에 머물러서는 안 된다. 그것은 진정한 의미에서 말하는 성도의 교제라 말하기 어렵다. 참된 성도의 교제는 하나님의 말씀을 중심으로 하는 신령한 교제가 되어야 하며 진리를 세우는 것에 연관되어 있어야 한다.

그리고 하나님의 말씀을 맡은 사도와 교사로서 바울이 데살로니가 교회 성도들을 만나 교제하고자 한다는 말은 오늘날 우리식의 표현으로 한다면 온 교회가 함께 모여 성경을 탐구하며 살피는 모임 곧 일종의 사경회(査經會)와 같은 성격을 지니고 있다. 지상 교회 가운데는 교사와 성도들이 하나님의 말씀을 중심으로 교제하는 성도들의 교제가 절대적으로 필요하다. 하나님의 말씀이 극도로 약화되어 있는 작금의 한국교회의 형편에서는 이와 같은 성도의 교제가 회복되어야만 한다.

---

7) 그전에 바울 일행이 데살로니가에 머무는 동안 유대주의자들과 로마 제국의 당국자들에 의해 조직적인 박해를 받은 적이 있었다. 그러나 그것을 직접 그에 연관 짓기는 어려워 보인다(행17:5-9, 참조).

"우리의 소망이나 기쁨이나 자랑의 면류관이 무엇이냐 그의 강림하실 때 우리 주 예수 앞에 너희가 아니냐" (살전2:19)

- 사도들의 자랑스러운 면류관인 지상 교회와 성도들

이 세상에 살아가는 모든 인간은 나름대로 희망을 가지기를 원한다. 그리고 즐겁고 기쁜 삶을 살아가고자 많은 노력을 기울인다. 그렇게 함으로써 다른 사람들 앞에서 남다른 자랑거리를 만들어내기를 원하며 성공의 면류관을 쓰고자 하는 욕망을 가진다.

하지만 인간이 아무리 그와 같은 삶을 원한다고 해도 실제로 그 모든 것을 소유할 수 있는 자는 극히 소수에 지나지 않는다. 자기가 원하는 대로 성취하여 성공한 것으로 판단하는 자들은 한없이 교만해질 것이며 그에 실패했다고 여기는 자들은 크게 위축되거나 좌절하게 된다. 인간들은 눈앞의 일시적인 현상에 집착하는 존재에 지나지 않기 때문이다.

비록 하나님을 알지 못하는 자들은 삶의 목표를 그런 것에 두고 살아갈지라도 하나님의 자녀들은 그렇지 않다. 타락한 이 세상에서 발생하는 모든 것들은 헛된 현상으로서 궁극적인 보장성이 없다. 도리어 그와 같은 것들은 세상에서 제공하는 만족으로 인해 영원한 삶에 관한 관심을 무디어지게 하는 역기능을 할 수도 있다.

그러므로 하나님의 자녀들은 영원한 참된 소망을 가져야 한다. 그리고 변치 않는 진정한 기쁨을 소유할 수 있어야 한다. 그로 말미암아 얻게 되는 영원한 면류관이 궁극적인 의미를 가지게 되기 때문이다. 잠시 지나가는 세상에서 아무리 그럴듯한 것들을 쟁취한다고 할지라도 영원한 생명과 무관하다면 아무런 의미가 없는 것이다.

따라서 이 세상에 살아가는 하나님의 자녀들은 그에 대한 분명한 깨달음을 가져야만 한다. 그것을 위해 성도들은 하나님으로부터 계시된 성경 말씀을 통해 불변의 진리를 찾도록 애써야 한다. 그리고 주의 몸된 교회 가운데서 성령의 인도함을 받아 세상을 능히 이겨냄으로써 진정한 소망과 기쁨과 자랑스러운 면류관을 얻게 되는 것이다.

사도 바울은 여기서 매우 중요한 사실을 언급하고 있다. 그것은 지상에 존재하는 하나님의 교회가 사도들에게 있어서 궁극적인 소망이자 기쁨이며 자랑스러운 승리의 면류관이라는 사실을 말했기 때문이다. 이는 장차 때가 되어 죽음을 이기고 부활 승천하신 예수님께서 재림하실 때 그 모든 의미가 드러나고 확인된다는 것이다.

"너희는 우리의 영광이요 기쁨이니라" (살전2:20)

- 사도들의 영광과 기쁨

바울은 그와 더불어 데살로니가 교회와 성도들이 사도들의 영광이요 기쁨이 된다는 사실을 언급했다. 그것은 장차 도래하게 될 미래의 개념이 아니라 현실적인 의미를 지니고 있었다. 즉 앞으로 때가 되면 그에 관한 모든 의미가 만천하에 드러나겠지만 현재도 그와 같다는 것이다.

우리가 여기서 주의 깊게 이해해야 할 바는 바울이 데살로니가 교회 하나만을 한정지어 말하는 것이 아니라는 사실이다. 즉 이는 지상에 존재하는 모든 참된 교회들이 바울을 비롯한 사도들의 영광이자 기쁨이 된다는 것을 의미한다. 이는 단순한 이론이나 상징에 머무는 것이 아니라 현실적이자 실제적인 의미를 지니고 있다.

우리는 지상에 존재하는 참된 교회가 예수 그리스도의 거룩한 신부가 된다는 사실을 잘 알고 있다. 신랑이 되시는 예수 그리스도께서는 신부인 교회를 지극히 사랑하신다. 따라서 지상의 교회들은 순결을 유지해야 할 뿐 아니라 아름다운 아내로 성숙해가야 한다.

이는 시대마다 존재해왔던 역사적 지상 교회들과 더불어 우리 시대 교회를 되돌아보게 한다. 신부인 교회는 오직 신랑을 기쁘시게 해야 할 소중한 의무를 지니고 있다. 그리고 신부는 신랑이신 예수 그리스도를 통해 모든 기쁨과 만족을 취해야 한다. 그래야만 신랑과 신부 곧 예수 그리스도와 지상 교회 사이에 원만한 관계가 이루어지게 되는 것이다.

그러므로 극도로 세속화된 기독교 시대에 살아가는 우리는 이에 대해 명확한 자세를 유지해야 한다. 즉 교회는 절대로 타락한 이 세상의 것을 통해 만족을 꾀하려 해서는 안 된다. 그것은 영적인 간음행위로서 신랑으로 하여금 분노케 하는 원인이 되기 때문이다. 따라서 지상 교회와 그에 속한 모든 성도가 사도들의 영광이자 기쁨이 되어야 한다는 말의 의미를 소중하게 간직하고 있어야만 한다.

제8장

데살로니가 교회 성도들을 염려하는 사도 바울 일행

(살전3:1-4)

(3:1) 이러므로 우리가 참다 못하여 우리만 아덴에 머물기를 좋게 여겨 (2) 우리 형제 곧 그리스도 복음의 하나님의 일군인 디모데를 보내노니 이는 너희를 굳게 하고 너희 믿음에 대하여 위로함으로 (3) 누구든지 이 여러 환난 중에 요동치 않게 하려 함이라 우리로 이것을 당하게 세우신 줄을 너희가 친히 알리라 (4) 우리가 너희와 함께 있을 때에 장차 받을 환난을 너희에게 미리 말하였더니 과연 그렇게 된 것을 너희가 아느니라

"이러므로 우리가 참다 못하여 우리만 아덴에 머물기를 좋게 여겨" (살전3:1)

- 데살로니가 교회를 위한 간절한 마음

사도 바울 일행은 아테네에 머물고 있으면서 데살로니가 교회에 관한 관심이 떠나지 않았다. 그들이 겪고 있는 고난으로 인한 염려 때문이었을 것이다. 그것은 물론 단순히 외적으로 드러난 육체적인 어려움과 영적인 문제에 관한 것뿐 아니라 저들의 내면적인 신앙에 연관되어 있었다.

바울 일행은 그곳에서 철학에 연관된 많은 폐해를 지켜보았을 것이 틀림없다. 당시 아테네에는 로마 제국의 전 지역으로부터 수많은 철학자가 몰려들었다. 또한 그것을 배우기 위해 찾아오는 사람들도 많았다. 그 당시 아테네는 소크라테스(BC470-399)와 플라톤(BC427-347)과 아리스토텔레스(BC384-322) 같은 철학자들의 영향 아래 놓인 도시로서 그들의 사상이 마치 인간들의 삶에 대한 근본 가치와 척도를 제시할 수 있는 것인 양 여기고 있었다.

아테네의 중심지역에는 여전히 소크라테스가 갇혀있던 감옥이 자리 잡고 있어서 그곳에 거하는 사람들은 유명한 그 철학자를 늘 염두에 둘 수밖에 없었다. 또한 그곳에는 플라톤이 세운 '아테네 아카데미'를 통한 교육과 더불어 스토아학파와 에피쿠로스학파 등 다양한 철학적 사조들이 난무했다.

뿐만 아니라 로마의 지배를 받는 정치적인 영역 또한 복잡하게 얽혀 있었다. 그리고 파르테논 신전을 중심으로 하여 제우스를 비롯한 각종 우상 사상들이 가득했다. 거기다가 아테네에는 여러 유형의 스포츠 경기들과 다양한 형태의 음악으로 인해 저마다 자신의 예술적 가치 세계에 깊숙이 빠져 있었다. 바울을 비롯한 그와 함께 아테네에 머물던 형제들은 그 모든 상황을 직접 바라보며 많은 생각을 하지 않을 수 없었다.

그런 중에 북부 지역에 있는 데살로니가 교회가 순전히 세워지기를 간절히 바라며 그곳 성도들을 말씀으로 지도하고자 했다. 그 일을 위해 데살로니가 교회를 방문하는 기회를 얻고자 애썼으나 그것이 쉽게 이루어지지 않았다. 따라서 그들은 더 이상 오래 기다리기 어려워 이제는 데살로니가에 사람을 보내기로 했음을 언급했다.

이는 데살로니가 교회에 대한 그들의 관심이 얼마나 컸는가 하는 점을 보여주고 있다. 그 모든 것이 흩어진 하나님의 교회에 대한 사랑 때문이었다. 그들이 아테네에 머물고 있을 때도 아테네에는 믿는 성도들로 구성된 교회가 있었다. 당시 아테네에는 정부 공직자들과 여성들을 비롯한 상당수 사람들이 하나님의 복음을 받아들인 상태였다. 바울은 사도행전에서 그에 관한 언급을 하고 있다.

> "(아테네의) 몇 사람이 그를 가까이하여 믿으니 그 중에는 아레오바고 관리 디오누시오와 다마리라 하는 여자와 또 다른 사람들도 있었더라" (행 17:34)

정치와 철학과 종교와 스포츠 경기와 음악 등 다양한 것들이 사람들의 사고를 지배하고 있던 특별한 도시 아테네에 예수 그리스도를 통한 하나님의 복음을 믿는 자들이 생겨난 것은 기적적인 일이다. 그 이방인 출신 형제들로 말미암아 장차 하나님의 교회가 굳건히 세워져 가게 된다.

바울 일행은 그 모든 과정을 지켜보며 하나님께 감사하는 마음을 가졌을 것이 분명하다. 그리고 아테네 교회와 데살로니가 교회를 위해 성령 하나님께서 친히 역사하여 도와주시기를 간구했을 것이다. 그리하여 바울 일행은 디모데를 데살로니가에 보내고 저들은 아테네에 남아 머물기로 작정한 사실을 언급하고 있다.

"우리 형제 곧 그리스도 복음의 하나님의 일군인 디모데를 보내노니"
(살전3:2ⓐ)

- 하나님의 일꾼 디모데

아테네에 존재하는 다양한 풍조의 영향을 받은 자들은 저마다 세속적인 가치를 받아들여 자기 인생을 살아갔다. 하지만 하나님의 나라에 속하게 된 백성들의 삶은 그와 달라야 했다. 그들은 오히려 세속적인 것들을 강하게 거부하는 삶을 살아가야만 했다. 하지만 그곳에서 살아가는 성도들에게는 그렇게 하기가 절대 쉽지 않았을 것이 분명하다.

복음을 알기 전에 받은 세속적인 영향으로 인해 그에 익숙해져 있다면 그것들을 철저하게 제거해야만 했다. 만일 그것을 교회 내부에 내버려 둔다면 그 경향성은 점차 넓게 퍼져나가게 될 수밖에 없다. 하나님의 자녀로서 정신을 바짝 차려 그에 대응하지 않으면 타락한 세상의 풍조가 교회 내부를 크게 어지럽히게 될 것이 뻔하다.

사도 바울을 비롯한 여러 형제는 교회의 순결을 위해 염려하지 않을 수 없었다. 그것은 아테네에서도 그렇지만 그리스 북부 지역 또한 그와 유사한 영향력 아래 놓여있었기 때문이다. 따라서 바울은 그들에게 하나님을 경외하는 복음 사역자를 보내 그들을 영적으로 더욱 강하게 단련시켜야 할 필요가 있다고 판단했다.

그 중요한 사역을 위해 사도 바울은 자기가 신뢰하는 디모데를 보내게 되었다. 바울이 디모데를 택하여 보낸 것은 그가 하나님의 복음을 온전히 전할 수 있는 신실한 하나님의 일꾼이었기 때문이다. 그가 데살로니가를 방문한 것은 일반적인 단순한 교제나 교회의 사정을 둘러보기 위해서가 아니었다.

바울은 데살로니가 교회 성도들을 더욱 굳건히 하기 위해 저들에게 하나님의 복음을 확실하게 전달하여 깨달음을 주고자 했다. 그곳에는 나중에 복음을 듣고 교회에 들어온 자들도 상당수 있었을 것이다. 따라서 하나님의 일꾼인 디모데를 보낸 것은 저들에게 하나님의 복음을 분명히 전하고자 하는 특별한 의도가 있었기 때문이다.

디모데는 혈통적인 측면에서 순수한 유대인이 아니었다. 그는 이방지역에서 헬라인 아버지와 유대인 어머니 사이에 태어났다(행16:1). 따라서 헬라인 아버지의 피를 이어받은 그가 데살로니가 지역의 헬라인들에게 거부감이 없었을 것이 틀림없다. 당시 유대인들에 대해 부정적인 시각을 가진 헬라인들도 디모데에 대해서는 마음이 많이 열려 있었을 것이기 때문이다.

"이는 너희를 굳게 하고 너희 믿음에 대하여 위로함으로" (살전3:2ⓑ)

- 굳건한 믿음을 소유한 성도들에게 허락되는 격려

하나님의 몸된 교회에 속한 성도들에게 가장 중요한 것은 굳건한 믿음을 유지하는 것이다. 겉보기에 아무리 좋아 보이고 그럴듯하게 비칠지라도 굳건한 믿음이 존재하지 않는다면 사상누각(沙上樓閣)에 지나지 않는다. 따라서 지상에 존재하는 모든 교회는 이에 관한 생각을 잠시도 잊어서는 안 된다.

사도 바울은 데살로니가 교회가 굳건하게 성장해가기를 원하는 마음을 가지고 있었다. 그것을 위해 특별히 디모데를 데살로니가 교회로 보내 중요한 임무를 수행하도록 했다. 즉 그가 그곳을 방문하는 중요한 임무 가운데 하나는 하나님의 복음을 더욱 선명하게 전하는 일이었다. 그로 말미암아 그곳 성도들의 신앙이 더욱 확고하게 되어 탄탄하게 자라갈 수 있을 것이었기 때문이다.

바울은 또한 데살로니가 교회의 성도들이 믿음으로 살아가고 있다는 사실을 언급했다. 그들이 예수 그리스도로 말미암아 악한 자들로부터 심한 환난과 고통을 받을지라도 믿음으로 잘 이겨내고 있다는 것이다. 그런 어려운 형편 가운데서 보여주는 믿음을 통한 저들의 인내와 승리에 대하여 격려하고자 한다는 것이었다.

하나님의 교회에 속한 모든 백성은 성도들과 성도들 사이, 교회와 교회 사이에 서로간 믿음을 강화하는 일에 상호 도움을 주고 격려하는 일을 감당해야 한다. 이는 겉으로 드러나는 외형적 현상을 넘어 신앙의 근간이 되는 본질과 연관되어 있다. 이를 위해 사도들이 먼저 후대에 세워지게 될 교회와 그에 속한 성도들을 위해 본을 보였다.

그러므로 이에 관해서는 우리 역시 매우 중요하게 받아들여야 한다. 모든 성도는 지금도 여전히 사도들을 통해 믿음을 굳건히 하고 있으며 그들로부터 진정한 위로를 받게 된다. 그렇게 함으로써 하나님의 몸된 교회가 건실하게 잘 성장해 갈 수 있다.

그러므로 어느 누구도 하나님의 몸된 교회 내에서 그에 반하는 말이나 행위를 해서는 안 된다. 성도들의 믿음을 약화시키거나 성도들을 위한 격려를 가로막는 것은 어떤 경우에도 용납될 수 없다. 사도교회 시대에도 거짓 교사들이 하나님의 복음을 약화시키고 성도들을 잘못된 방법으로 미혹할 때 사도들은 그에 맞서 싸우며 주님의 교회를 보호하는 일에 최선의 노력을 기울였다.

"누구든지 이 여러 환난 중에 요동치 않게 하려 함이라" (살전3:3ⓐ)

- 믿음으로 말미암은 견고한 신앙

하나님께 속한 교회와 성도들은 이 세상에서 환난과 핍박을 당할 수밖에 없다. 이는 하나님을 전혀 알지 못하는 세상 사람들이 예수 그리스도를 믿고 따르는 자들을 좋은 시선으로 바라보지 않는 것에 연관되어 있다. 그것은 또한 일반 윤리적인 문제가 아니라 진리에 대한 정반대의 사고에 기인하고 있다.

그러므로 타락한 세상에서 물리적인 세력을 가진 불신자들은 이 땅에 근거를 두고 살아가면서 영원한 천상의 나라에 속해 살아가는 자들을 멸시하며 다양한 박해를 가한다. 그렇게 함으로써 어린 교인들의 신앙을 약화시키고자 하며 주님의 몸된 교회를 흔들어 댄다. 하나님의 교회로 하여금 순결을 지키는 것을 방해하며 세속적인 가치관들을 주입시키고 있는 것이다.

그렇게 되면 신앙이 어린 교인들은 하나님의 절대적인 진리보다 세상에서 익힌 현상적인 판단에 따라 세속적인 가치관을 지향하기를 좋아한다. 그것은 결국 교회를 어지럽히는 악한 역할을 할 수밖에 없다. 그로 말미암아 지상 교회는 점차 말씀의 동력(動力)이 약화되는 안타까운 형편에 놓이게 된다. 따라서 사탄은 그것을 목표로 삼아 온갖 계략을 동원하여 지상 교회를 흔드는 일을 지속한다.

그러므로 바울은 데살로니가 교회를 향해 세상의 어떤 환난에도 흔들리지 말아야 한다는 사실을 강조했다. 그것을 위해서는 오로지 굳건한 믿음만이 복음의 본질을 부여잡을 수 있게 해준다. 즉 하나님의 자녀들이 견고한 믿음을 소유하고 있다면 어떤 미혹과 환난이 닥칠지라도 교회를 굳건히 지켜낼 수 있는 것이다.

우리가 여기서 반드시 기억해야 할 바는 사탄이 무섭고 괴물 같은 모습으로 나타나지 않는다는 사실이다. 사탄의 세력은 어리석은 자들을 미혹하기 위해 거짓을 감추고 그럴듯한 모습으로 가장하여 마치 광명한 천사인 양 나타난다. 바울은 고린도 교회에 보내는 두 번째 편지에서 그에 관한 사실을 기록하고 있다.

"저런 사람들은 거짓 사도요 궤휼의 역군이니 자기를 그리스도의 사도로

> 가장하는 자들이니라 이것이 이상한 일이 아니라 사단도 자기를 광명의 천사로 가장하나니 그러므로 사단의 일군들도 자기를 의의 일군으로 가장하는 것이 또한 큰 일이 아니라 저희의 결국은 그 행위대로 되리라"(고후11:13-15)

우리가 여기서 주의 깊게 생각해야 할 바는 외부로부터 임하는 폭력적 박해보다 내부에서 생성되는 불신앙적인 언어와 행위로 인한 영적인 박해가 훨씬 더 무섭다는 사실이다. 그것은 강포하고 과격한 폭력이 아니라 부드러운 듯한 모습으로 나타나는 것이 일반적이다. 그것을 제대로 분별하기 위해서는 하나님의 말씀을 올바르게 깨달아 그에 순종하는 신앙인의 삶을 유지해야만 한다.

따라서 바울은 데살로니가 교회에 편지하면서 다양한 형태의 환난이 임할지라도 흔들리지 말아야 한다는 사실을 강조하고 있다. 아무리 심한 바람이 불고 악한 자들이 교회를 흔든다고 해도 굳건한 신앙을 지켜내야 한다. 이와 더불어 우리가 주의 깊게 생각해야 할 바는 하나님의 자녀들은 어떤 경우에도 사탄의 미혹에 빠져 교회와 성도들의 신앙을 약화시키는 일에 소극적으로나마 참여해서는 안 된다는 사실이다.

"우리로 이것을 당하게 세우신 줄을 너희가 친히 알리라" (살전3:3ⓑ)

- '교회'로 세움 받은 목적

지상에 존재하는 참된 교회는 인간들의 열정적인 종교심으로 세우는 것이 아니라 하나님께서 친히 세우시는 신령한 공동체이다. 따라서 교회는 종교인들의 특별한 목적을 달성하고자 세운 기관이 아니다. 오직 하나님께서 자신의 구원 역사를 이루기 위하여 세워진 실천적 영역이다.

그러므로 세상에 교회를 세우는 일에 참여한 모든 성도는 이에 연관된 분명한 이해를 해야만 한다. 예수 그리스도를 머리로 둔 지상 교회는 이 땅에 존재하지만, 세상의 일반적인 가치나 원리에 근거하지 않는다. 비록 세상에 존재한다고 할지라도 천상의 것을 소유하고 있기 때문이다.

그러므로 지상 교회와 성도들은 타락한 세상으로부터 환영받지 못한다. 이는 사도들처럼 신실한 하나님의 자녀들은 고난을 겪을 수밖에 없다는 사실을 말해주고 있다. 즉 성자 하나님이신 예수 그리스도께서 이 세상에서 배척당하시고 고난을 받으신 것처럼 그를 따르는 자들도 그와 같다는 것이다.

이 말은 타락한 기독교가 기본적인 윤리와 도덕을 버린 채 이기적인 종교집단이 되어 세상으로부터 비난받는 것과는 그 성격이 전혀 다르다. 진정한 하나님의 백성들은 이 세상의 탐욕을 버렸으므로 그와 같은 비난을 받는 일이 없어야 한다. 즉 세상 사람들이 볼 때 탐심이 가득하여 불신자들로부터 비난을 당하는 것과는 본질이 다른 것이다.

그렇지만 천상의 나라와 이 세상의 본질에 연관된 다른 가치관을 인정하지 않으면 서로간 충돌할 수밖에 없게 된다. 세상 사람들이 아무리 크게 자랑스러워하는 것이라 할지라도 성도들이 그것을 치켜세워주지 않으면 그들은 자존심을 상하게 된다. 그와 같은 상황은 결국 고난을 몰고 오게 된다는 사실을 성숙한 성도들은 이미 잘 알고 있다. 사도들은 그것이 곧 지상에 하나님의 교회를 세워가는 소중한 방편이 된다는 사실을 말하고 있다.

“우리가 너희와 함께 있을 때에 장차 받을 환난을 너희에게 미리 말하였더니 과연 그렇게 된 것을 너희가 아느니라” (살전3:4)

- 교회와 세상

사도적 형제들은 데살로니가 교회 성도들과 함께 머무는 동안 저들에게 이 세상에서의 성공이나 복락에 대하여 약속하지 않았다. 오히려 장차 세상으로부터 받게 될 큰 환난에 대하여 언급했다. 이에 대해서는 비록 바울뿐 아니라 모든 사도가 동일한 이해를 하고 있었다. 그리고 이는 데살로니가 교회를 비롯한 세상에 흩어진 모든 교회에 동일하게 적용되어야 할 말씀이다.

이 교훈은 오늘날 우리 시대 교회와 성도들에게도 동일하게 적용된다. 하나님의 자녀가 된 우리가 이 세상에서 호의호식(好衣好食)하며 살아가는 것이 약속으로 주어지지 않았다. 타락한 세상에서는 육적으로나 영적으로 환난을 당할 수밖에 없기 때문이다.

하나님의 절대적 진리와 세상의 상대적 윤리는 상호 조화되는 관계에 놓여있지 않으며 동일한 가치관을 가지고 있는 것도 아니다. 그 양자 사이에는 끊임없는 충돌이 일어나게 된다. 시대와 지역에 따라 교회와 세상 사이에 다양한 형태의 충돌이 발생하면 교회는 심한 환난을 당할 수밖에 없다. 예수님께서는 제자들에게 그에 연관된 교훈을 주셨다.

> “이것을 너희에게 이름은 너희로 내 안에서 평안을 누리게 하려함이라 세상에서는 너희가 환난을 당하나 담대하라 내가 세상을 이기었노라 하시니라” (요16:33)

예수 그리스도의 복음을 소유한 성도들은 이 땅에서 세상 사람들이 경험할 수 없는 진정한 평안을 누리게 된다. 그것은 ‘그리스도 안’ (in

Christ)에 존재하는 것으로서 사탄을 비롯한 세상의 어느 누구도 함부로 빼앗아가지 못한다. 그 평안은 보통 사람들이 기대하는 것과 동일하지 않다. 오히려 이 세상에서 환난과 고통을 당하는 중에 천상으로부터 제공되는 참된 평안을 누리게 되는 것이다.

그러므로 지상 교회는 예수님과 사도들이 가르친 바대로 세상에서는 고난을 당하게 된다는 점을 가르쳐야 한다. 나아가 하나님의 아들인 예수님뿐 아니라 모든 사도들이 고난을 겪었던 역사적 사실을 알려주어야 한다. 이는 현재 살아가는 성도들 또한 그와 같은 상황에 놓이게 된다는 점을 말해주고 있다.

하지만 이 세상에서 심한 환난을 겪는다고 할지라도 위축되거나 패배의식에 빠질 필요가 없다. 왜냐하면 주님께서 악한 세상을 심판함으로써 승리를 거두셨기 때문이다. 그에 대한 분명한 깨달음을 가진 성도들은 타락한 세상 가운데서 환난을 겪지만 담대하게 살아갈 수 있는 것이다.

복음이 왜곡되게 가르쳐지는 배도의 시대에는 하나님을 잘 믿으면 세상에서 복을 받아 잘 살 것 같은 주장을 펼치는 자들이 있다. 그와 같은 기독교 지도자들은 자신의 종교적인 목적을 달성하기 위해 어린 교인들을 기만하여 잘못된 사상을 주입하고자 한다. 이 세상에서 복을 받아 잘 살기 위해서는 종교 지도자로 행세하는 자기의 요구에 순종해야 한다는 점을 강조하기 위해서이다.

우리가 여기서 간과하지 말아야 할 것은 하나님의 자녀들이라 해서 이 세상에서 무조건 궁핍한 상태로 어렵게 살아가는 것은 아니라는 점이다. 그것은 세상의 시대적 환경과 지역적 형편에 따라 천차만별(千差萬別)의 다양한 차이를 보이기 때문이다. 평온한 어떤 시대에는 하나님의 자녀들이 게으르지 않고 성실하게 살기 때문에 상대적으로 나은 삶을 살기도 하지만, 사악한 자들이 통치하는 또 다른 어떤 시대에는 정직하고 신실하게 살면 도리어 심한 고통을 당할 수도 있다.

이와 같은 환경은 개별 성도들과 각 지역 교회에 직접적인 영향력을 끼치게 된다. 역사 가운데는 그로 말미암아 지역 교회와 그에 속한 성도들이 감당하기 어려운 심한 고난을 겪던 때가 있었는가 하면 그와 정 반대의 경우도 있었다. 하지만 어느 시대 어느 지역에 살아가든 세상의 잘못된 가치관으로 인해 받는 고난은 동일하게 적용된다. 우리는 이에 대한 올바른 깨달음을 가져야만 한다.

제9장

‘믿음’ 과 악한 자들에 대한 승리

(살전3:5-7)

(3:5) 이러므로 나도 참다 못하여 너희 믿음을 알기 위하여 보내었노니 이는 혹 시험하는 자가 너희를 시험하여 우리 수고를 헛되게 할까 함일러니 (6) 지금은 디모데가 너희에게로부터 와서 너희 믿음과 사랑의 기쁜 소식을 우리에게 전하고 또 너희가 항상 우리를 잘 생각하여 우리가 너희를 간절히 보고자 함과 같이 너희도 우리를 간절히 보고자 한다 하니 (7) 이러므로 형제들아 우리가 모든 궁핍과 환난 가운데서 너희 믿음으로 말미암아 너희에게 위로를 받았노라

"이러므로 나도 참다 못하여 너희 믿음을 알기 위하여 보내었노니"
(살전3:5ⓐ)

- 사도의 인내와 성도들의 믿음에 관한 확인

바울은 앞에서 '우리가 참다 못하여'(살전3:1)라고 했는데 여기서는 '나도 참다 못하여'라는 표현을 했다. 어려운 여건 중에 사랑하는 제자 디모데를 데살로니가에 보낸 까닭은 그곳 성도들의 믿음을 알아보기 위해서라고 했다. 이는 교인들이 가지는 종교적인 신심(信心)이 두터워 보인다고 할지라도 올바른 신앙이 아닐 수 있음을 말해주고 있다.

그러므로 디모데를 통해 저들의 믿음의 실상을 파악해 보고자 했다. 그것은 교인들의 외양이나 단순히 말 몇 마디로 알아볼 수 있는 성질이 아니다. 이를 위해서는 신앙고백을 통한 믿음의 본질과 그 삶에 관한 올바른 이해를 해야만 한다.

우리가 교회에서 일반적으로 사용하는 '믿음'이라는 용어는 서로 구별되는 두 가지 개념으로 분리해 생각할 수 있다. 첫째는 존재하는 실상의 관점에서 이해해야 할 본질에 연관된 믿음이다. 즉 그 믿음은 하나님께서 창세 전에 선택하신 자기 자녀들에게 은혜로 공급해 주신 무형의 실존(實存)이다. 그 믿음은 성도들의 심령 가운데 항상 내재하기 때문에 설령 당사자가 그 사실을 인식하지 못한다고 할지라도 여전히 존재하고 있다.

그리고 둘째는 각 성도에게 나타나는 믿음의 현상이다. 그것은 하나님으로부터 주어진 본질적인 믿음이 심령 가운데 존재하지 않는다고 할지라도 인간의 정신을 통해 믿는 행위로서 현상적인 작동을 할 수 있다. 즉 기독교 내부에 있는 주변 사람들의 종교적인 인식과 그들의 활동을 통해 믿음을 익히게 되는 것이다. 이와 같은 신앙의 현상은 다양한 종교들에서도 제각각 특색있게 나타난다.

그러므로 사도 바울은 디모데를 데살로니가 교회에 보내면서 저들의 '믿음'을 알아보고자 했다. 하나님께서 선물로 허락하여 저들의 심령에 존재하는 참믿음에 기초하고 있는지 그 믿음의 실상을 파악하는 것은 매우 중요하다. 하나님으로부터 얻은 선물로서 실존의 믿음이 없는 상태에서 나타나는 종교적인 현상은 참된 믿음이라 말할 수 없기 때문이다.

바울이 간절하게 생각하는 것처럼 교회에 속한 성도들에게 가장 중요한 것은 하나님의 은혜로써 심령에 소유하게 된 '믿음'이다. 참된 교회의 성도들은 하나님으로부터 선물로 받은 그 믿음을 간직하고 있다. 비록 어린 아기들이라 할지라도 언약에 속한 백성의 심령에는 믿음의 씨앗이 심어지게 된다. 심령에 존재하는 그 믿음으로 말미암아 믿음을 가진 신앙인으로 살아가게 되는 것이다.

"이는 혹 시험하는 자가 너희를 시험하여 우리 수고를 헛되게 할까 함일러니" (살전3:5ⓑ)

- 시험하는 자

사악한 자들은 세상의 그럴듯한 것들을 제시하여 신앙이 어린 교인들을 유혹하며 교회의 성장을 방해하고 훼방을 놓는다. 그들은 참된 믿음을 소유했으나 신앙이 어린 성도들에게 현상적인 믿음을 앞세워 혼선을 주고자 한다. 어리석은 자들은 그것을 의미 있는 것으로 여기면서 종교심을 내세워 자신의 의를 확보하기를 원한다. 그것은 하나님의 교회 가운데서 참된 믿음의 활동을 약화시키는 역할을 하게 될 따름이다.

하나님의 일을 훼방하는 자들은 세속적인 논리로 하나님의 백성을 유혹하게 된다. 그들은 하나님으로 말미암은 참된 믿음과 상관이 없는 헛된 믿음을 퍼뜨리며 어리석은 자들로 하여금 잘못된 신앙을 신봉하도록 만들고자 한다. 그렇게 되면 교회 내부에서 점차 거짓된 믿음의 현상이 누룩처럼 퍼져나가게 되는 것이다.

그러므로 사도 바울은 악한 자들의 그와 같은 태도가 사도들이 복음을 전하며 수고한 모든 것을 헛되게 할까 우려한다고 했다. 인간들이 욕망을 추구하며 조성해 가는 종교적인 행태는 겉보기에 그럴듯하게 보일지라도 실제로는 매우 위험한 역할을 하게 된다. 그럴듯한 종교 현상을 앞세운 잘못된 믿음은 어린 교인들을 기만하며 교회 가운데 참된 믿음이 살아 움직이는 것을 방해하게 되는 것이다.

이에 대해서는 오늘날 우리 역시 매우 깊은 주의를 기울여 받아들여야 한다. 배도의 시대에는 지상 교회 가운데 본질이 약화된 채 인간들의 감정에 기초한 현상적인 신앙의 행태가 기승을 부리게 된다. 하나님으로부터 선물로 주어진 참된 믿음을 소유하지 않은 자들이 어린 교인들에게 잘못된 신앙심을 부추기기 때문이다. 우리는 타락한 인간들에게서 발생하는 감정작용으로서의 잘못된 믿음을 경계하지 않으면 안 된다.

"지금은 디모데가 너희에게로부터 와서 너희 믿음과 사랑의 기쁜 소식을 우리에게 전하고" (살전3:6ⓐ)

- 성도들의 믿음과 사랑

디모데는 바울의 보냄을 받아 데살로니가 교회를 방문한 후 다시금 바울 일행이 머무는 곳으로 돌아왔다. 그는 그곳의 형제들에 대한 반가운 소식을 가지고 왔다. 이는 그들이 하나님께서 허락하신 실존의 믿음 위에 세워진 굳건한 믿음과 더불어 참된 사랑을 소유하고 있었기 때문이다.

그러므로 디모데는 데살로니가 교회의 여러 성도를 만나 계시된 하나님 말씀으로 교제를 나눈 후 평안한 마음을 가졌을 것이 분명하다. 먼저 디모데가 그들에게 감사했던 것은 그들이 소유한 사회적 위상에 관한 것이나 부의 정도에 연관된 것이 아니었다. 물론 교회의 외적인 성장이나 재정적으로 넉넉하게 된 것과도 상관이 없었다.

오직 험난한 이 세상에 살아가면서 소유하게 된 믿음에 기초한 올바른 신앙 자세가 중요했다. 물론 그것은 하나님으로부터 계시된 말씀에 기초한 것으로서 단순히 인간적인 종교성으로 말미암은 것이 아니었다. 또한 그와 더불어 주님의 몸된 교회 가운데서 신실한 삶을 살아가는 저들의 삶이 소중했다.

디모데가 전하는 바 저들이 소유한 참된 믿음과 사랑은 인간들이 이 세상에서 경험하는 것과 큰 차이가 난다. 이 땅에 살아가는 사람들이 일반적으로 언급하는 믿음이나 사랑은 개인의 감정에 기초하는 것으로서 사정에 따라 변할 수밖에 없다. 그에 반해 하나님의 교회와 그에 속한 성도들이 소유한 믿음과 사랑은 하나님으로부터 주어진 선물이어서 영원한 성격을 지니고 있다.

그러므로 바울이 말하는 바 디모데가 전한 기쁜 소식은 하나님께서 허락하신 은사로서 참된 믿음과 사랑을 통해 교회가 온전히 자라간다는 사실에 연관되어 있다(고전13:13, 참조). 이처럼 모든 사도는 흩어진 여러 교회로부터 항상 그와 같은 좋은 소식을 듣고자 원했다. 그것이 하나님께 감사하는 중요한 이유가 된다.

이에 대해서는 오늘날 우리 역시 동일한 관점에서 중요한 교훈을 받아야 한다. 지상에 흩어진 교회들 사이에는 서로간 참된 믿음과 사랑의 기쁜 소식이 오가야 한다. 이는 모든 성도가 자기가 속한 교회의 올바른 성장을 위해 최선의 노력을 기울여야 하며, 가능한 한 흩어진 여러 참된 교회들의 좋은 소식을 다른 교회에 전달할 수 있어야 한다는 사실을 말해주고 있다.

이렇게 하여 세상에 존재하는 참된 교회들과 더불어 동일한 감사와 기쁨을 공유해야 한다. 바울을 비롯한 모든 사도는 오래전에 죽어 이 세상에 없으나 그들이 성경을 통해 가르치고 원했던 것처럼 지상에 존재하는 주님의 교회는 지속해서 자라가야 한다. 즉 데살로니가 교회가 그러했듯이 우리 시대 교회도 하나님께서 허락하신 참된 믿음과 사랑을 통해 신실한 신앙 자세를 유지해야 한다.

"또 너희가 항상 우리를 잘 생각하여 우리가 너희를 간절히 보고자 함과 같이 너희도 우리를 간절히 보고자 한다 하니" (살전3:6ⓑ)

- 사도들과 교회가 상호 간절히 보기를 원함

데살로니가 교회와 성도들은 사도들에 대한 신뢰가 절대적이었다. 바울은 먼저 사도인 자기와 함께하는 형제들이 그곳 성도들을 보고자 하는 마음이 간절하다는 사실을 언급했다. 이는 단순히 얼굴을 보고 교제를 나누고자 하는 이상의 의미를 지니고 있다.

바울은 데살로니가 교회와 더불어 하나님의 말씀을 나누기를 간절히 원했다. 세속적인 것들로 말미암아 마치 지뢰밭 같은 상황에 놓인 지상 교회가 진리를 통해 거뜬히 헤쳐나가기를 원했기 때문이다. 그리고 비록 동일한 지교회에 속한 것은 아니지만 그들과 함께 하나님을 경배하며 찬양하기를 바라는 마음이 간절했다.

그리고 사도 바울은 자신뿐 아니라 데살로니가 교회 성도들 역시 바울 자신을 비롯한 형제들을 보기를 간절히 원하고 있음을 언급했다. 그들 역시 사도들과 단순한 교제를 나누고자 하는 것이 주된 목적이 아니었다. 그들은 사도적 가르침을 통해 저들이 속한 교회를 더욱 굳건히 세워가기를 원하고 있었다.

우리가 여기서 분명히 이해해야 할 점은 바울이 데살로니가 교회 성도들을 간절히 보고자 했던 이유와 그곳 성도들이 바울을 보고자 하는 마음이 간절했던 것은 상호 수평적인 이유 때문이 아니라는 사실이다. 만일 일반적인 성도의 교제를 나누는 것이 주된 목적이라면 그렇게 말할 수도 있다.

하지만 바울과 데살로니가 교회 성도들의 역할이 서로 달랐다. 바울은 하나님의 말씀을 통해 저들을 가르치고 지도하며 저들의 신앙을 강화하고자 하는 마음을 가지고 있었다. 만일 저들에게 신앙에 관한 잘못된 이해와 행태가 보이면 그것을 교정해야만 했다. 즉 선생이자 교사인 사도들이 학생들인 교인들을 직접 찾아가 지도하는 성격을 지니고 있다.

그에 반해 데살로니가 교회 성도들은 바울과 같은 사도들을 불러 하나님의 말씀을 통한 가르침과 배움을 간절히 원하고 있었다. 만일 저들에게 잘못된 것이 있다면 올바른 배움을 통해 교정하고자 하는 마음을 가졌다. 그렇게 함으로써 하나님의 교회가 온전히 잘 성장해가기를 원했던 것이다.

이에 대해서는 역사상 존재했던 모든 교회를 비롯한 지상의 교회들도 그와 동일한 신앙 자세를 가지고 있어야 한다. 온 세상에 흩어져 있는 지역 교회에 속한 성도들은 사도들을 보고자 하는 간절한 마음을 가져야 한다. 사도들로부터 배워 지도를 받고 잘못된 것이 있다면 그 가르침에 따라 교정해야만 하기 때문이다.

오늘날 우리도 그와 동일한 자세를 유지해야 한다. 사도들이 죽은 후에는 그들을 직접 만나볼 수 없지만, 그러한 마음을 가져야만 한다.[8)]

---

8) 예를 들어, 부모가 먼저 돌아가신 경우에 이 세상에서 그 얼굴을 다시 볼 수 없으나 보고 싶은 마음이 간절한 것과 유사하다. 이처럼 우리는 오래전에 죽은 사도들을 육신으로 만날 수 없으나 그들을 보고 싶어 하는 마음을 가질 수 있어야 한다.

따라서 사도들이 하나님의 계시를 받아 기록한 성경을 통해 끊임없이 배워야 한다. 그리함으로써 세상으로부터 교회 내부로 스며들어오는 잘못된 것들을 경계하며 제거해야 한다.

그러므로 지상 교회와 성도들은 항상 사도들에게 감사한 마음을 가지게 된다. 하나님의 진리를 교회 가운데 전해 준 그들이 감사하지 않을 수 없다. 그래서 이제 사도들의 얼굴을 직접 볼 수는 없지만, 그들이 쓴 말씀을 통해 그들을 바라보며 끊임없이 그들로부터 진리를 배워 익히며 하나님의 교회를 세워가게 되는 것이다.

"이러므로 형제들아 우리가 모든 궁핍과 환난 가운데서" (살전3:7ⓐ)

- 성도들의 궁핍과 환난

사도들은 이 세상에 살아가면서 물질적으로 풍요로운 삶을 살았던 것이 아니다. 사도들이라 할지라도 각자의 형편에 따라 다르겠지만 적어도 그들은 이 세상의 것들을 추구하지 않았다. 그러다 보니 경제적인 형편이 어려울 경우가 더 많았다. 따라서 바울은 자기와 함께하는 자들이 모든 궁핍한 중에 살아가고 있음을 말했다.

나아가 사도들뿐 아니라 그와 함께하는 형제들은 환난 가운데 살아가야만 했다. 이는 사도들이 세상에 살아가면서 일반적인 만족이나 행복을 누리며 살았던 것이 아님을 말해주고 있다. 따라서 외적인 생활형편을 보고 그들을 부러워하거나 탐하는 자들은 없었다. 오히려 사람들은 그런 힘든 삶을 살고 싶어 하지 않았을 것이 분명하다.

우리가 여기서 볼 수 있는 점은 사도들이 지상 교회를 위해 재정적으로 직접 도와줄 수 없었다는 사실이다. 나아가 이 세상에서 남부럽지 않게 살아갈 방법을 가르쳐주지도 않았다. 도리어 이 세상에서는 궁핍과 환난 가운데 살아갈지라도 천상으로부터 공급되는 참된 평안을 누리며 인내하는 삶을 살아가도록 요구했다. 모든 사도는 저들이 교훈한 대로 그와 같은 삶을 실천했다.

물론 사도들은 교회와 교회 사이, 그리고 성도들과 성도들 사이에 서로간 도움을 주며 살아갈 것을 당부했다. 즉 물질적으로 여유가 있는 교회와 성도들은 어려움을 겪고 있는 교회를 기억하며 돕도록 했다. 그렇게 함으로써 지상에 존재하는 교회와 모든 성도가 하나의 보편교회에 속해 있음을 확인하도록 했다.

그러므로 데살로니가 교회 성도들도 그에 관한 사실을 잘 알고 있었다. 성도들은 사도들을 재정적으로 의지할 만한 대상으로 여기지 않았다. 흩어진 교회와 성도들은 사도들로부터 직접적인 물질의 도움을 바라지 않았다. 그들은 오직 사도들로부터 하나님의 말씀과 진리를 배워 알기를 원했을 따름이다. 이는 참된 교회에 절대로 필요한 것이 하나님의 진리일 뿐 이 세상의 것을 추구하는 것이 아님을 분명히 말해주고 있다.

"너희 믿음으로 말미암아 너희에게 위로를 받았노라" (살전3:7ⓑ)

- 믿음을 통한 참된 위로

사도들은 어떤 경우에도 이 세상의 것들을 자랑스럽게 여기지 않았다. 따라서 하나님을 알지 못하는 자들이 아무리 대단한 것처럼 여기며 자랑스러워하는 것이 있을지라도 하나님께 속한 성도들은 그에 대한 궁극적인 값어치를 부여하지 않는다. 오히려 그런 것들을 자랑으로 삼는 자들을 보면 측은하고 불쌍하게 여겨질 따름이다.

이에 대해서는 지상 교회에 속한 모든 성도가 소유해야 할 자세이다.

성숙한 성도들은 잠시 있다가 사라지게 될 것들에 대한 속성을 알고 있다. 아무리 많은 사람이 세속적인 가치를 부여하고 영화로운 것처럼 비친다고 할지라도 장차 임하게 될 하나님의 심판대 앞에서는 아무것도 아니기 때문이다.

그러므로 사도들은 데살로니가 교회가 소유한 참된 믿음으로 말미암아 큰 위로를 받게 된 사실을 언급하고 있다. 이는 하나님의 은혜로 교회와 성도들에게 주어진 믿음의 존재를 의미한다. 나아가 그 믿음이 성도들의 삶 가운데 구체적으로 드러나게 된다. 그것이 곧 교회와 성도들이 소유한 참된 믿음에 대한 증거가 된다.

이는 그와 같은 온전한 믿음이 존재하지 않는 교회는 참된 교회라 할 수 없음을 말해주고 있다. 나아가 하나님께서 주신 믿음이 존재하고 있음에도 불구하고 그 믿음으로 말미암아 실행되는 신앙적인 삶이 드러나지 않는다면 지극히 연약한 교회에 지나지 않는다. 만일 그런 교회가 있다면 사도들의 근심과 걱정의 대상이 될 따름이다.

데살로니가 교회 성도들은 참된 믿음을 소유하고 있었으며 그로 인한 신앙적인 삶이 잘 드러나고 있었다. 바울은 곧 그 믿음으로 말미암아 위로를 받게 된 사실을 언급하고 있다. 이는 데살로니가 교회가 처한 외적인 형편과 무관하게 올바른 성장을 이루어 가고 있음을 말해주고 있다. 이에 대해서는 역사 가운데 존재하는 모든 교회가 그러해야 하며 오늘날 우리 시대의 교회 역시 마찬가지다.

우리는 사도들이 오늘날 내가 속한 교회를 보면서 어떤 생각을 하게 될지 신중하게 되새겨 보아야 한다. 참된 믿음을 통해 올바르게 성장함으로써 사도들에게 큰 위로가 될지, 아니면 그들의 근심과 염려의 대상이 될지 깊이 생각해 보아야 한다. 현대 교회에 속한 모든 직분자들과 성도들 역시 항상 이 점을 염두에 두고 사도들의 교훈에 올바르게 반응하는 교회가 되지 않으면 안 된다.

이와 더불어 우리가 관심을 가져야 할 점은 전 세계에 흩어진 참된 교회들이 서로간 진정한 위로를 주고받을 수 있어야 한다는 사실이다. 이는 각자가 속한 교회 역시 세상에 흩어진 여러 교회들에게 진정한 위로를 끼쳐야 한다는 사실을 말해주고 있다. 사도들이 참된 성숙한 교회를 통해 위로를 받았듯이 우리도 그러해야 한다. 모두가 명심해야 할 바는 자신이 속한 교회가 다른 참된 교회의 염려거리가 되지 말아야 한다는 사실이다.

이처럼 하나님께서 은혜로 제공하신 올바른 믿음을 심령 가운데 소유하고 그 믿음대로 살아가는 성도들로 구성된 지상의 모든 참된 교회들을 통해 하나님은 영광을 받으신다. 이는 결코 상징적이거나 관념적인 것이 아니라 매우 현실적이며 실천적인 문제이다. 매 주일 언약 가운데서 하나님의 몸된 교회로 모이는 믿음의 형제들이 공예배를 통해 하나님을 경배하는 것은 항상 실천적인 삶의 중심에 놓여 있어야 한다.

135

제10장

데살로니가 교회를 향한 사도의 관심

(살전3:8-10)

(3:8) 그러므로 너희가 주 안에 굳게 선즉 우리가 이제는 살리라 (9) 우리가 우리 하나님 앞에서 너희를 인하여 모든 기쁨으로 기뻐하니 너희를 위하여 능히 어떠한 감사함으로 하나님께 보답할꼬 (10) 주야로 심히 간구함은 너희 얼굴을 보고 너희 믿음의 부족함을 온전케 하려 함이라

"그러므로 너희가 주 안에 굳게 선즉 우리가 이제는 살리라" (살전3:8)

- '주님 안에' (in the Lord) 굳게 선 교회

사도 바울은 데살로니가 교회 성도들이 주님 안에 굳게 선 사실을 언급했다. 그와 같은 상태는 교회의 겉모습만으로 확인할 수 없다. 설령 외형상 그럴듯한 종교적인 모습을 띠고 있을지라도 그것만으로 충분하지 않다. 나아가 일반적인 관점에서 보아 열성적인 종교 활동을 한다고 해도 그것만으로는 참 신앙을 보증할 수 없기 때문이다.

중요한 사실은 교회와 그에 속한 성도들이 주님 안에 굳게 서 있는가 하는 점이다. 계시된 하나님의 말씀을 기초로 한 견고한 터 위에 굳게 서 있지 않다면 어떤 문제가 발생할 때 크게 흔들리게 된다. 기독교인으로서 가장 어리석은 행위는 주님 안에 굳게 서는 것이 아니라 인간의 죄성과 세상의 잘못된 풍조를 기초로 하여 그 위에 고집스럽고 경직된 종교성을 세워가는 것이다.

그러므로 바울은 성숙한 참된 교회라면 주변에서 발생하는 세상의 가변적인 가치로 말미암아 흔들리지 말아야 한다는 사실을 강조하고 있다. 그는 데살로니가 교회 성도들이 주님 안에 굳게 서 있으므로 '우리가 이제는 살리라' 는 표현을 했다(살전3:8). 이는 교회의 성도들이 주님 안에 굳건하게 섬으로써 소유하게 된 저들의 신앙적 역동성으로 인해 삶의 진정한 보람을 느낀다는 것이었다. 이는 만일 그들이 주님 안에 굳게 서 있는 것이 아니라면 실망에 빠져 좌절하게 되리라는 의미를 담고 있다.

물론 바울의 교훈은 데살로니가 교회에만 국한되는 것이 아니라 지상에 존재하는 모든 교회에 적용되어야 할 말씀이다. 당시 예루살렘 교회와 안디옥 교회를 비롯한 로마 제국 전역에 흩어져 있는 교회와 성도들 역시 그에 연관된 교훈을 온전히 받아들여야 한다. 그 이후에 세워지게 될 교회들 또한 마찬가지다. 그렇게 함으로써 이 세상 가운데 하나님의 교회가 굳건히 서게 될 수 있을 것이기 때문이다.

우리가 여기서 반드시 염두에 두어야 할 바는 잘못된 기초를 닦아 두고 그 위에 주님의 교회가 세워져서는 안 된다는 사실이다. 하나님의 말씀에서 벗어난 세속적인 가치를 보유한 위태로운 기초 위에 교회가 경직되게 세워지는 것은 위험하기 그지없다. 그와 같은 상태는 결국 거기에 속한 자들을 소망이 없는 곳으로 이끌어가게 될 따름이다.

따라서 지상 교회에 속한 모든 성도는 항상 주님 안에서 교회를 견고하게 세워가야 한다는 사실을 잊어서는 안 된다. 그래야만 그럴듯하게 포장된 세상의 타락한 가치로 인해 흔들리지 않을 수 있게 된다. 사도들은 초기부터 지상에 하나님의 몸된 교회를 세워나가면서 그것을 위해 온갖 노력을 기울였다. 그것이 그들의 목적이자 소원하는 전부였다.

이에 대해서는 말세지말(末世之末)에 속한 현대 교회 역시 동일하게 받아들여 적용해야 한다. 우리가 살아가는 21세기는 상상을 초월하는 첨단 과학의 발달과 더불어 급변하는 유행으로 인해 인간들이 갈피를 잡지 못하고 있다. 나아가 동성 결혼과 같은 극도로 타락한 퇴폐 행위는 인간들 스스로 인간이기를 포기하는 지경에 이르게 하고 있다.

하나님의 손에 의해 흙으로 지어진 인간은 처음부터 다른 동물들과 뚜렷이 구별되는 특별한 존재이다. 그럼에도 불구하고 어리석은 자들은 인간의 고유한 의미 자체를 무시하는 일들을 자행하고 있다. 교회에 속한 어린 성도들 가운데는 그와 같은 세상의 부패한 행태를 보면서 엄청난 혼란을 겪게 되어 가치 혼란에 빠지게 되는 것이다.

나아가 신앙에 대한 분별력이 없는 어린 자들과 잘못된 신앙을 가진 자들은 그런 것들을 교회 내부로 유입해 들여오기를 좋아한다. 그들 가운데 상당수는 계시된 말씀을 통한 하나님의 뜻을 깨닫지 못하므로 그것이 얼마나 위험한 것인가에 대한 기본적인 인식조차 없다. 하지만 그와 같은 시대적 사악한 풍조가 순결해야 할 하나님의 교회를 어지럽히며 허무는 역할을 하게 된다.

따라서 이 세상에 존재하는 모든 교회는 각 시대와 지역에 처해 있으면서 항상 타락한 세상을 견제하며 교회를 온전히 지켜나가야만 한다. 그것을 위해서는 먼저 교회가 주님 안에 올바른 기초를 놓아 그 위에 견고하게 서 있어야 한다. 그래야만 사도들이 강조해 온 교회의 정체성을 유지하는 가운데 후대에 상속을 이어갈 수 있게 된다. 앞서 살아간 사도들을 비롯한 믿음의 선배들은 그 일을 위해 온갖 노력을 다했다.

"우리가 우리 하나님 앞에서 너희를 인하여 모든 기쁨으로 기뻐하니"

(살전3:9ⓐ)

- 사도들이 우리로 말미암아 '하나님 앞에서'(before God) 기뻐할 수 있을까?

사도 바울은 '우리 하나님'이라는 표현을 함으로써 여호와는 이 세상에 살아가는 모든 사람의 보편적인 신이 아니라는 사실을 드러내 보이고 있다(살전3:9). 언약의 하나님이신 여호와는 창세 전에 예정하여 선택하신 거룩한 성도들의 하나님으로서 자기 자녀들과 깊은 인격적 관계를 맺고 계신다. 따라서 이 세상에 살다가 죽은 사람이나 현재 살아 있는 사람들 중에 그를 하나님으로 받아들이는 자들은 지극히 제한적이다.

또한 바울은 자기와 함께 있는 모든 형제들이 '하나님 앞에서' 기뻐한다는 사실을 언급하고 있다. 우리가 여기서 반드시 기억해야 할 바는 사도들이 기뻐하는 근본적인 원인은 일반 사람들이 생각하는 것과 다르다는 점이다. 이는 그것이 인간의 단순한 감정으로 말미암은 기쁨이 아니라는 사실을 말해준다. 즉 오염된 이 세상의 것을 풍족하게 성취함으로써 세상 사람들 앞에서 가지는 기쁨의 감정과는 그 성격이 본질적으로 다르다.

당시 사도와 형제들이 기뻐한 것은 하나님의 몸된 교회에 속한 데살로니가 성도들로 말미암아 얻게 되는 감사한 마음 때문이었다. 이는 타락한 세상에 속한 사람들이 절대로 알 수 없는 특별한 감정이다. 그들이 느끼는 외견상의 감정은 유사할지라도 그 근원적인 측면에서는 엄청난 차이가 난다. 바울이 하나님 앞에서 즐거워하는 모든 기쁨은 이 세상에서 발생하는 것이 아니라 천상으로부터 공급되는 것이기 때문이다.

지상 교회 성도들이 이 땅에서 건강하게 살면서 성공을 거둔 것 자체를 기쁨의 대상으로 여기지 않았다. 데살로니가 교회는 악한 자들에 의해 많은 고난을 당하고 어려움에 직면해 있을지라도 항상 천상에 속한 시민으로 살아갔다. 그들은 하나님으로부터 공급받은 믿음으로써 천상의 나라와 영원한 삶의 의미를 확인할 수 있었다. 사도들은 참된 믿음으로 말미암아 견고하게 서 있는 성도들을 보면서 기쁨과 감사의 마음을 가졌던 것이다.

지상에 존재하는 모든 교회는 어느 시대 어느 지역에 존재하든지 데살로니가 교회 성도들과 같은 신앙 자세를 소유해야 한다. 하나님께 속한 교회와 성도들이 인간의 이성과 경험에 따라 창안한 종교적인 기쁨을 취하는 것 자체로서는 별 의미가 없다. 따라서 지상 교회가 취하는 즐거움과 만족은 그 자체로 의미가 있는 것이 아니라 반드시 하나님의 말씀을 통한 올바른 해석이 따라야만 한다.

지상에 존재하는 교회가 하나님과 그의 말씀을 통한 믿음 위에 굳건히 서게 되는 것이 사도들의 진정한 기쁨의 대상이 된다. 모든 교회가 지향해야 할 바는 어떤 경우에도 흔들리지 않는 굳건한 믿음을 소유하여 그 위에 서는 것이다. 이는 보통 사람들이 즐거워하는 것과 유사한 맥락에서 취하는 종교적인 기쁨이나 만족은 일시적인 현상일 뿐 궁극적인 보장성이 없다는 사실을 말해주고 있다.

이에 대해서는 풍요로운 시대에 놓인 현대 교회들이 각별한 신경을 써야 한다. 교회 내부에 타락한 세상의 풍조들을 가지고 들어와 교인들을 만족시키거나 연대감을 조성하려 해서는 안 된다. 예를 들어, 교회 안에 세상의 다양한 악기들이나 음악을 무분별하게 도입하지 말아야 한다. 그리고 교회 안에 각종 스포츠 경기를 활성화하는 것은 지극히 경계해야 할 일이다. 그와 같은 것들은 하나님의 말씀을 약화시키는 역할을 하게 될 우려가 있기 때문이다. 이처럼 세속적인 것들로 인해 오직 말씀에 순종해야 하는 성도들의 진정한 믿음이 약화되는 일이 발생해서는 절대로 안 된다.

"너희를 위하여 능히 어떠한 감사함으로 하나님께 보답할꼬" (살전3:9ⓑ)

- 감사와 보답

사도 바울은 데살로니가 교회 성도들을 향해 감사에 관한 특별한 언급을 하고 있다. 그런데 그는 그 감사가 자기의 감정 때문이 아니라 데살로니가 교회 성도들을 위한 것이라는 사실을 말했다. 이는 그들의 감사가 단순히 일반적인 것이 아니라 교회와 연관된 영원한 성격을 지니고 있음을 말해주고 있다.

또한 사도는 여기서 어떤 감사를 하나님께 돌릴 것인지 말하고 있다. 이는 사람들이 무언가 감사하게 되는 배경에는 다양한 조건이나 종류가 있다는 사실을 의미한다. 여기서 감사의 조건과 종류가 다양하다는 것은 인간들에게 발생한 감사의 정도에 연관된다. 하지만 사도가 언급한 감사는 전적으로 하나님의 놀라운 은혜에 기인하고 있다.

이처럼 하나님으로 말미암아 허락된 감사의 제목은 사람들이 마음속에 가지는 일반적인 감사와는 상당한 차이가 난다. 그것은 영원한 본질에 연관된 것으로서 오직 하나님의 자녀들에게만 생성되는 특별한 성질을 지니고 있다. 따라서 바울은 그것이 하나님의 몸된 교회와 그에 속한 성도들을 위한 것이라는 사실을 말하고 있다.

또한 그 감사는 전적으로 하나님에 의해 제공될 뿐 아니라 하나님께 돌려져야 할 성질을 지니고 있다. 이는 이 세상에서 발생하는 환경이나 조건으로부터 어떤 영향을 받지 않는다. 그 감사는 절대적인 성격을 소유하고 있기 때문이다. 따라서 사람이 처한 형편에 따라 느끼는 감사의 마음과는 본질적으로 다르다.

사도 바울은 데살로니가 교회 성도들이 천상으로부터 허락되는 그와 같은 감사의 마음을 가지기를 원했다. 이는 지상에 존재하는 모든 교회에 해당하는 말이기도 하다. 즉 바울과 형제들이 언약의 백성들을 위하여 하나님께 감사를 돌리는 것은 감사를 받으시는 하나님으로부터 제공되는 동일한 은혜를 소유하기 위해서였다. 그와 같은 감사의 제목과 형태는 보편교회 가운데 항상 존재해야 할 매우 중요한 내용이 아닐 수 없다.

"주야로 심히 간구함은" (살전3:10ⓐ)

- 밤낮(Night and day)으로 교회를 위해 간구하는 사도와 형제들

바울은 자기와 형제들이 교회와 성도들을 위해 주야로 교회와 성도들을 위해 기도한다는 사실을 언급하고 있다. 여기서는 데살로니가 교회 성도들을 염두에 두고 한 말이지만 실상은 지상의 모든 교회와 연관되어 있다. 사도와 일행은 항상 지상 교회가 하나님의 뜻 가운데 온전히 세워지기를 바라며 밤낮으로 기도했다.

우리가 여기서 기억해야 할 바는 이 말이 주관적인 열정에 의해 자발적으로 교회를 위해 기도한다는 일반적인 의미와는 다르다는 사실이다. 즉 그들은 선택의 여지 없이 그렇게 기도할 수밖에 없는 형편이었다. 이는 그들이 지상에 흩어진 교회를 위해 기도하지 않으려 해도 그럴 수 없다는 사실을 말해주고 있다. 시편에는 그에 연관된 내용이 기록되어 있다.

> "여호와 내 구원의 하나님이여 내가 주야로 주 앞에서 부르짖었사오니 나의 기도가 주 앞에 이르게 하시며 나의 부르짖음에 주의 귀를 기울여 주소서 무릇 나의 영혼에는 재난이 가득하며 나의 생명은 스올에 가까웠사오니 나는 무덤에 내려가는 자 같이 인정되고 힘없는 용사와 같으며 죽은 자 중에 던져진 바 되었으며 죽임을 당하여 무덤에 누운 자 같으니이다" (시88:1-5)

시편 기자는 여기서 인간의 한계에 연관된 사실을 언급하고 있다. 그가 밤낮으로 구원의 하나님께 간구하지 않을 수 없었던 것은 자기에게 재난이 가득했기 때문이다. 그는 고통을 이기지 못해 자기 생명이 스올 곧 음부에 가까이 놓여있다는 사실을 고백적으로 말했다. 그래서 마치 전쟁에서 패배한 병사나 죽은 자들 가운데 내던져져 마치 무덤에 누인 자 같다고 했다. 그와 같은 어려운 상황에서 하나님 앞에 간절히 기도하지 않을 수 없다는 것이었다.

하나님의 자녀들은 타락한 이 세상에 살아가면서 그와 같은 상태에 놓여있다. 지상에 존재하는 교회들 역시 그와 동일한 형편에 처해 있다. 교회와 성도들은 세상에 속한 대적자들로부터 심한 환난을 겪었으며 마치 소망 없이 죽은 자들 가운데 내던져진 것과 같다. 그들은 마치 죽은 자들이 묻힌 무덤에 누운 자 같은 형편에 놓여있는 것이다.

사도 바울이 보기에 데살로니가 교회 역시 그와 같은 형편에 놓여있었다. 물론 당시 지상에 흩어져 있던 모든 교회가 그와 같았다. 따라서 바울과 형제들은 데살로니가 교회가 처한 현실적인 형편으로 인해 기도하지 않을 수 없었다. 그들이 교회를 위해 기도하는 것은 선택적인 것이 아니라 당연히 그렇게 해야만 했다.

이는 바울과 형제들의 주된 관심이 자신의 종교적인 성공에 있지 않다는 사실을 말해주고 있다. 즉 개인적인 풍요로운 삶이나 이 세상에서의 부귀영화 따위에는 아무런 관심이 없었다. 사도들의 관심은 오로지 이 세상에 흩어져 존재하는 교회들에 있었다.

당시 바울은 데살로니가 교회에 깊은 관심을 가지고 있었으며, 그뿐 아니라 전 세계에 흩어진 모든 참된 교회들에 신경을 쓰고 있었던 것이 틀림없다. 즉 바울을 비롯한 형제들의 마음은 예루살렘 교회와 안디옥 교회 그리고 밤빌리아와 소아시아 그리고 로마와 스페인 지역에 있는 여러 교회들을 마음에 두고 있었을 것이 분명하다. 그들은 지상의 모든 교회로부터 좋은 소식을 듣기를 원했으며 그들이 올바르게 자라갈 수 있도록 기도했다.

이에 대해서는 오늘날 우리 역시 그와 연관된 중요한 교훈을 받아들여야 한다. 그리고 그와 같은 신앙적인 삶을 실천해야 한다. 그것은 선택적 열성으로 그렇게 하는 것이 아니라 피할 수 없는 당연한 일이 되어야 한다. 그것을 위해서는 하나님의 몸된 교회의 절대성과 교회가 존재하는 이 세상에 대해 올바른 이해를 해야만 한다.

우리 시대는 과거 어느 시대보다 훨씬 심하게 타락해 있다. 사탄에게 속한 자들은 교회를 향해 끊임없는 유혹의 손길을 펼치고 있다. 그에 저항하는 성도들은 악한 자들로부터 환난을 겪지 않을 수 없다. 그리하여 그들은 마치 패잔병처럼 되어 있으며 죽은 자들 가운데 내던져진 것 같고 죽임을 당하여 무덤에 누운 자처럼 되어 있는 것이다.

성숙한 성도로서 그와 같은 긴박한 상황을 깨닫게 되면 간절히 기도하지 않을 수 없다. 이는 우리가 일반적으로 생각하듯이 시간을 별도로

내 큰소리로 기도한다는 의미와는 다르다. 물론 그렇게 하기도 하지만 항상 하나님 앞에서 기도하는 자세로 살아가며 하나님의 도움을 간구하는 삶을 지속해야 한다. 그것을 통해 지상 교회가 주님 안에서 견고히 서 가게 되는 것이다.

"너희 얼굴을 보고 너희 믿음의 부족함을 온전케 하려 함이라" (살전3:10ⓑ)

- 교회를 온전케 하려는 자세

바울은 또한 데살로니가 교회와 성도들을 다시 보기를 간절히 원한다는 사실을 언급했다. 그것은 믿음 안에서 저들에 대한 사랑이 얼마나 큰지 잘 드러내 보여주고 있다. 당시는 오늘날과 달리 먼 길을 직접 찾아간다는 것은 여간 힘든 일이 아니었다. 지금은 사람들이 어디에 가고자 하면 자동차나 기차를 이용하거나 먼 거리인 경우 비행기를 타고 가면 된다.

그렇지만 2천 년 전인 1세기는 지금과 비교할 수 없는 전혀 다른 환경이었다. 먼 길을 걸어가는 것 자체도 힘든 일이었지만 곳곳에 상당한 위험이 도사리고 있었다. 가다가 먹는 음식 문제도 그렇거니와 밤이 되면 몸을 쉬며 잠을 자기 위한 숙소를 구하기도 쉽지 않은 일이었다. 뿐만 아니라 언제 어디서 강도를 만나게 될지 알 수 없었다.

앞서 디모데가 아테네에서 데살로니가에 다녀온 것 또한 여간 힘든 일이 아니었다. 지금 바울은 자기가 직접 그 어려운 길을 거쳐 그곳에 가기를 원한다고 말했다. 우리 시대의 여행은 대개 낭만적인 성격이 들어있다고 해도 과언이 아니다. 먼 길을 여행하며 중간중간 가볼 만한 명소(名所)를 방문할 수도 있고 시간을 내어 관광지를 찾아가 볼 수도 있다. 적어도 먹고 자는 일은 그다지 큰 문제가 되지 않는다.

그에 반해 1세기 당시 바울을 비롯한 여러 사도와 디모데를 비롯한 그의 동역자들의 형편은 전혀 그렇지 못했다. 바울과 디모데의 경우 데살로니가 교회 성도들에 대한 깊은 사랑이 없었다면 도저히 그렇게 할 수 없는 일이었다. 그리스도 안에서 형성된 사랑이 그만큼 컸기 때문에 가능한 일이었다. 사도 바울은 고린도 교회에 보내는 두 번째 편지에서 자기가 당한 고통에 관한 언급을 하고 있다.

> "여러번 여행에 강의 위험과 강도의 위험과 동족의 위험과 이방인의 위험과 시내의 위험과 광야의 위험과 바다의 위험과 거짓 형제 중의 위험을 당하고 또 수고하며 애쓰고 여러번 자지 못하고 주리며 목마르고 여러번 굶고 춥고 헐벗었노라" (고후11:26,27)

당시는 먼 길을 여행하는 것이 일반적인 관점에 볼 때 그다지 즐거운 일이 아니었다. 하지만 하나님의 말씀을 증거하는 사도들과 여러 형제들은 주님의 몸된 교회를 위해 그렇게 했다. 거기에는 많은 희생이 따를 수밖에 없었다. 그렇지만 그들은 세상에서 취할 수 있는 만족 때문이 아니라 하나님의 교회를 온전히 세우는 일을 위해 그 모든 어려움을 감내했다.

바울이 어렵고 힘든 중에 많은 지역을 방문한 것은 오로지 주님의 몸된 교회를 온전히 세우기 위한 목적 때문이었다. 이번에 데살로니가 교회를 방문하고자 원했던 것도 성도들의 믿음의 부족함을 온전케 하기 위해서였다. 이 말은 저들이 참믿음을 소유한 성도로서 하나님의 자녀답게 살도록 하려는 것에 연관되어 있다.

천상의 시민권을 가진 자로서 지상 교회와 더불어 정결한 성도의 삶을 살아가는 것은 결코 쉬운 일이 아니다. 하지만 아무리 어려운 환경에 처해 있다고 할지라도 반드시 그렇게 살아내야만 한다. 바울은 그들을 말씀으로 격려함으로써 그와 같은 삶을 살도록 지도하며 건강한 교회로 세워져 가기를 원했던 것이다.

이에 대해서는 오늘날 우리 시대 교회 역시 마찬가지다. 지상 교회 가운데는 바울을 비롯한 여러 사도와 구약의 선지자들이 상주(常住)하고 있다. 이는 상징적이지만 실제 상황이기도 하다. 그들이 하나님으로부터 계시된 말씀을 통해 어지럽고 혼탁한 시대에 살아가는 교회와 성도들에게 하나님의 교회를 온전히 세워가도록 요구하고 있기 때문이다. 우리는 항상 이에 대한 깊은 주의를 기울여 사도들의 교훈을 실천할 수 있어야만 한다.

제11장

참된 사랑과 주님의 재림을 소망하는 성도들

(살전3:11-13)

(3:11) 하나님 우리 아버지와 우리 주 예수는 우리 길을 너희에게로 직행하게 하옵시며 (12) 또 주께서 우리가 너희를 사랑함과 같이 너희도 피차간과 모든 사람에 대한 사랑이 더욱 많아 넘치게 하사 (13) 너희 마음을 굳게 하시고 우리 주 예수께서 그의 모든 성도와 함께 강림하실 때에 하나님 우리 아버지 앞에서 거룩함에 흠이 없게 하시기를 원하노라

"하나님 우리 아버지와 우리 주 예수는 우리 길을 너희에게로 직행하게 하옵시며" (살전3:11)

- 사도들의 길

사도 바울은 할 수만 있다면 곧장 데살로니가 교회로 가서 성도들을 만나 하나님의 말씀으로 교제하기를 원했다. 이는 저들에게 어떤 긴박한 상황이 발생했기 때문은 아니었다. 하지만 그들에게 당장이라도 달려가고자 간절히 원했던 까닭은 그 주변에 신앙이 어린 교인들을 미혹할 만한 요소들이 존재한 사실에 연관되어 있다.

만일 그와 같은 형편에 재빠르게 대처하지 않으면 예측할 수 없는 큰 어려움이 닥칠 우려가 따른다. 지상 교회는 세상으로부터 특별한 일을 행하도록 강요받을 이유가 없다. 그것이 정치적인 문제이든지 문명이나 문화에 연관된 것이든지 마찬가지다. 그리하여 교회에 속한 성도들은 하나님의 말씀 안에서 세상의 가치관에 구애받지 않은 채 자유로운 판단을 내릴 수 있어야 한다.

하지만 세속적인 것들을 방치하게 될 때 그것은 마치 누룩같이 퍼져나갈 수 있다. 불신자들과 교회 내부에 들어온 사악한 자들은 타락한 세상과 하나님의 거룩한 교회 사이의 벽을 허물고자 끊임없이 애쓴다. 그렇게 되면 신앙이 어린 교인들은 그 유혹에 쉽게 넘어가게 된다. 세상의 흥미롭고 즐거워 보이는 것들이 교회 안에서 활성화되면 점차 그것을 추구하는 자들이 많아지게 될 수밖에 없다.

그러므로 사도 바울은 그에 연관된 내용을 교훈하고 지도하기 위해 직접 데살로니가 교회 성도들을 만나기를 원했다. 그는 하나님의 말씀을 통해 데살로니가 지역의 성도들을 올바른 길로 인도하고자 했다. 그것을 위해 험하고 먼 길을 마다하지 않고 직접 그들을 방문하고자 하는 마음이 간절했던 것이다. 그 모든 것은 이 땅에 주님의 교회를 온전히 세우고자 하는 목적 때문이었다.

하지만 만일 데살로니가 교회 내부에 세속적인 것들을 받아들이고자 하는 자가 있다면 엄하게 경계하고 훈계해야만 했다. 그처럼 해야 하는 이유는 교회와 성도들을 악한 영향으로부터 온전히 지키기 위해서였다. 사도들은 어떤 경우에도 지상 교회가 거짓이나 세속적인 것에 의해 흔들리지 않도록 최선의 노력을 기울였다.

그럼에도 불구하고 사도 바울은 인간적인 판단만으로 모든 일을 진행해 나가기를 원하지 않았다. 성령의 도우심과 더불어 하나님의 뜻 가운데 모든 것이 해결되기를 바랐기 때문이다. 따라서 바울은 성부 하나님과 성자 하나님이신 예수 그리스도께서 자기를 그 길로 인도하여 데살로니가 교회로 보내주시기를 간절히 소원하고 있었다.

"또 주께서 우리가 너희를 사랑함과 같이 너희도 피차간과 모든 사람에 대한 사랑이 더욱 많아 넘치게 하사" (살전3:12)

- 교회를 향한 사도들의 사랑

사도 바울이 원했던 것은 지상에 존재하는 참된 교회들이 천상의 원리를 받아들여 온전한 신앙을 지켜 유지하는 것이었다. 그것은 성도들 사이에 인간 중심의 감정에 따른 일반적인 교제나 인정(人情)을 나누는 것을 주로 말하지 않는다. 거기에는 사도들이 예수 그리스도를 통해 허락되어 배우게 된 진정한 사랑을 나누는 것이 교회적 사랑의 원형이 되어야 한다는 사실을 의미하고 있다. 즉 그 사랑은 이 세상 사람들이 일반적으로 말하는 사랑과는 본질적인 차이가 난다.

지상에 존재하는 모든 교회는 예수 그리스도로 말미암아 베풀어지고 가르쳐진 참된 사랑을 기초로 하고 있다. 사도 바울은 자기가 교회와 성도들을 그 사랑으로 진정한 사랑을 한다는 사실을 언급했다. 그처럼 하나님의 몸된 교회에 속한 성도라면 당연히 그와 같은 사랑을 실천해야만 한다는 것이었다.

그러므로 오늘날 우리 역시 교회 가운데서 성도들 상호간에 그와 같은 사랑을 드러낼 수 있어야 한다. 그 사랑은 인간들이 스스로 창안하거나 만들어가는 것이 아니라 성령 하나님의 사역에 의해 드러나게 된다. 즉 하나님께서 자기 자녀들로 하여금 교회에 속한 성도들 상호간에 그 사랑이 넘쳐나도록 해주시는 것이다.

이는 바울이 말하고 있는 바 사랑은 하나님에 대한 순종과 밀접하게 연관되어 있다. 즉 하나님의 말씀에 온전히 순종함으로써 그 사랑이 지상 교회 가운데서 구체적으로 작용할 수 있게 된다. 이 말은 하나님과 그의 말씀에 대한 순종이 없는 상태에서 오가는 감정적인 사랑 자체로는 궁극적인 의미가 없다는 사실을 말해준다.

우리가 여기서 반드시 기억해야 할 바는 바울이 언급한 사랑은 인간들의 마음에 존재하는 감성적이거나 온정주의적인 것과 확연히 다르다는 사실이다. 나아가 다른 사람들을 따뜻하게 감싸주고 친절을 베푸는 행위를 진정한 사랑이라고 말하지 않는다. 그와 달리 하나님으로 말미암은 참 사랑은 때로 단호하기도 하고 때로 부드럽기도 하다. 하지만 그것은 오직 주님의 몸된 교회를 위한 것이어야 하며 그 근거는 하나님의 말씀에 두고 있어야 한다.

그러므로 지상 교회에 권징(discipline)이 존재하는 것은 성도들에게 진정한 사랑을 베푸는 것에 연관되어 있다. 그것은 교회를 온전히 세워나가기 위한 소중한 방편이며 그런 가운데 참 사랑이 드러나게 된다. 그 사랑은 항상 인내하며 멀리 바라보는 가운데 영원한 소망을 드러낸다. 즉 그것은 이성(異性)적인 사랑이나 이웃에 대한 일반적인 동정심에 연관된 것과는 근본적으로 다르다.

사도 바울이 말하는 사랑은 마치 자식에 대한 부모의 사랑과도 같다.

부모는 사랑하는 자식을 양육하면서 따뜻한 사랑을 베풀기도 하지만 때로 엄격한 벌을 내리기도 한다. 자식이 어떤 나쁜 행위를 한다고 할지라도 나무라지 않고 무조건 감싸기만 한다면 그것은 진정한 사랑이라 말할 수 없다. 참된 부모 사랑은 자식의 앞날을 생각하며 올바른 인격자로 양육하기 위해 최선의 노력을 기울이게 된다.

바울이 말하는 사랑도 그와 같은 성격을 지니고 있다. 다른 성도들을 진정으로 사랑한다면 그들이 올바른 신앙을 유지하고 하나님의 자녀로 살아갈 수 있도록 도움을 주어야 한다. 서로간 따뜻한 마음을 가지고 있을지라도 하나님의 말씀을 벗어날 경우 엄하게 책망해야 한다. 그래야만 그들이 올바른 신앙인으로 성장해 갈 수 있다.

따라서 교회 안에서 어떤 사람이 악한 일을 저지르는데도 무조건 감싸는 것은 진정한 사랑이 될 수 없다. 오히려 그런 행동을 적절하게 책망함으로써 올바른 신앙의 길로 돌아오도록 도와주어야 한다. 따라서 믿음의 선배들은 이 세상에 존재하는 교회가 올바르게 성장해가도록 필요한 조건들을 제시했다.

하나님께 속한 참된 교회라면 반드시 하나님의 말씀이 순수하게 선포되어야 한다. 그리고 올바른 성례가 시행되어 적법한 세례와 성찬이 베풀어져야 한다. 그와 더불어 반드시 정당한 권징 사역이 이루어져야만 한다. 그렇게 함으로써 교회가 정상적으로 성장하여 성도들간에 진정한 사랑이 나타날 수 있게 된다.

"너희 마음을 굳게 하시고" (살전3:13ⓐ)

- 하나님께서 성도들의 마음을 굳게 하심

타락한 이 세상에 살아가는 성도들의 삶은 그리 쉽지 않다. 사탄의 지배를 받는 자들이 하나님께 속한 성도들을 가만히 두지 않기 때문이다. 악한 자들은 지상 교회를 허물기 위해 온갖 방법을 동원하여 다양한 형태로 하나님의 백성들을 괴롭히게 된다. 그들 중에는 심한 악행을 저지르면서도 그에 대한 아무런 죄의식조차 없는 경우가 허다하다.

하나님의 진리로 말미암아 그와 같은 힘든 형편에 놓인 성도들은 참된 신앙과 더불어 마음을 강하게 먹어야 한다. 하나님의 말씀 위에서 굳건한 자세를 유지할 때 비로소 세상에서 승리를 거둘 수 있게 된다. 이는 개별 성도들뿐 아니라 전체 교회가 공동으로 대응해야 할 문제이기도 하다.

성도들이 견고한 신앙을 소유하게 되는 배경에는 하나님의 사랑이 존재하고 있다. 그 사랑은 타락한 세상의 환경 조건에 따라 생성된 것이 아니라 하나님의 언약에 기초한다. 따라서 교회에 속한 성도들의 육신은 이 땅에 살아가고 있으나 실상은 영원한 천국 시민이라는 사실에 대한 분명한 깨달음을 가져야 한다. 그로 말미암아 하나님의 자녀로서 그의 몸된 교회를 진정으로 사랑하는 가운데 견고한 신앙 자세를 유지할 수 있게 되는 것이다.

우리는 인간들 스스로 그와 같은 사랑을 만들거나 쟁취하는 것이 아니라 오직 하나님의 도움에 따라 그것을 소유하게 된다는 사실을 기억해야 한다. 그것이 곧 성도들의 신앙을 견고하게 하며 지상 교회를 온전히 세워가는 기초 역할을 하기 때문이다. 이는 교인들 스스로 자신을 굳건히 하고자 애쓰는 것만으로 충분하지 않을 뿐더러 각 교인들의 종교적인 결단이나 실천에 따라 그렇게 할 수 없음을 말해주고 있다.

하나님의 성령께서 이 세상에 살아가는 자기 백성을 굳건히 붙잡아 주시며 지상 교회를 견고하게 세워 주신다. 즉 하나님으로부터 허락된 영원한 사랑이 교회와 성도들의 마음을 굳건히 하는 것이다. 따라서 지상에 존재하는 참된 교회와 성도들은 하나님의 말씀에 순종하는 마음을 가지고 그에 온전히 복종하는 자세를 유지해야 한다.

"우리 주 예수께서 그의 모든 성도와 함께 강림하실 때에" (살전3:13ⓑ)

- 예수 그리스도의 재림

하나님께 반역하여 타락한 이 세상에 살아가는 성도들의 궁극적인 소망은 주님의 재림에 있다. 하나님의 자녀에게 아무리 힘든 일이 발생한다고 할지라도 그 상황을 능히 이겨낼 수 있는 것은 이 땅의 속성을 알기 때문이다. 하나님의 자녀들은 세상의 것들을 탐하지 않을 뿐더러 화려한 인생을 살고자 하는 욕망을 가지지도 않는다. 단지 하나님께 속한 백성으로서 신실하게 살아가고자 최선을 다할 따름이다.

지상에 존재하는 교회와 성도들이 이와 같은 소망을 가지게 되는 근거는 주님의 약속과 사도들의 증언에 있다. 십자가에 달려 돌아가셨으나 죽음을 이기고 부활하신 예수님께서 승천하실 때 그를 보좌하던 천사들이 그가 다시 오실 것에 대하여 증언을 했다. 사도행전에는 그에 관한 기록이 나타나고 있다.

> "이 말씀을 마치시고 저희 보는데서 올리워 가시니 구름이 저를 가리워 보이지 않게 하더라 올라가실 때에 제자들이 자세히 하늘을 쳐다 보고 있는데 흰옷 입은 두 사람이 저희 곁에 서서 가로되 갈릴리 사람들아 어찌하여 서서 하늘을 쳐다 보느냐 너희 가운데서 하늘로 올리우신 이 예수는 하늘로 가심을 본 그대로 오시리라 하였느니라" (행1:9-11)

주님께서 승천하시는 모습을 여러 사람과 함께 현장에서 직접 지켜본 사도들은 하나님의 계시에 따라 지상 교회 가운데 그에 관한 모든 사실을 증언했다. 천사들이 말했듯이 천상으로 올라가 그곳에 좌정해 계시는 성자 하나님이신 예수 그리스도께서 장차 때가 되면 반드시 다시 오시리라는 것이었다. 따라서 이 땅에 존재하는 교회에 속한 성도들은 그 약속을 바라보며 살아가게 되는 것이다.

그러므로 하나님의 자녀들에게는 그날이 영광스러운 날인 동시에 축복의 날이 된다. 창세 전에 세워진 하나님의 언약이 궁극적으로 완성되는 놀라운 사건을 통해 인간들이 이 세상에서 전혀 경험하지 못한 기쁨과 즐거움을 누리게 된다. 즉 모든 괴로움과 고통으로부터 완전히 해방되는 것이다.

이는 또한 하나님을 알지 못하는 사람들에게는 정반대의 현상이 발생한다는 사실을 말해주고 있다. 사탄의 술수에 빠져 여호와 하나님께 저항하던 자들은 다시 오실 메시아에 대한 인식 자체가 존재하지 않는다. 그들은 주님의 초림에 연관된 모든 구속사적 사실들을 모르거나 거부하기 때문에 그의 재림에 대한 아무런 기대가 없다.

그런 자들에게는 주님께서 재림하시는 그날이 매우 당혹스럽고 고통스러운 날이 될 것이 분명하다. 그는 심판주로 오셔서 자기를 멸시하던 자들을 엄히 책망하시며 심판하실 것이기 때문이다. 그 일을 위해 이 땅에 재림하시는 주님은 자기에게 속한 모든 성도와 한 편에 서게 된다. 장차 때가 이르면 심판주이신 그리스도께서 모든 성도와 함께 재림하신다. 이렇게 하여 주님과 더불어 지극히 영화로운 자리에 선 언약의 백성들은 사악한 자들을 심판하는 자리에 서게 되는 것이다.

"하나님 우리 아버지 앞에서 거룩함에 흠이 없게 하시기를 원하노라"

(살전3:13ⓒ)

- 하나님 앞에서 거룩한 존재

영원한 천국 시민권을 소유한 성도들은 이 세상에 속한 자들과는 본질적으로 다른 삶을 살아야 한다. 의식주(衣食住)와 더불어 살아가는 일상생활이야 같겠지만 그 근본정신과 가치는 상이할 수밖에 없다. 참된 교회에 속한 성숙한 성도들은 이에 대한 분명한 깨달음을 가지지 않으면 안 된다.

그러므로 사도 바울은 하나님의 교회가 하나님 아버지 앞에서 거룩해야 한다는 사실을 언급하고 있다. 여기서 거룩하다는 말은 우리가 일반적으로 생각하는 죄 없는 상태와 유사한 맥락에서 이해할 수 있다. 하지만 죄에 빠진 인간으로서 이 땅에 살아가는 동안 그와 같이 거룩한 상태가 되는 것은 불가능한 일이다.

이는 물론 예수 그리스도로 말미암아 거룩하게 되는 일이 그의 십자가 사역과 밀접하게 연관되어 있다. 하지만 하나님의 성도가 되어 거룩한 지위를 부여받은 것은 인간 자체가 거룩한 존재로 변했다는 의미와는 상당한 차이가 난다. 하나님 앞에서 거룩하게 된 것은 그의 거룩한 나라에 속한 백성이 되었다는 의미와 연관되어 있다.

즉 영원한 나라의 통치자와 그 나라가 거룩하기 때문에 하나님의 자녀들은 이 땅에서 그에 조화되는 삶을 살아야만 한다. 이는 이 세상에 살아가는 동안 성도가 지닌 육체적 본질이 아니라 하나님 앞에 존재하는 신분에 연관되어 있다. 따라서 하나님 나라에 속한 거룩한 신분을 가진 자로서 그에 대한 흠이 없기를 바란다는 사실을 언급했다.

그런데 여기서 중요한 점은 거룩한 성도로서 흠이 없게 되는 것이 인간의 종교적인 결단이나 노력에 달린 것이 아니라는 점을 밝히고 있다는 사실이다. 설령 죄에 빠진 인간들이 그와 같이 되고자 온갖 방법을 다 동원한다고 할지라도 가능하지 않다. 자칫 잘못하여 윤리주의에 빠지게 되면 도리어 정반대의 현상이 발생할 위험이 따르게 된다.

여기서 윤리주의의 위험을 언급한 것은 그것이 인간의 자기 의와 연결될 우려가 있기 때문이다. 우리가 생각하는 일반적인 윤리는 참된 진리와 상관없이 이 세상에서 드러나며 행해지고 있다. 만일 교회와 성도들 가운데 하나님의 참 진리가 결여되거 있거나 약화된 상태에서 윤리

주의가 활성화되면 심각한 문제로 이어지게 된다. 그와 같은 분위기는 당연히 중시되어야 할 복음의 본질을 약화시킬 수밖에 없기 때문이다.

그러므로 하나님의 자녀들이 거룩한 신분을 유지하며 흠이 없게 해 줄 수 있는 분은 성령 하나님이다. 하나님의 은혜로 말미암아 거룩하게 된 성도들은 그 신분에 조화되는 삶을 살아가야 한다. 그 모든 것은 인간들의 노력이 아니라 성령의 도우심에 따라 그렇게 될 수 있다. 이는 하나님을 진정으로 경외하며 그의 말씀에 순종하는 삶을 살아가는 성도들에게 주어지는 놀라운 선물이라고 할 수 있다.

157
제12장
예수 그리스도와 약혼한 신부로서 거룩한 교회

(살전4:1-8)

(4:1) 종말로 형제들아 우리가 주 예수 안에서 너희에게 구하고 권면하노니 너희가 마땅히 어떻게 행하며 하나님께 기쁘시게 할 것을 우리에게 받았으니 곧 너희 행하는 바라 더욱 많이 힘쓰라 (2) 우리가 주 예수로 말미암아 너희에게 무슨 명령으로 준 것을 너희가 아느니라 (3) 하나님의 뜻은 이것이니 너희의 거룩함이라 곧 음란을 버리고 (4) 각각 거룩함과 존귀함으로 자기의 아내 취할 줄을 알고 (5) 하나님을 모르는 이방인과 같이 색욕을 좇지 말고 (6) 이 일에 분수를 넘어서 형제를 해하지 말라 이는 우리가 너희에게 미리 말하고 증거한 것과 같이 이 모든 일에 주께서 신원하여 주심이니라 (7) 하나님이 우리를 부르심은 부정케 하심이 아니요 거룩케 하심이니 (8) 그러므로 저버리는 자는 사람을 저버림이 아니요 너희에게 그의 성령을 주신 하나님을 저버림이니라

“종말로 형제들아 우리가 주 예수 안에서 너희에게 구하고 권면하노니 너희가 마땅히 어떻게 행하며 하나님께 기쁘시게 할 것을 우리에게 받았으니 곧 너희 행하는 바라 더욱 많이 힘쓰라” (살전4:1)

- 하나님께 기쁘시게 하는 순종의 삶

사도 바울은 데살로니가 교회 성도들을 향해 주 예수 그리스도 안에서 진심으로 저들에게 간청하며 권면한다고 말했다. 그것은 그들이 하나님의 자녀로서 마땅히 행해야 할 바가 무엇인지 또 어떻게 행해야 하나님을 진정으로 기쁘시게 할 수 있는 것인지에 관한 내용이었다. 그와 같은 삶을 살아가는 것은 성도들이 마땅히 행해야 할 도리이자 의무였다.

그런데 그와 같은 삶은 인간들의 일반 상식적인 판단에 근거하는 것이 아니었다. 그에 관해서는 이미 사도들이 여러 교회에 가르친 것으로, 모든 성도들은 그 가르침에 온전히 순종하며 실천해야 했다. 사도는 데살로니가 지역의 성도들이 그에 순종함으로써 이미 그런 삶을 살아가고 있다는 사실을 언급하고 있다.

우리가 여기서 주의 깊게 이해해야 할 바는 교회에 속한 성도들이 그렇게 살아가야 하는 근본적인 이유가 저들의 삶 자체를 위한 것이 아니라는 점이다. 즉 그들이 사도들이 요구하는 삶을 살아감으로써 윤리적으로 훌륭한 신앙인이 되는 것이 주된 목적이 아니다. 그와 같은 삶이 각 성도에게 맡겨진 의무로서 소중한 의미를 지닌다고 할지라도 그것이 개별 인간을 위해서가 아니라는 것이다.

이는 지상 교회에 속한 성도들이 그와 같은 삶을 살아가야 하는 주된 목적은 하나님을 기쁘시게 하고자 하는 것과 연관되어 있다. 즉 모든 성도는 자신의 즐거움이나 기쁨을 위해서가 아니라 하나님의 영광을 위해 그에 순종해야 한다. 그것을 위해서는 사도들이 가르치고 전한 말씀을 올바르게 이해하고 받아들이는 것이 선행되어야 한다. 바울은 데살로니가 교회 성도들이 사도의 교훈을 받아 그에 잘 순종하고 있다고 말하면서 그와 같은 삶을 위해 더욱 많이 힘쓰라는 요구를 했다. 그 가운데는 하나님의 말씀에 순종하는 삶을 살아가기 위해서는 많은 노력이 따른다는 사실을 말해주고 있다. 이는 온전한 삶의 양을 늘리라는 요구라기보다 세상의 다양한 방해와 공격이 있을지라도 그에 올바르게 대처하며 신실한 삶을 살아내야 한다는 의미를 지니고 있다.

"우리가 주 예수로 말미암아 너희에게 무슨 명령으로 준 것을 너희가 아느니라" (살전4:2)

- 사도들의 명령

하나님의 자녀들은 타락한 이 세상에 살아가는 동안 하나님께서 사도들을 통해 전하신 교훈에 근거하여 살아가야 한다. 물론 신약시대의 사도들뿐만 아니라 구약의 선지자들을 비롯한 모든 말씀 사역자들의 가르침이 그에 포함된다. 즉 성경은 지상 교회에 속한 성도들에게 그 진리에 따른 삶을 살아가도록 요구하고 있다.

죄에 빠져 세상의 지배 아래 놓인 사람들은 자기가 원하는 바대로 살아가면서 적절한 목표를 세우고 인생의 욕망을 채워가고자 한다. 그에 반해 하나님의 자녀들은 인간들이 원하는 삶을 적극적으로 추구하는 것이 아니라 하나님께서 원하시는 삶을 살기 위해 최선을 다한다. 물론 그것은 이 땅에서 생성된 종교적인 신앙심에 근거한 것이 아니다.

그러므로 하나님의 교회에 속한 성도들은 당연히 예수 그리스도로 말미암아 사도들에게 계시된 진리의 말씀을 좇아 살아가야 한다. 그렇게 하기 위해서는 그 요구와 명령의 내용을 분명하게 깨달아 이해하고 있어야만 한다. 그에 관한 이해가 부족하면 그에 온전히 순종할 수 없을 것이기 때문이다.

사도 바울은 데살로니가 지역 성도들이 이미 그 명령의 내용을 잘 깨달아 알고 있다는 점을 언급했다. 이는 데살로니가 교회에 속한 성도들의 성숙한 신앙의 단면을 보여주고 있다. 즉 그들이 하나님의 요구에 대한 분명한 잣대를 소유하고 있음을 말해주기 때문이다.

이와 같은 자세는 지상의 모든 참된 교회 성도들이 마땅히 가져야 한다. 그래야만 하나님에 대한 진정한 순종 여부를 분별할 수 있게 된다. 따라서 21세기에 살아가는 성도들 역시 그와 같은 지식을 소유해야만 한다. 그 명령에 온전히 순종하는 삶을 통해 하나님을 기쁘게 하는 삶을 살아갈 수 있는 것이다.

"하나님의 뜻은 이것이니 너희의 거룩함이라 곧 음란을 버리고 각각 거룩함과 존귀함으로 자기의 아내 취할 줄을 알고 하나님을 모르는 이방인과 같이 색욕을 좇지 말고" (살전4:3-5)

- 하나님의 뜻은 성도의 거룩함

하나님께서 원하시는 것은 자신의 몸된 교회에 속한 성도들이 거룩함을 유지하는 것이다. 거룩하신 하나님과 교제하며 그를 경배하며 살아가야 할 성도들이 천상의 나라에 조화되는 거룩성을 유지하지 않으면 안 된다. 이는 하나님의 자녀들이 타락한 세상의 것들을 거부함으로써 순결을 지키는 것에 연관되어 있다.

그러므로 하나님께서 피로 값 주고 사신 거룩한 교회에 속한 성도들은 타락한 인간들에게서 발생하는 더럽고 음란한 모든 행위를 멀리해야만 한다. 하나님을 알지 못하는 자들이 인간적인 욕망을 되풀이하여 추구하는 것은 하나님에 대한 두려움이 없기 때문이다. 따라서 하나님의 백성이 된 성도들은 더 이상 그런 더러운 욕망의 노예가 되어서는 안 된다.

사도 바울은 하나님의 자녀들을 향해 부정하고 더러운 음란을 피하기 위해 혼인을 하여 아내를 취하라는 말을 했다. 그렇게 하는 것이 거룩함 곧 순결과 존귀함을 유지하는 방편이 된다고 했다. 그리하여 여호와 하나님을 거부하는 이방인처럼 성적인 욕구를 채우기 위한 더러운 행위를 금해야 한다는 것이었다. 바울은 고린도 교회에 보내는 첫 번째 편지와 히브리서에서 그와 연관된 언급을 하고 있다.

> "너희의 쓴 말에 대하여는 남자가 여자를 가까이 아니함이 좋으나 음행의 연고로 남자마다 자기 아내를 두고 여자마다 자기 남편을 두라" (고전 7:1,2); "모든 사람은 혼인을 귀히 여기고 침소를 더럽히지 않게 하라 음행하는 자들과 간음하는 자들을 하나님이 심판하시리라" (히13:4)

고린도 교회에 보내는 편지에서 사도 바울은 남자가 더러운 욕망을 채우기 위해 여자를 성적인 대상으로 삼지 말아야 한다는 사실을 분명히 말하고 있다. 그런 음란한 행위는 하나님을 욕되게 하는 짓이기 때문이다. 따라서 그와 같은 유혹을 피하도록 남성은 아내를 두고 여성은 남편을 두라는 언급을 했다.

그리고 혼인을 귀하게 여기라는 중요한 당부를 하고 있다. 남자와 여자가 혼인하는 것은 하나님의 섭리 가운데 진행되는 존귀한 언약의 실행이다. 그와 더불어 음란한 간음을 저지르는 범행을 피해야 한다. 여기서 강조되는 바는 그런 부정한 간음이 하나님을 욕되게 하는 사악한 범죄행위가 된다는 사실이다.

그러므로 부부 사이가 아닌 상태에서 행해지는 간음은 하나님을 진노케 하는 원인이 된다. 하나님을 알지 못하는 자라면 모르거니와 하나

님의 존재를 분명히 안다면 결코 그와 같은 악행을 저지를 수 없다.[9)]

"이 일에 분수를 넘어서 형제를 해하지 말라 이는 우리가 너희에게 미리 말하고 증거한 것과 같이 이 모든 일에 주께서 신원하여 주심이니라" (살전4:6)

- 형제를 해하지 말라

예수 그리스도의 십자가 사역을 통해 천국 시민이 된 성도들이 거룩한 삶에 참여하는 것은 매우 중요한 의미를 지니고 있다. 지상 교회에 속한 자들은 그와 같은 정결한 삶으로부터 탈선해서는 안 된다. 여기서 언급된 일차적인 것은 간음은 이웃을 해치는 악행이라는 사실이다. 사악한 생각과 행동을 통해 자신의 더러운 만족과 쾌락을 채울지라도 그것은 다른 사람에 대한 근원적인 폭행을 가하는 것이 된다.

그러므로 간음은 단순한 성적인 부정행위를 넘어 한 가정을 파괴하는 것과 마찬가지다. 다른 사람의 남편이나 아내를 탐내는 것을 비롯한 모든 간음행위는 그와 같은 성격을 지니고 있다. 지상 교회는 하나님의 섭리 가운데 세워진 가정이 그로 인해 무참히 파괴되는 양상을 결코 용납해서는 안 된다.

이는 물론 모든 측면에서 동일하게 적용되어야 한다. 교회에 속한 성도들은 어느 누구라 할지라도 다른 형제를 해치지 말아야 하며 그런 악행을 알고도 가만히 있어서는 안 된다. 그런데 문제는 이웃을 해치는

---

9) 이와 연관하여 흔히 다윗이나 솔로몬의 부도덕한 간음행위를 언급하며 그것이 흔히 있을 수 있는 것인 양 주장하는 자들이 없지 않다. 하지만 그것은 부패한 인간들의 악한 본성을 보여줄 뿐 절대로 용납되지 말아야 할 일이다. 따라서 부정한 간음을 저지르며 하나님을 욕되게 하는 자들에 대해서는 하나님께서 친히 엄한 심판을 내리실 것이라고 했다.

자들이 반드시 물리적인 힘을 동원하는 것이 아니라는 사실이다. 겉으로 드러나는 물리적인 파괴보다 훨씬 더 심각한 것은 거짓 언술과 여론 조성을 통한 정신적 파괴 현상이다.

그에 가담하면서도 무지한 자들은 진리와 실상을 외면한 채 스스로 기만당하는 경우가 허다하다. 그런 자들은 거짓을 사실인 양 믿게 만들어 이웃을 해칠 뿐 아니라 그것은 결국 자기 자신을 해치게 만든다. 그와 같은 사악한 행위는 결국 다른 형제들을 고통에 빠뜨리고 하나님의 몸된 교회를 어지럽히게 된다.

사도 바울은 하나님의 몸된 교회에 속한 형제를 해치는 자들에 대하여 강한 경고를 하고 있다. 하나님께서는 그런 악한 자들에게 무서운 징벌을 내리신다는 것이다. 따라서 하나님을 진정으로 사랑하는 자라면 절대로 그렇게 해서는 안 된다. 성도들은 항상 하나님의 진리와 교훈을 통해 교회와 이웃을 위한 선한 마음을 가져야 하며 이기적인 욕망으로 이웃을 해치는 일이 발생하지 말아야 한다. 사도 요한은 그가 보낸 첫 번째 서신에서 그와 연관된 중요한 교훈을 주고 있다.

> "누구든지 하나님을 사랑하노라 하고 그 형제를 미워하면 이는 거짓말 하는 자니 보는바 그 형제를 사랑치 아니하는 자가 보지 못하는바 하나님을 사랑할 수가 없느니라 우리가 이 계명을 주께 받았나니 하나님을 사랑하는 자는 또한 그 형제를 사랑할찌니라" (요일4:20,21)

하나님을 사랑하는 삶은 다른 사람들 앞에서나 자기 스스로 말하는 언어적 표현에 근거하지 않는다. 간증을 하거나 기도하면서 '사랑하는 하나님' 이라고 아무리 많이 외친다고 해도 그것 자체로는 아무런 효력이 없다. 나아가 하나님을 사랑한다는 개인적인 생각이나 판단이 그에 대한 증거가 되지 않는다. 또한 하나님을 사랑한다는 종교적인 인식이 곧 그 실상을 확증하지도 못한다.

하나님에 대한 진정한 사랑은 성도의 삶을 통해 드러나야 한다. 만일 입술과 종교적인 인식으로 인해 하나님을 사랑한다고 주장하면서 삶이 그와 동떨어져 있다면 그것은 진정으로 하나님을 사랑하는 것이 아니다. 그것은 교회와 이웃뿐 아니라 자기 자신마저 기만하는 악한 행위가 될 수 있다. 하나님에 대한 참된 사랑은 하나님과 사람들 앞에서 진실하게 드러나야 한다.

그러므로 사도 요한은 하나님을 사랑한다고 말하면서 교회에 속한 형제를 미워한다면 그것은 거짓 진술에 지나지 않는다는 사실을 말했다. 눈에 보이는 형제를 사랑하지 않으면서 눈에 보이지 않는 하나님을 사랑할 수 없다는 것이다. 하나님의 자녀로서 성도들 앞에서 진실한 삶의 모습을 보이지 않는다면 하나님 앞에서 진실하게 살아갈 수 없기 때문이다.

사도는 그에 연관된 모든 교훈은 하나님의 계명으로서 주님으로부터 받은 것이라고 말했다. 이는 그에 대한 절대성을 말해주고 있다. 따라서 그와 같은 성도의 삶은 육체적으로나 정신적으로 동일하게 드러나야 한다. 즉 하나님을 진정으로 사랑하는 성도라면 교회에 속한 다른 형제를 진심으로 사랑할 수 있어야 한다는 것이다. 형제를 미워하거나 부당하게 대하는 자들은 자기의 이기적인 종교 감정에 충실할 뿐 하나님을 진정으로 사랑하지 않는다.

"하나님이 우리를 부르심은 부정케 하심이 아니요 거룩케 하심이니 그러므로 저버리는 자는 사람을 저버림이 아니요 너희에게 그의 성령을 주신 하나님을 저버림이니라" (살전4:7,8)

- 거룩하게 하시고자 자기 백성을 부르신 하나님

하나님께서는 창세 전에 맺은 언약에 따라 역사 가운데 태어나 존재하는 자기 자녀들을 때에 따라 하나씩 불러 모으신다. 그들이 모여 하나님의 몸된 교회를 이루게 된다. 즉 지상 교회에 속한 교인들은 스스로 그 자리로 나아온 것이 아니라 눈에 보이지 않는 성령 하나님의 인도하심에 따라 그 신령한 모임에 참여하게 되는 것이다.

하나님께서 성도들을 자기에게로 부르신 것에는 분명한 이유가 존재한다. 그는 죄에 물든 세상 가운데 살아가던 자들을 불러 자기와 같이 거룩한 자로 변화시켜 교제하며 찬송과 영광을 받고자 하셨다. 따라서 하나님의 몸된 교회에 속한 성도들은 하나님 앞에서 거룩한 존재가 되어야만 한다. 이는 물론 세상에 살아가는 성도들의 몸이 거룩한 상태로 변한다는 것을 의미하지 않는다.

하지만 거룩한 하나님과 그의 나라에 속한 성도로서 거룩한 속성을 지니게 된다. 즉 하나님의 자녀라 할지라도 이 세상에서 완전히 거룩한 상태로 변하는 것은 아니지만 하나님께서 저들을 '거룩한 자로 인정'(칭의, 稱義)해 주신다. 그리하여 거룩한 성도로서 여호와 하나님을 찬미하게 된다. 사도 바울은 고린도 교회에 보내는 두 번째 편지에서 그에 연관된 중요한 교훈을 주고 있다.

> "내가 하나님의 열심으로 너희를 위하여 열심 내노니 내가 너희를 정결한 처녀로 한 남편인 그리스도께 드리려고 중매함이로다" (고후11:2)

사도 바울은, 하나님께서 택하신 자기 자녀들을 위해 깊은 관심을 가지고 일하듯이 자기도 교회를 위해 그렇게 한다는 사실을 언급하고 있다. 여기에는 지상에 존재하는 모든 교회가 소유해야만 할 중요한 의미가 담겨 있다. 그 가운데 하나님의 몸된 교회가 예수 그리스도의 신부가 된다는 사실이 증거되고 있기 때문이다.

그러므로 바울은 순결한 처녀인 교회를 거룩한 신랑이 되시는 예수 그리스도께 바치는 일에 참여하고자 한다는 말을 했다. 따라서 지상 교회는 타락한 세상에 물들지 않고 순결을 유지하기 위한 최선의 노력을 기울여야 한다. 그리하여 나중 주님이 재림하시면 신랑과 신부 사이에 영광의 혼인잔치가 행해지게 되는 것이다(계19:7-10, 참조).

이처럼 지상에 존재하는 하나님의 몸된 교회는 그리스도와 약혼한 예비 신부로서 거룩하고 정결한 상태를 유지해야 한다. 따라서 어느 누구도 예수 그리스도의 신부가 될 교회를 더럽히거나 어지럽혀서는 안 된다. 그 교훈을 어기는 자가 있다면 그는 사람을 저버리는 것에 그치지 않고 하나님 앞에서 더 큰 범죄를 저지르는 것이 된다.

그와 같은 악한 행동은 그리스도의 신부가 되는 교회와 성도들을 위해 성령을 보내시는 여호와 하나님을 거역하는 것과 마찬가지다. 하나님께서는 그런 사악한 자들을 결코 그냥 두시지 않으며 그 위에 무서운 징계를 내리신다. 따라서 지상 교회에 속한 모든 성도는 하나님의 뜻과 거룩한 의도를 기억하는 가운데 항상 이 점을 마음속 깊이 간직하고 있어야 한다.

제13장

성도의 사랑과 이웃을 위한 삶의 자세

(살전4:9-12)

(4:9) 형제 사랑에 관하여는 너희에게 쓸것이 없음은 너희가 친히 하나님의 가르치심을 받아 서로 사랑함이라 (10) 너희가 온 마게도냐 모든 형제를 대하여 과연 이것을 행하도다 형제들아 권하노니 더 많이 하고 (11) 또 너희에게 명한것 같이 종용하여 자기 일을 하고 너희 손으로 일하기를 힘쓰라 (12) 이는 외인을 대하여 단정히 행하고 또한 아무 궁핍함이 없게 하려 함이라

"형제 사랑에 관하여는 너희에게 쓸것이 없음은" (살전4:9ⓐ)

- 형제 사랑

데살로니가 교회 성도들은 이미 성경이 말하는 사랑에 관한 의미를 잘 알고 있었다. 그 사랑은 사람들이 일반적으로 느끼는 감정과 유사할지라도 타락한 세상의 것과는 본질적인 차이가 난다. 하나님으로 말미암은 참된 사랑은 하나님의 성품과 뜻에 온전히 조화되어야만 한다.

그 사랑은 주관적인 감정을 넘어 이웃에 대한 참된 배려를 요구하고 있다. 인간들이 경험하는 사랑은 이기적인 속성을 지니지만 진정한 사랑은 그렇지 않다. 사도 바울은 고린도 교회에 보내는 편지에서 그에 관한 중요한 교훈을 주고 있다.

> "사랑은 오래 참고 사랑은 온유하며 투기하는 자가 되지 아니하며 사랑은 자랑하지 아니하며 교만하지 아니하며 무례히 행치 아니하며 자기의 유익을 구치 아니하며 성내지 아니하며 악한 것을 생각지 아니하며 불의를 기뻐하지 아니하며 진리와 함께 기뻐하고 모든 것을 참으며 모든 것을 믿으며 모든 것을 바라며 모든 것을 견디느니라" (고전13:4-7)

여기서 말하는 사랑은 하나님의 은사와 밀접하게 연관되어 있다. 즉 그 사랑은 인간의 감정에 의해 생성되는 것이 아니라 하나님께서 자기 백성들을 위해 특별히 허락하시게 된다.[10] 그것을 통해 이 땅에 하나님의 몸된 교회를 온전히 세워가고자 하시는 것이다.

---

10) 고린도전서 12-14장을 흔히 '은사장'(恩賜章)이라 일컫고 있다. 하나님께서 그 은사들을 통해 주님의 몸된 교회를 온전히 세우고자 하셨다. 그런데 그 중간에 있는 13장을 사람들은 '사랑장'(章)이라 부른다. 이는 고린도전서 13장에 기록된 사랑은 인간들의 감정에서 발생하는 일반적인 사랑이 아니라 하나님께서 지상에 참된 교회를 세우시기 위한 소중한 방편으로 허락하고 요구하신 사랑을 의미하고 있다.

따라서 사도 바울은 참된 사랑을 가진 성도라면 오래 참고 온유하며 투기하는 자가 되지 않는다고 했다. 이 말은 개인적인 욕망에 연관된 것이라 해서 조급하게 행동하지 않고 하나님의 말씀과 더불어 여유로운 자세를 가지게 된다는 사실에 관련되어 있다. 그런 신앙을 소유한 성도들은 결코 이웃을 시기하거나 질투하지 않는다.

뿐만 아니라 성숙한 성도들은 다른 사람 앞에서 자기를 자랑하지 않으며 이웃에게 예의를 벗어난 무례한 행동을 하지 않는다. 또한 교만한 태도를 보이거나 개인적인 욕망을 채우기 위해 함부로 행동하지 않는다. 그들은 실상을 확인하지 않은 채 부당하게 이웃을 모함하거나 화내는 일에 참여하기를 거부한다. 그에 대하여 잘못된 자세를 가지게 되면 악한 것으로 만족을 취하게 되어 무고한 이웃을 해치게 된다.

그러므로 신앙이 성숙한 성도들은 하나님의 뜻을 벗어난 악한 욕망을 추구하지 않으며 불의한 것으로 인해 기쁨을 취하지 않는다. 그들은 오로지 하나님의 진리를 다른 성도들과 함께 나누며 기뻐하게 된다. 그것을 위해 모든 것을 참고 기다리는 가운데 하나님의 도우심을 바라며 견디게 되는 것이다.

바울은 데살로니가 교회 성도들을 향해 그들은 이미 하나님께서 요구하시는 참 사랑을 알고 있으므로 그에 대하여 다시 쓸 것이 없다고 했다. 이는 지상에 존재하는 모든 교회와 성도들이 분명히 깨달아야 할 내용이다. 따라서 우리 역시 그에 대한 올바른 지식과 더불어 삶의 실천이 드러나도록 해야 한다.

"너희가 친히 하나님의 가르치심을 받아 서로 사랑함이라" (살전4:9ⓑ)

- 하나님의 가르침

하나님의 교훈을 통해 올바른 사랑을 이해하는 것은 매우 중요하다.

하나님을 알지 못하는 자들은 이 세상의 사랑에 익숙해 있으며, 세상의 사랑에 익숙한 교인들은 그에 대해 오해를 할 우려가 있기 때문이다. 따라서 교회에 사랑이 많아야 한다는 단순한 논리는 많은 문제를 안고 있을 수 있다.

교회 공동체에 속한 성도들은 대개 교인들 상호간에 사랑이 풍부해야 한다는 사실을 일반적인 관점에서 이해하고 있다. 그리고 그 사랑을 실천하기 위해 여러모로 많은 힘을 기울이고 있다. 하지만 그것이 정서적인 사랑의 분위기가 넘치게 하는 것으로 만족스럽게 여긴다면 올바른 것이라 말할 수 없다.

진정한 사랑은 하나님의 몸된 교회를 올바르게 세워가기 위해 실천적으로 드러나야 한다. 앞에서 언급한 대로 성도들은 하나님의 뜻에 따라 상호간에 숭고한 사랑을 나눌 수 있어야 한다. 그것은 우리가 일반적으로 생각하는 사랑의 양식으로 나타날 수 있으며 때로는 매우 엄하고 두려운 모습으로 나타날 수도 있다.

이웃이 세상의 것으로 말미암아 심한 어려움을 겪을 때 참된 사랑으로 위로하고 다독일 수 있어야 한다. 형제가 억울한 일을 당하거나 실의에 빠져 있을 때 하나님의 말씀을 통한 소망을 나누며 격려할 수 있어야 한다. 진정한 사랑을 소유한 자들은 결코 건강이 약하거나 형편이 어려운 이웃, 사회적으로 멸시를 당하는 자들이나 외로운 자들을 멸시하거나 배척하지 않는다.

하나님의 진리를 소유함으로써 교회 공동체에 속한 모든 성도는 예수 그리스도를 통해 은혜를 받은 자로서 진정한 사랑을 나눌 수 있어야 한다. 그것은 자의적 판단에 근거한 것이 아니라 하나님의 가르치심에 순종하는 결과로서 자연스럽게 드러나게 된다. 바울은 데살로니가 교회 성도들이 그렇게 하고 있음에 대해 언급을 하며 그와 같은 신앙 자세를 지속하도록 격려하고 있다.

"너희가 온 마게도냐 모든 형제를 대하여 과연 이것을 행하도다 형제들아 권하노니 더 많이 하고" (살전4:10)

- 마게도냐 여러 교회의 형제들

바울은 여기서 보편교회에 연관된 매우 중요한 교훈을 주고 있다. 지상에 존재하는 모든 참된 교회들은 비록 멀리 떨어져 있다고 할지라도 하나로 엮어져 존재한다. 즉 교회와 각 성도는 기록된 하나님의 말씀을 중심으로 살아가야 하며 천국 시민으로서 항상 주님이 계시는 천상의 나라를 소망하며 동일한 한 지점을 바라볼 수 있어야 한다.

그러므로 모든 참된 교회들은 항상 세상의 다른 지역에 흩어져 있는 교회들을 염두에 두고 살아가야 한다. 이는 하나님의 자녀로서 자기가 우주적 보편교회에 속해 있다는 점을 기억하지 않으면 안 된다는 사실을 말해주고 있다. 이 말은 곧 비록 흩어져 있으나 모든 성도는 믿음 안에서 서로간 적절한 관심을 기울여야 한다는 사실에 연관되어 있다.

가까운 거리에서 구체적으로 교제를 나눌 수 있는 교회들이 있다. 그에 반해 거리가 멀어 얼굴을 보기는커녕 그런 교회가 존재하는지조차 알 수 없는 교회도 많이 있다. 또한 동일한 언어를 사용하며 직접적인 교제를 나눌 수 있는 다른 지역의 성도들이 있는가 하면 언어의 장벽으로 인해 교제가 어려운 때도 있다.

하지만 원리적인 측면에서 볼 때는 전부가 하나의 모퉁이 돌인 예수 그리스도에게 연결되어 있다. 그리스도 안에 존재하는 모든 성도는 서로간 무관한 남이 아니다. 따라서 우리는 어느 지역에서 어떤 언어를 사용하며 살아갈지라도 전 세계에 흩어져 있는 모든 교회들을 마음에 두고 있어야 한다. 이는 결코 상징적인 의미에 머무는 것이 아니라 실제 상황에 연관되어 있다.

물론 세상에 흩어진 모든 교회들을 마음속에 둔다고 할지라도 구체적으로 상호 교제하거나 도움을 주고받기는 어렵다. 보편적 관심을 가지고 서로를 위해 기도할 뿐 지상의 모든 교회들의 형편을 알 수 없다. 그럼에도 불구하고 교회는 서로간 흩어진 형제들의 소문을 듣기 원해야 하며, 자기가 속한 교회의 좋은 소식이 여러 형제에게 전달되기를 바라는 마음을 가져야 한다.

그렇지만 가까이 이웃하고 있는 참된 신앙을 공유한 교회들이라면 당연히 간접적이나마 구체적인 관심을 가질 수 있어야 한다. 즉 저들과 다른 교회 공동체에 속한 형제들에 대한 사랑을 나눌 준비를 해야만 한다. 즉 그들이 심하게 궁핍하다면 재물을 나눌 준비를 하고 있어야 하며 그들이 환난이나 고통에 빠져 있을 경우 위로와 격려의 마음을 전할 자세를 갖추어야 한다.

바울은 데살로니가 교회 성도들이 그와 같은 신앙을 기초로 한 사랑을 실천하고 있음을 언급했다. 데살로니가에 있으면서 마게도냐 전역에 흩어진 여러 교회의 형제들과 그리스도 안에서 소중한 사랑을 나누고 있다는 것이다. 그들은 상호 먼 거리에 떨어져 있으나 같은 언어를 사용하며 동일한 문화를 소유하고 있었다.

그런데 바울은 그들을 향해 앞으로 그에 대하여 더 많은 관심을 가지라는 요구를 했다. 이는 데살로니가 교회로부터 사랑을 받는 교회들 역시 데살로니가 교회를 비롯한 참된 교회를 위해 그렇게 해야 한다는 의미를 내포하고 있다. 그렇게 함으로써 지상의 모든 교회가 우주적 보편교회에 속한 하나의 교회라는 사실을 입증하게 되기 때문이다.

"또 너희에게 명한 것 같이 종용하여 자기 일을 하고 너희 손으로 일하기를 힘쓰라" (살전4:11)

- 자기 일을 힘쓰라

바울은 이와 더불어 성도들이 살아가는 삶의 방편에 관한 언급을 했다. 거기에는 성도들이 조용한 생활을 하면서 남의 일에 대하여 아무렇게나 간섭하지 말아야 한다는 요구가 포함되어 있다. 우리는 그것이 단순한 권면이 아니라 명령이라는 사실을 기억해야만 한다.

이는 모든 성도에게 매우 중요한 의미를 지니고 있다. 먼저 하나님의 자녀들은 조용한 삶을 추구하려는 자세를 가져야 한다는 사실이다. 이 말은 세상의 것들에 대하여 들뜬 마음을 가지지 말고 잠잠히 주님을 바라보는 삶을 살도록 요구하는 의미를 지니고 있다. 이는 사람의 일반적인 개성이나 성품을 말하는 것이 아니라 하나님을 중심으로 하여 살아가는 삶의 자세와 연관되어 있다.

그리고 남의 일에 간섭하지 말고 자기 일을 하라는 명령은 무엇이든지 쉽게 인간적인 판단을 내리지 말라는 의미를 담고 있다. 즉 다른 이웃의 일상적인 삶을 간섭한다는 것은 자기의 우월성을 드러내는 것과 다르지 않다는 것이다. 이는 이웃의 잘못을 보고도 침묵한 채 가만히 있으라는 말이 아니며 저들을 올바른 길로 인도하는 일을 하지 말라는 것도 아니다. 따라서 우리는 하나님을 진정으로 경외하는 가운데 하나님의 인도하심을 바라보며 그에 순종하는 자세를 가져야 한다.

그리고 모든 교인이 손수 일하도록 지도하라는 말을 했다. 이 세상에 태어나는 모든 사람이 그러해야 하듯이 하나님의 자녀들도 이 세상에 살아가면서 당연히 적절한 노동을 해야 한다. 따라서 일하기를 싫어하고 게으른 것은 성도가 취할 삶의 자세가 아니다.

우리가 여기서 기억해야 할 바는 하나님의 자녀들이 세상에서 손수 일하며 살아가는 것은 자기 자신만을 위한 것이 아니라 이웃을 위한 것이라는 사실이다. 자기보다 더 연약하고 도움이 필요한 이웃들을 위해 그 일을 게을리하지 말아야 한다. 그리하여 교회 가운데 노동을 할 수 없는 형편에 처한 성도들이 있다면 그 가운데서 동일한 하나님의 은혜를 누리며 살아가게 되는 것이다.

"이는 외인을 대하여 단정히 행하고" (살전4:12ⓐ)

- 외인에 대하여 단정히 행하라

사도 바울은 데살로니가 교회를 향해 외인 즉 교회 바깥사람들로부터 존경을 받을 수 있게 하라는 요구를 했다. 이는 하나님의 자녀로서 하나님의 말씀에 조화되는 삶을 품위 있게 갖추라는 의미를 지니고 있다. 이 말은 세상에서 권세를 취하거나 성공한 사람이 되라는 의미가 아니라 하나님의 자녀라는 신분을 잃지 말라는 것이다.

이 교훈은 단정한 삶을 살라는 일반적인 윤리와 연관되어 있다. 이는 하나님의 진리를 교회 바깥사람들의 눈치를 보며 적절히 타협하라는 말이 아니다. 하나님께서 허락하신 절대 진리를 소유한 백성으로서 본질을 지켜나가면서 불신자들로부터 좋은 이웃으로 인정받는 것은 결코 쉬운 일이 아니다.

하지만 지상 교회와 성도들은 그와 같은 삶을 지향하고 실천해야만 한다. 예수님께서는 산상수훈에서 제자들을 향해 그에 관한 언급을 하셨다. 불신자들이 가득한 이 세상에서 하나님의 자녀들이 어떤 자세를 가지고 살아가야 할지 중요한 교훈을 주셨다.

"너희는 세상의 소금이니 소금이 만일 그 맛을 잃으면 무엇으로 짜게 하

> 리요 후에는 아무 쓸데 없어 다만 밖에 버리워 사람에게 밟힐 뿐이니라 너희는 세상의 빛이라 산위에 있는 동네가 숨기우지 못할 것이요 사람이 등불을 켜서 말 아래 두지 아니하고 등경 위에 두나니 이러므로 집안 모든 사람에게 비취느니라 이같이 너희 빛을 사람 앞에 비취게 하여 저희로 너희 착한 행실을 보고 하늘에 계신 너희 아버지께 영광을 돌리게 하라" (마5:13-16)

지상에 존재하는 주님의 교회와 그에 속한 성도들은 타락한 세상에서 소금과 빛의 역할을 감당해야 한다. 이는 하나님이 없는 세상에는 아예 그와 같은 소금과 빛이 존재하지 않는다는 사실을 말해주고 있다. 따라서 하나님의 자녀들은 세상 가운데서 참된 소금과 빛의 역할을 해야만 한다.

중요한 사실은 이 땅에 살아가는 성도들은 세상에 노출된 상태에 놓여있다는 점이다. 천국 시민의 자격을 지닌 성도들로서 어떤 형태로든 세상에 드러날 수밖에 없는 것이다. 교회와 그에 속한 성도들은 항상 그 사실을 염두에 두고 이 세상을 살아가야 한다. 사도 바울은 로마에 있는 교회에 보내는 편지에서 그에 연관된 내용을 강조하고 있다.

> "밤이 깊고 낮이 가까왔으니 그러므로 우리가 어두움의 일을 벗고 빛의 갑옷을 입자 낮에와 같이 단정히 행하고 방탕과 술취하지 말며 음란과 호색하지 말며 쟁투와 시기하지 말고 오직 주 예수 그리스도로 옷입고 정욕을 위하여 육신의 일을 도모하지 말라" (롬13:12-14)

타락한 이 세상은 주님의 재림이 가까워질수록 더욱 악해져 간다. 인간들의 경험에 의한 문명이 발달하고 이성적인 주장이 최고조에 달하게 되면 하나님의 진리는 더욱 멸시를 당하게 된다. 바울은 그것을 두고 밤이 깊어져 가고 있다는 말로 표현하고 있다. 그와 동시에 밤이 깊어 갈수록 낮이 더욱 가까워진다는 사실을 언급했다.

그런데 하나님의 자녀들은 깜깜한 밤이 될지라도 어두움의 일을 벗고 빛의 갑옷을 입자고 했다. 그리하여 낮과 같이 단정히 행하고 정결한 삶을 살아야 한다는 사실을 강조했다. 즉 방탕과 술에 취하지 말고 음란과 음행을 저지르는 일에 빠지거나 질투와 시기하는 일에 빠지지 말라고 했다. 악한 자들은 어두움을 즐기며 남의 눈을 피하여 악행을 저지르기를 좋아한다. 그런 자들은 자기를 위장하며 살아가지만, 하나님의 자녀들은 항상 하나님 앞과 교회 앞에서 온전한 삶을 살아가고자 한다.

위선자들의 그와 같은 더러운 행위들은 항상 사람들의 눈에 띄지 않는 어두운 곳에서 발생하게 된다. 아무도 자기의 악한 행동을 보지 못하고 숨길 수 있다고 판단하게 되면 자기의 추한 욕망을 채우는 일에 모든 힘을 쏟아붓는다. 따라서 하나님의 자녀들은 그런 어두운 곳에서 벗어나 예수 그리스도로 옷입고 밝은 빛 가운데 행동해야 한다. 그리하여 육신의 일을 도모하는 일과 정욕을 추구하는 일을 거부하고 빛 가운데 살아가야 한다는 것이다.

"또한 아무 궁핍함이 없게 하려 함이라" (살전4:12ⓑ)

- 궁핍 문제

사도 바울은 여기서 데살로니가 교회 성도들에게 성실한 자세로 일하도록 권면하는 이유가 아무 궁핍함이 없도록 하기 위해서라고 말했다. 이는 특정한 지역 교회에 국한되는 것이 아니라 모든 성도에게 해당하는 말이다. 우리는 바울이 전한 이 교훈의 말씀을 주의 깊게 이해할 수 있어야 한다.

이는 바울이 하나님을 믿는 사람들은 절대로 가난하게 살지 말아야 한다는 말인가 하는 의문 때문이다. 즉 하나님을 성실하게 믿고 올바른 신앙인의 삶을 살면 물질적으로 풍족하게 된다는 것인가 하는 점과 연관되어 있다. 우리가 기억해야 할 바는 성실한 성도라 할지라도 시대적 형편에 따라 가난하게 살아갈 수 있다는 사실이다.

바울이 전한 말씀 가운데는 물질적인 것을 넘어서는 중요한 교훈이 담겨 있다. 그것은 하나님의 자녀로서 다른 사람들에게 일방적으로 신세를 지는 일이 없도록 해야 한다는 의미를 내포하고 있다. 이에 대해서는 세상에 살아가는 모든 성도가 폭넓은 이해를 해야 한다.

즉 어떤 교인이 다른 누군가에 의해 물질적인 신세를 졌다면 정신적이거나 영적인 것으로 저들에게 도움을 줄 수 있어야 한다. 혹 다른 좋지 않은 문제에 직면하여 이웃으로부터 도움을 받게 되면 그 고마움에 대하여 다른 것으로 보답할 수 있다. 하나님의 자녀들은 항상 그와 같은 상황 가운데 살아가고 있어야 한다.

우리가 알고 있어야 할 바는 성도들이 인생을 살아가면서 각각 나름대로 소중한 사명을 부여받고 있다는 점이다. 하나님의 자녀들은 세상 사람들이 가지지 못한 영원한 진리를 소유하고 있다. 누군가에게 신세졌다고 여겨질 때 지혜로운 자세로 저들에게 하나님의 진리를 전할 수 있다면 최상의 갚음이 된다. 또한 믿는 형제로부터 신세를 진다면 하나님을 경외하는 성도의 아름다운 삶을 살아냄으로써 그것을 갚을 수 있어야 한다.

제14장

주님의 재림과 부활 및 공중 혼인잔치

(살전4:13-18)

(4:13) 형제들아 자는 자들에 관하여는 너희가 알지 못함을 우리가 원치 아니하노니 이는 소망 없는 다른이와 같이 슬퍼하지 않게 하려 함이라 (14) 우리가 예수의 죽었다가 다시 사심을 믿을찐대 이와 같이 예수 안에서 자는 자들도 하나님이 저와 함께 데리고 오시리라 (15) 우리가 주의 말씀으로 너희에게 이것을 말하노니 주 강림하실 때까지 우리 살아 남아 있는 자도 자는 자보다 결단코 앞서지 못하리라 (16) 주께서 호령과 천사장의 소리와 하나님의 나팔로 친히 하늘로 좇아 강림하시리니 그리스도 안에서 죽은 자들이 먼저 일어나고 (17) 그 후에 우리 살아 남은 자도 저희와 함께 구름 속으로 끌어 올려 공중에서 주를 영접하게 하시리니 그리하여 우리가 항상 주와 함께 있으리라 (18) 그러므로 이 여러 말로 서로 위로하라

"형제들아 자는 자들에 관하여는 너희가 알지 못함을 우리가 원치 아니하노니" (살전4:13ⓐ)

- '자는 자들'

사도 바울은 여기서 데살로니가 교회 성도들을 향해 '자는 자들'에 관한 언급을 하고 있다. 여기서 '자는 자들'이란 육신은 죽었으되 그 영혼은 죽지 않았다는 사실을 말해주고 있다. 따라서 하나님의 자녀들이 이 땅에서의 삶을 마감한 죽은 자들에 대하여 분명히 알게 되기를 원한다고 했다. 이 말은 육체적 죽음의 실상과 더불어 영원히 살아가게 될 인간에 연관된 매우 중요한 의미를 지니고 있다.

여호와 하나님을 모르는 불신자들은 이 세상에서의 삶이 전부일 따름이다. 그들에게는 참된 영생의 개념이 존재하지 않는다. 이방 종교인들의 신앙 관념은 현재의 불안에 대한 종교적 신념에 연관되어 있을 뿐이다. 나아가 우리 시대에 편만한 진화론자들과 유신진화론자들에게는 인간이 영원히 살아가야만 할 존재라는 사실에 대한 이해가 없다. 진화되기 전의 다른 동물들과 마찬가지로 한세상 살다가 죽으면 그만이다.

그에 반해 하나님의 자녀들은 전혀 그렇지 않다. 이 세상은 나그네 여정으로 반드시 돌아가야 할 본향이 있다. 모든 인간은 이 세상에서 살아가다가 죽음을 거쳐 다음 세상에서 영원히 살아가야 할 존재이다. 하나님의 자녀들은 장차 영광중에 영생을 누리게 되지만 그렇지 않은 자들은 영원한 파멸에 처하게 된다.

성경은 영생에 관하여 숱하게 많은 증언을 남기고 있다. 사람의 육체가 죽고 나면 나중에 반드시 부활하게 된다는 것이다. 성경에는 모든 사람이 죽게 되며 그 후에는 하나님의 심판과 더불어 부활하게 된다는 사실이 증거되어 있다.

"한번 죽는 것은 사람에게 정하신 것이요 그 후에는 심판이 있으리니"

(히9:27); "이를 기이히 여기지 말라 무덤 속에 있는 자가 다 그의 음성을 들을 때가 오나니 선한 일을 행한 자는 생명의 부활로, 악한 일을 행한 자는 심판의 부활로 나오리라" (요5:28,29)

이처럼 모든 사람은 죽을 수밖에 없으며, 최후 심판날에는 다시 살아날 수밖에 없다. 그들은 선악에 따라 생명의 부활을 하거나 영원한 멸망에 놓인 부활을 하게 된다. 이는 인간들의 판단이나 기대에 근거하는 것이 아니라 창조주이신 하나님의 섭리로 인한 것으로서 어느 누구도 피할 수 없는 일이다.

뿐만 아니라 성경에는 그에 대한 실증적 증거들이 제공되고 있다. 대표적으로는 하나님의 아들로서 인간의 몸을 입고 이 세상에 오신 예수님께서 십자가 사역과 더불어 부활하신 후 승천하신 것은 하나님 자녀들의 영생에 관한 중요한 실상을 드러내 보여주고 있다. 그의 승천을 통해 천상의 나라에 대한 실존을 증거하고 있기 때문이다.

이 땅에 살아가는 하나님의 자녀들은 첫 열매인 그리스도께서 그리하셨듯이 부활한 몸으로 영원한 삶을 누리게 된다. 이것이 교회에 속한 성도들이 소유하게 되는 진정한 소망이다. 불신자들은 잠시 지나가는 이 세상에 소망을 두고 살아가는 반면 하나님께 속한 백성들은 이 세상에 근본적인 소망을 두지 않고 천상의 나라를 바라보며 살아가게 되는 것이다.

"이는 소망 없는 다른 이와 같이 슬퍼하지 않게 하려 함이라" (살전4:13ⓑ)

- 현상적 슬픔과 영원한 기쁨

사도 바울은 하나님으로부터 구원의 은혜를 입은 성도들이 그에 대한 분명한 깨달음을 가져야 한다는 사실을 언급했다. 세상에 속한 사람들은 세상의 것에 대한 성취와 상실에 따라 기쁨과 슬픔의 감정적인 반응을 하게 된다. 그에 반해 영원한 생명의 나라를 알고 있는 성도들은 이 땅에서 일어나는 현상이 아니라 인간의 죽음 이후에 따라오는 삶에 진정한 소망을 두고 살아가는 것이다.

하나님을 알지 못하는 자들에게는 참된 소망이 없다. 그들도 이 세상에서 나타나는 현상들이 영원하지 않으며 곧 사라지게 된다는 사실을 알고 있다. 나아가 그들이 소중하게 여겨 쟁취한 모든 것들은 죽음과 더불어 사라지기 때문에 무의미하게 될 따름이다. 이는 세상의 모든 것들이 허무하다는 사실을 말해주고 있다.

그러므로 하나님을 모르는 자들에게는 어디에도 진정한 소망이 없다. 그러다 보니 무언가 부여잡기 위해 세상에 더욱 집착하게 된다. 그런 자들은 궁극적인 삶의 값어치를 발견하지 못해 낙심하게 된다. 하지만 그와 같은 심정으로 인해 자기가 처한 문제를 해결할 수 있는 것이 아니다.

그에 반해 하나님을 진정으로 믿고 의지하는 참된 교회에 속한 성도들은 그렇지 않다. 하나님의 자녀들은 영원한 소망을 소유한 자들이다. 따라서 그들은 이 세상에 궁극적인 소망이 없음을 알고 죽음 후에 따라오게 될 영생으로 말미암아 참된 기쁨과 감사를 누리게 된다. 하나님의 구원에 참여한 성도들은 그것을 위해 죽은 자들에 연관된 의미를 올바르게 깨달아야만 하는 것이다.

"우리가 예수의 죽었다가 다시 사심을 믿을찐대" (살전4:14ⓐ)

- 예수님의 십자가 사역과 부활에 대한 신앙

예수님께서는 아무런 죄없이 십자가 위에서 모진 고통을 당하신 후

사망에 이르게 되었다. 많은 사람은 그가 죽은 상태를 보고 모든 것이 끝난 것처럼 판단하고 있었다. 인간이 이 세상에 태어나 살다가 죽게 되면 그로 말미암아 삶이 마감되기 때문에 그들의 생각은 지극히 당연할 수도 있다.

하지만 그의 육체는 죽게 되었으되 영원한 생명이 그 가운데 보존되고 있었다. 예수 그리스도는 하나님의 아들로서 위로부터(from above) 인간의 몸을 입고 이 세상에 오신 분이기 때문에 완전히 죽을 수 없는 존재이다. 그러므로 결국 그는 죽음을 이기고 다시 살아나게 되었다.

하나님을 전혀 알지 못하는 자들은 그 역사적 사실을 실제로 받아들이기를 거부한다. 인간들이 경험할 수도 없고 그런 일을 직접 목격한 적도 없어서 예수님의 부활을 믿을 수 없다는 것이다. 하지만 하나님의 은혜 가운데 살아가는 성도들은 사도들을 비롯한 여러 증인이 증거하는 바를 그대로 믿고 있다.

사도 바울은 데살로니가 교회를 향해 그 역사적 사실을 믿는 믿음에 관한 중요성을 언급하고 있다. 그 믿음은 하나님의 선물로 주어진 것으로서 인위적인 노력으로 말미암아 쟁취할 수 있는 성질의 것이 아니다. 따라서 예수님의 죽음과 부활을 믿는 성도들에게는 놀라운 약속이 주어지게 된다.

“이와 같이 예수 안에서 자는 자들도 하나님이 저와 함께 데리고 오시리라” (살전4:14ⓑ)

- 예수 그리스도 안에서 자는 성도들

부활하신 주님은 첫 열매와 같다. 그에게 붙어있는 모든 성도는 첫 열매가 되는 그가 부활하실 때 그와 함께 죽음을 이기고 일어나게 된다. 따라서 예수 그리스도 안에서 죽은 성도들은 이미 그의 부활에 참여한 자들이다.

사도 바울은 고린도 교회에 보내는 편지에서 그 점을 설명하고 있다. 하나님의 자녀들은 이 세상에 목적을 두고 살아가는 자들이 아니라 영생에 소망을 두고 살아가야 한다. 일반적인 모든 인간뿐 아니라 하나님께 속한 성도들도 아담에 속하여 육신의 죽음을 맞게 되지만 그리스도로 말미암아 부활하게 된다는 것이다.

> "만일 그리스도 안에서 우리의 바라는 것이 다만 이생 뿐이면 모든 사람 가운데 우리가 더욱 불쌍한 자리라 그러나 이제 그리스도께서 죽은 자 가운데서 다시 살아 잠자는 자들의 첫 열매가 되셨도다 사망이 사람으로 말미암았으니 죽은 자의 부활도 사람으로 말미암는도다" (고전15:19-21)

피조물인 인간의 몸을 입고 이 땅에 오신 예수 그리스도는 인간들이 당하는 죽음을 직접 체휼하셨다. 그는 단순한 일반적인 죽음이 아니라 사탄에 속한 악한 자들에 의해 공개적인 죽임을 당하셨다. 이는 사탄의 세력으로 말미암아 죽임을 당하게 될 성도들의 자리에 의로운 주님께서 자신을 그 자리에 두었음을 말해주고 있다. 즉 모든 사람이 죽게 되는 그 자리에서 대신 죽음을 겪게 되었다.

그러므로 그의 죽음은 모든 인간을 대표하는 성격을 지니고 있다. 즉 창세 전에 택하신 자기 백성들의 죽음을 자기의 죽음에 포함하는 선한 역할을 감당하게 되었다. 따라서 그리스도가 십자가에 달려 돌아가실 때 우리 역시 그와 함께 십자가에 달려 죽었다.

> "우리가 알거니와 우리 옛 사람이 예수와 함께 십자가에 못 박힌 것은 죄의 몸이 멸하여 다시는 우리가 죄에게 종노릇 하지 아니하려 함이니 이는 죽은 자가 죄에서 벗어나 의롭다 하심을 얻었음이니라 만일 우리가 그리스도와 함께 죽었으면 또한 그와 함께 살 줄을 믿노니 이는 그리스

> 도께서 죽은 자 가운데서 사셨으매 다시 죽지 아니하시고 사망이 다시 그를 주장하지 못할 줄을 앎이로라"(롬6:6-9); "너희가 세례로 그리스도와 함께 장사한바 되고 또 죽은 자들 가운데서 그를 일으키신 하나님의 역사를 믿음으로 말미암아 그 안에서 함께 일으키심을 받았느니라 ... 너희가 세상의 초등 학문에서 그리스도와 함께 죽었거든 어찌하여 세상에 사는 것과 같이 의문에 순종하느냐 ... 이는 너희가 죽었고 너희 생명이 그리스도와 함께 하나님 안에 감취었음이니라"(골2:12,20; 3:3)

이처럼 하나님의 백성은 이 세상에 살아가고 있으나 타락한 세상에 대해서는 죽은 자들이다. 이 말은 세상에 대해서는 죽었으나 영원한 나라의 생명을 공급받게 된 사실을 말해주고 있다. 하나님께 속한 성도들은 세상에서 육신이 죽을지라도 그의 영혼은 완벽한 인격체로 천상의 나라(heaven)로 올라가게 된다. 그리고 예수 그리스도가 죽음을 이기고 부활하셨듯이 때가 되면 신령한 몸으로 다시 살아나게 되는 것이다.

이처럼 마지막 종말의 때가 이르러 부활 승천하신 예수님께서 다시금 몸으로 재림하시게 되면 모든 성도가 그에 참여한다. 천상의 나라에 계시는 주님께서는 완벽한 인격을 지닌 존재로써 죽은 성도들을 대동하고 이 세상에 오시게 된다. 그는 자기 자녀들을 위한 궁극적인 구원자가 되는 동시에 자기를 멸시한 악한 자들에 대해서는 무서운 심판주가 되시는 것이다.

"우리가 주의 말씀으로 너희에게 이것을 말하노니 주 강림하실 때까지 우리 살아 남아 있는 자도 자는 자보다 결단코 앞서지 못하리라" (살전4:15)

- 주님의 재림과 살아있는 성도들과 죽은 성도들

이 세상에 살아가고 있는 성도들과 세상의 모든 삶을 마감하고 죽은 성도들의 역할은 서로 다르다. 살아있는 자들과 마찬가지로 죽은 성도들의 역할 또한 매우 중요하다. 그들의 주된 역할은 천상의 나라에서 거룩한 하나님을 경배하며 영원한 기쁨과 감사에 참여하는 일이다. 그들의 역할은 이 땅에 살아있는 성도들보다 더욱더 귀하다고 말할 수 있다.

그러므로 지상에 살아가는 성도들은 독단적으로 하나님을 찬양하며 경배하는 것이 아니다. 오히려 천상의 나라에서 이미 죽은 성도들을 통해 진행되는 완벽한 경배에 참여하는 성격을 지니고 있다. 그래서 우리는 먼저 죽은 믿음의 선배들을 막연한 상징이 아니라 실제적인 성도로서 감사와 더불어 영적인 교제를 누리게 되는 것이다.

그리고 이 세상에 살아가면서 지상 교회에 속해 있는 성도들은 하나님을 대적하는 세력과 맞서 싸우는 자리에 있다. 그것을 위해 창세 전 하나님으로부터 구원을 약속받은 성도들을 하나님의 몸된 교회로 초청하여 불러들이게 된다. 그리하여 모든 성도가 언약 가운데 여호와 하나님을 찬양하는 삶을 되풀이해 이어간다. 특히 매 주일 모이는 공예배를 통해 전열을 가다듬게 되는 것이다.

우리가 기억해야 할 바는 이처럼 이 세상에 살아있는 성도들과 먼저 죽은 자들 모두에게 맡겨진 신령한 직무가 존재한다는 사실이다. 물론 그 본질은 동일하되 역할에는 상당한 차이가 난다. 하지만 모든 하나님의 자녀들은 살았든지 죽었든지 하나의 우주적 보편교회에 속한 성도들이다.

사도 바울은 또한 데살로니가 교회 성도들을 향해 중요한 교훈을 전하고 있다. 그것은 부활 승천하신 주님의 재림에 연관된 문제이다. 하나님의 자녀들은 타락한 이 세상에 살아갈지라도 항상 주님의 재림을 소망하고 있다. 장차 주님께서 재림하시게 되면 살아있는 성도들뿐 아니라 먼저 죽은 성도들에게도 중요한 변화가 일어난다.

바울은 본문 가운데서 살아있는 성도들이 죽은 성도들보다 앞서지 못한다는 사실을 언급하고 있다. 이는 먼저 죽은 성도들이 주님과 함께 천상에서 이 땅에 내려오게 된다는 사실에 연관되어 있다. 즉 이 세상에 살아가는 성도들은 위에서 내려오는 것이 아니라 아래서 위를 향해 주님을 영접하지만 먼저 죽은 성도들은 그와 함께 이 땅으로 내려와 하나의 거룩한 무리를 형성하게 되는 것이다.

"주께서 호령과 천사장의 소리와 하나님의 나팔로 친히 하늘로 좇아 강림하시리니" (살전4:16ⓐ)

- 주님의 호령과 천사장의 소리와 하나님의 나팔 소리

예수님의 재림은 위에서부터 확실한 신호가 주어진다. 주님께서 조용히 이 땅에 오시는 것이 아니라 엄위한 권능과 더불어 강림하시는 것이다. 이는 예수님의 초림 때 아무도 모르게 이 땅에 오신 것과는 크게 대비된다. 예수님께서 베들레헴에 오셨을 순간에는 그에 대해 아는 자가 아무도 없었다. 어느 누구도 그를 영접해 주는 자가 없었으므로 아기 예수는 말구유에 눕히게 되었다.

그에 반해 두 번째 오시는 예수님은 전혀 그렇지 않다. 그가 영광스럽고 엄위한 모습으로 오실 때는 먼저 죽은 성도들을 대동한 채 큰 호령 소리를 발하시게 된다. 또한 천사장이 앞서 소리질러 외칠 것이며 하나님을 위한 큰 나팔 소리가 울려 퍼진다. 그와 더불어 예수님께서 영화로운 왕으로 이 땅에 재림하신다.

지구상에 살아있는 모든 인간은 그 놀라운 광경을 바라볼 수밖에 없다. 그가 초림하실 때는 조용히 오셨으며, 죽음을 이기고 부활하신 그가 승천하실 때는 시간과 장소적 제한 가운데 오백여 명의 형제들만 그 실상을 목격했다(고전15:6, 참조). 그에 반해 그가 재림하실 때는 시간과 장소를 초월하여 온 세상에 공개적 사건으로 드러나게 된다.

살아있으면서 그 엄위한 광경을 지켜보는 자들 가운데 하나님을 알지 못하는 불신자들은 크게 당황할 것이 틀림없다. 전혀 예측하지 못했을 뿐 아니라 이성과 경험으로 상상할 수 없는 일이 발생했기 때문이다. 더구나 예수님의 재림이 자기를 심판하기 위한 것이라는 사실을 알게 되면 두려움에 떨지 않을 수 없게 된다.

그에 반해 하나님의 자녀들은 전혀 그렇지 않다. 그들은 예수님의 약속과 사도들의 확증에 따라 그의 재림을 간절히 소망하고 있었으므로 그 광경을 지켜보며 반가운 마음으로 영접하게 된다. 또한 그로 말미암아 영원한 천국에 들어가게 된다는 사실로 인해 기쁘고 감사한 마음을 가지게 된다. 이처럼 주님의 재림으로 인해 세상에 살아가던 자들은 정반대의 두 갈래로 나누어지게 되는 것이다.

"그리스도 안에서 죽은 자들이 먼저 일어나고" (살전4:16ⓑ)

- 죽은 자들의 부활

때가 되어 주님께서 재림하시면 공중에서 놀라운 일이 선포되며 이 땅에 살아있던 모든 사람에게 그 의미가 직접 전달된다. 주님의 자녀들에게는 영원한 생명이 실현되며 나머지 인간들에게는 정반대의 현상이 일어난다. 그것이 타락한 이 땅에 살아가는 인생들에게 임하는 최종 심판이 된다.

그와 더불어 죽어서 땅속에 묻혀있던 자들은 큰 나팔 소리를 듣고 무덤에서 일어나게 된다. 우리가 이해하는 바 시신이 무덤에 묻히지 않고 화장을 하거나 다른 방법으로 처리되었다고 할지라도 모든 죽은 인간들은 다시금 살아난다. 그것은 자기가 원하든 원하지 않든 아무런 상관이 없이 그렇게 될 수밖에 없다. 이는 마치 인간이 처음 태중에서 출생할 때 본인의 의사와 무관하게 생명이 주어졌던 것과 마찬가지다.

그러므로 하나님께 강하게 저항하여 그 반대편에 서 있던 자들은 심판의 부활을 하는 데 반해 하나님의 자녀들은 생명의 부활을 한다(요5:29). 그리스도 안에서 죽은 자들은 그리스도 안에서 부활하여 재림하시는 주님과 함께 천상으로부터 이 땅에 내려오는 영혼과 더불어 새로운 부활의 몸을 입게 된다. 무덤에서 부활한 새로운 몸과 천상에서 내려온 완벽한 인격을 지닌 영혼이 공중에서 하나로 합해지게 되는 것이다.

"그 후에 우리 살아남은 자도 저희와 함께 구름 속으로 끌어 올려 공중에서 주를 영접하게 하시리니 그리하여 우리가 항상 주와 함께 있으리라"
(살전4:17)

- 죽은 성도들과 살아남은 성도들의 공중 혼인잔치

죽은 성도들이 무덤에서 부활하여 천상으로부터 내려오는 동일한 성도들의 완벽한 인격체인 영혼이 공중에서 합해짐으로써 죄가 없는 완벽한 인간이 된다. 그리고 이 세상에 살아있던 모든 성도들도 그들과 함께 공중으로 올라가게 된다. 그 사이 이 세상에서의 몸을 벗고 영원한 새로운 몸을 입게 되는 것이다. 그렇게 하여 하나님께서 맨 처음 인간을 창조하신 그 의도를 완벽하게 성취하게 되는 것이다.

사도 바울은 이를 두고 '이 땅에 살아가던 남은 성도들도 무덤에서 부활한 성도들과 함께 구름 속으로 끌려 올라간다'는 사실을 말하고 있다. 그리하여 공중에서 재림하시는 주님을 영접하게 된다. 이것이 곧 신랑인 예수 그리스도와 신부인 교회에 속한 모든 성도가 기쁨으로 만나게 되는 공중 혼인잔치이다.

이로써 하나님의 자녀들은 영원토록 주님과 함께 거하게 된다. 하나님께서는 이 세상과는 다른 특별한 새 하늘과 새 땅을 그 거처로 허락하신다. 즉 첫 번째 아담이 망가뜨린 것을 두 번째 아담이신 예수 그리스도께서 완벽하게 회복하시는 것이다. 그리하여 새로운 세상에서 새로운 피조물이 된 하나님의 자녀들이 영원토록 하나님을 경배하는 가운데 즐겁고 감사한 삶을 누릴 수 있게 된다.

"그러므로 이 여러 말로 서로 위로하라" (살전4:18)

- 성도들 사이에 존재해야 할 진정한 위로

하나님의 자녀로서 타락한 이 세상을 살아가는 것은 여간 힘든 일이 아니다. 하나님을 거부하고 예수 그리스도를 원수로 여겨 십자가에 못 박아 죽인 세상이 그에게 속한 성도들을 반겨줄 리가 없기 때문이다. 따라서 성도들은 이 땅에 살아가면서 항상 환난과 핍박을 받을 준비를 하고 있어야 한다.

그러므로 성도들은 지상 교회 가운데서 매 주일 언약과 더불어 하나님을 찬양하며 경배할 때 천상의 나라와 그곳에 계시는 하나님을 바라보게 된다. 그런 중에 하나님의 섭리와 경륜에 따라 세상에 빠져 있는 성도들을 주님의 몸된 교회로 불러 모으는 일에 참여하게 된다. 하지만 그 일은 쉽게 이루어지는 것이 아니라 많은 고통을 동반한다.

따라서 하나님의 자녀들은 천상의 것과 장차 일어날 주님의 재림을 간절히 소망하며 살아가게 된다. 즉 주님의 몸된 교회와 그에 속한 성도들은 하나님의 약속을 바라보며 그 성취를 기다리게 되는 것이다. 바울은 성도들에게 그것을 위해 주님의 재림을 기다리는 가운데 서로 위로하라는 명령을 했다.

교회와 성도들이 소유해야 할 공동의 위로는 천상의 나라와 주님의 재림에 있다. 그것 이외에 다른 형태의 위로를 주고받는 것은 불안정한 일이다. 나아가 교회 가운데서 세상의 오염된 조건들을 내세워 그렇게 한다면 그리스도를 멀리하는 영적인 간음행위가 될 수 있다. 따라서 하나님의 자녀들은 천상의 나라와 재림에 대한 소망을 공유한 성도들을 통해 서로간 참된 위로를 받게 되는 것이다.

제15장

주님의 재림을 대비해야 할 교회

(살전5:1-10)

(5:1) 형제들아 때와 시기에 관하여는 너희에게 쓸 것이 없음은 (2) 주의 날이 밤에 도적 같이 이를 줄을 너희 자신이 자세히 앎이라 (3) 저희가 평안하다, 안전하다 할 그 때에 잉태된 여자에게 해산 고통이 이름과 같이 멸망이 홀연히 저희에게 이르리니 결단코 피하지 못하리라 (4) 형제들아 너희는 어두움에 있지 아니하매 그 날이 도적 같이 너희에게 임하지 못하리니 (5) 너희는 다 빛의 아들이요 낮의 아들이라 우리가 밤이나 어두움에 속하지 아니하나니 (6) 그러므로 우리는 다른 이들과 같이 자지 말고 오직 깨어 근신할찌라 (7) 자는 자들은 밤에 자고 취하는 자들은 밤에 취하되 (8) 우리는 낮에 속하였으니 근신하여 믿음과 사랑의 흉배를 붙이고 구원의 소망의 투구를 쓰자 (9) 하나님이 우리를 세우심은 노하심에 이르게 하심이 아니요 오직 우리 주 예수 그리스도로 말미암아 구원을 얻게 하신 것이라 (10) 예수께서 우리를 위하여 죽으사 우리로 하여금 깨든지 자든지 자기와 함께 살게 하려 하셨느니라

"형제들아 때와 시기에 관하여는 너희에게 쓸 것이 없음은 주의 날이 밤에 도적 같이 이를 줄을 너희 자신이 자세히 앎이라" (살전5:1,2)

- 재림의 때와 시기를 알 수 없음

사도 바울은 언제 주님께서 재림하시게 될지 그 시기에 관해서는 할 말이 없다고 했다. 하나님 이외에 그 때를 정확하게 아는 자는 아무도 없음을 모두가 알고 있다는 것이었다. 악한 자들은 종교적인 욕망을 채우기 위해, 마치 재림 날짜를 아는 듯이 행세하기도 한다. 또한 어리석은 자들은 일시적으로 그 거짓 주장을 믿기도 한다. 하지만 참된 교회와 하나님의 자녀들은 그에 미혹되지 말아야 한다.

한편 다른 악한 자들은 장차 임할 주님의 재림 자체를 부인하며 교인들을 미혹하고 있다. 예수 그리스도가 천상의 나라에서 인간의 모습으로 이 땅에 내려오는 것은 논리적이지 않다는 것이다. 그에 대한 믿음이 없는 자들이 신앙이 어린 성도들에게 성경에 기록된 말씀을 거부하도록 유인하는 것은 무서운 악행이 아닐 수 없다.

그러므로 예수님께서는 제자들을 향해 종말에 있을 하나님의 궁극적인 심판과 자신의 재림에 관한 사실을 언급하며 정신을 차려 깨어있으라고 당부했다. 이는 세상에 살아가는 성도들은 장차 임할 주님의 재림을 간절히 기다리고 있어야 한다는 사실을 말해주고 있다. 마태복음에는 그에 관한 교훈이 기록되어 있다.

"그러므로 깨어 있으라 어느 날에 너희 주가 임할는지 너희가 알지 못함이니라 너희도 아는바니 만일 집 주인이 도적이 어느 경점에 올 줄을 알았더면 깨어 있어 그 집을 뚫지 못하게 하였으리라 이러므로 너희도 예비하고 있으라 생각지 않은 때에 인자가 오리라" (마24:42-44)

예수님의 십자가 사역과 부활 승천을 믿는 성도들은 당연히 그의 재림을 기다린다. 하지만 그가 언제 다시 오실지 모르기 때문에 정신을 바짝 차려 깨어있으라는 당부를 했다. 이는 타락한 세상의 형편을 올바르게 직시하여 파악하라는 말과 연관되어 있다. 세상이 점차 악해져 가는 것을 통해 주님의 심판 때가 가까워짐을 알 수 있다는 것이다.

주님께서는 이를 설명하기 위해 도둑이 언제 오게 될지 집주인은 모른다는 사실을 언급하셨다. 도둑은 사전에 주인에게 날짜와 시간을 알려주고 집 안으로 침입하지 않는다. 만일 그렇다면 주인은 당연히 시간에 맞추어 그에 대비할 것이 틀림없다. 따라서 주인은 그와 같은 일이 발생하지 않도록 항상 대비하고 있어야 한다.

세상을 최종 심판하시기 위한 주님의 재림도 그와 같다고 했다. 장차 도래하게 될 주님의 재림에 관한 역사적 사실을 알고 그에 대비하는 자들은 지혜로운 자들이다. 그에 반해 하나님의 약속을 무시하고 방심하는 자들은 큰 낭패를 당하게 된다. 따라서 항상 주님의 재림을 대비하고 있으라는 요구를 하셨다.

"저희가 평안하다, 안전하다 할 그 때에 잉태된 여자에게 해산 고통이 이름과 같이 멸망이 홀연히 저희에게 이르리니 결단코 피하지 못하리라"
(살전5:3)

- 홀연히 재림하시게 될 주님

하나님을 알지 못하는 자들은 예수님의 재림 약속에 관한 내용을 전혀 모른다. 그들에게는 역사 가운데 장차 그런 일이 발생할 것에 관한 생각 자체가 없다. 그러다 보니 이 세상에서 자기의 욕망을 좇아 나름대로 살아가면 된다는 사고를 하고 있다. 문제는 지상 교회 혹은 기독교 주변을 맴도는 위태로운 기독교주의자들이다.

그런 자들은 예수님의 재림에 관한 얘기를 들은 바 있으나 역사적 실제가 아니라 일반 종교적인 측면에서 이해하려고 한다. 그들은 논리에 맞지 않은 초월적인 재림 사건이 구체적으로 일어나게 되리라는 사실을 부인하면서 종교적으로 상징화시킨다. 그와 같은 사고에 빠진 자들은 주님의 재림 약속과 사도들의 증거를 멸시하게 된다.

기독교의 언저리를 맴돌지만 실제로는 불신자인 그런 자들은 예수님의 재림 약속을 인간의 이성과 경험 아래 두고 있다. 아직까지 그런 일을 한 번도 본 적이 없고 경험하지 못했으므로 실제 상황으로 받아들이지 않는다. 따라서 주님께서는 재림하시기 전 자기 자녀들이 회개하고 돌아오기를 바란다고 하셨다. 사도 베드로는 그에 연관된 사실을 기록하고 있다.

> "주의 약속은 어떤 이의 더디다고 생각하는 것 같이 더딘 것이 아니라 오직 너희를 대하여 오래 참으사 아무도 멸망치 않고 다 회개하기에 이르기를 원하시느니라 그러나 주의 날이 도적 같이 오리니 그 날에는 하늘이 큰 소리로 떠나 가고 체질이 뜨거운 불에 풀어지고 땅과 그 중에 있는 모든 일이 드러나리로다" (벧후3:9,10)

신앙이 어린 조급한 자들은 자신의 주관적인 감정에 따라 주님의 약속이 속히 이루어지기를 원한다. 그것은 인간의 판단일 뿐 원대한 하나님의 뜻과는 다르다. 사랑의 주님께서는 즉시 재림하시지 않고 오래 참는 가운데 모든 약속의 자녀들이 자기에게 돌아오기를 원하신다. 즉 창세 전에 선택하신 성도들의 수가 다 채워지기를 기다리고 계신다. 그에 대한 깨달음이 없는 자들은 신앙이 나태해지거나 주님의 재림에 대한 간절한 마음을 버리게 된다.

하지만 사람들이 이 세상의 것들로 말미암아 취해 있을 때 주님께서 갑자기 재림하신다. 도둑이 갑작스럽게 침입하듯이 사람들이 예기치 못 한 때 주님께서 재림하시면 이제까지 보아온 하늘이 큰 소리를 내며 없어진다. 하늘의 모든 천체는 그 수명을 다해 사라져 버릴 것이며 지구의 땅과 그 안에 있던 모든 것들은 뜨거운 불에 타서 녹아내린다. 그리하여 그동안 인간들이 하나님을 떠나 행했던 모든 악한 일들이 다 드러나게 된다는 것이다.

이처럼 어리석은 자들이 이 세상에서 평안하고 만족스러운 삶을 누리고 있을 때 주님의 재림과 함께 마지막 심판이 임한다. 그렇게 되면 아기를 잉태한 여인에게 해산의 고통이 임하듯이 저들에게 무서운 고통과 멸망이 닥치게 된다. 하나님께 속한 자가 아니라면 아무도 주님의 재림과 함께 임하는 무서운 심판과 영원한 멸망을 피하지 못한다.

"형제들아 너희는 어두움에 있지 아니하매 그 날이 도적 같이 너희에게 임하지 못하리니 너희는 다 빛의 아들이요 낮의 아들이라 우리가 밤이나 어두움에 속하지 아니하나니" (살전5:4,5)

- 빛에 속한 낮의 아들

사도 바울은 지상 교회에 속한 성도들을 향해 그들은 어둠에 빠져 있지 않다는 점을 언급했다. 이 말은 단순한 상징적 의미를 넘어 하나님의 자녀들은 이 땅에 살아가지만, 세상에 속한 자가 아니라는 사실에 연관되어 있다. 그들의 소망은 영원한 천국과 주님의 재림에 있으므로 세상이 아니라 천상의 나라를 바라보며 살아가고 있다.

그러므로 그들에게는 주님의 재림과 최종 심판의 날이 도적같이 임하지 못한다고 했다. 즉 성도들은 이 땅의 속성을 알고 각성하여 깨어 있으므로 그에 대한 대비 가운데 살아가게 된다. 바울은 이와 같은 성도들을 이 세상의 어두움의 자식이 아니라 빛의 아들이자 낮의 아들이라 칭하고 있다. 즉 하나님의 자녀들은 참 빛이 존재하지 않는 타락한 영역에 속한 자들이 아니므로 깜깜한 밤의 어두움에 빠져 있지 않다는 것이다.

이 말은 하나님의 자녀들이 예수님의 재림 시기를 구체적으로 알고 있다는 의미가 아니다. 그 때는 알 수 없으나 그 시기가 점차 가까워진다는 사실을 분별하여 깨달을 수 있다는 것이다. 따라서 올바른 신앙을 소유한 자들은 하나님의 말씀을 통해 악한 세상을 주의 깊게 해석하는 가운데 자신을 돌아보게 된다. 요한계시록에는 그에 연관된 기록이 나타나고 있다.

> "그러므로 네가 어떻게 받았으며 어떻게 들었는지 생각하고 지키어 회개하라 만일 일깨지 아니하면 내가 도적 같이 이르리니 어느 시에 네게 임할는지 네가 알지 못하리라"(계3:3); "보라 내가 도적 같이 오리니 누구든지 깨어 자기 옷을 지켜 벌거벗고 다니지 아니하며 자기의 부끄러움을 보이지 아니하는 자가 복이 있도다"(계16:15)

사도 요한은 계시록의 앞부분에서 사데 교회를 향해 편지하면서 심판과 종말의 때에 관한 기록을 남기고 있다. 하나님으로부터 허락된 진리의 말씀을 풍족히 받아 누리며 지키는 가운데 회개하라는 것이다. 이 말은 세상에 물든 모든 악한 것들을 버리고 하나님 앞에 나아오라는 의미를 지니고 있다. 그리하여 세상에 살아가는 동안 정신을 바짝 차려 깨어있으라는 것이다.

만일 그렇게 하지 않고 이 세상의 것들을 두리번거리며 탐하거나 나태한 상태에 빠져 있다면 주님의 재림 시기가 가까이 오고 있다는 사실을 모르게 된다. 그와 같이 되면 저들에게 갑작스럽게 종말의 때가 이르게 될 수밖에 없다. 주님의 재림과 무서운 심판이 언제 임하게 될지 현실적 관심을 멀리하고 있었기 때문이다.

주님께서는 많은 사람이 안도하고 있을 때 마치 도둑처럼 갑자기 이 땅에 재림하리라고 하셨다. 따라서 하나님에 대한 참된 믿음을 가진 자들은 단정한 옷차림을 하며 벌거벗은 채 창피한 행동을 하지 않는다. 하나님 앞에서 살아가며 부끄러운 행동을 하지 않는 것이 성도들에게 진정으로 복된 삶이다. 그런 자들은 주님께서 재림하실 때 기쁨과 감사함으로 그를 맞아 영접하게 된다.

"그러므로 우리는 다른 이들과 같이 자지 말고 오직 깨어 근신할찌라"
(살전5:6)

- 깨어 근신해야 할 삶

이와 같은 힘든 형편 가운데 살아가는 성도들을 향해 사도는 다른 사람들처럼 잠에 빠져 있지 말라는 당부를 했다. 하나님을 알지 못하는 자들은 영원한 천국에 대하여 무지하며, 배도에 빠진 자들은 관념적인 죽은 신앙을 가지고 있으므로 주님의 재림을 실제로 받아들이지 않는다. 그런 자들은 어떤 유형을 띠고 있든 이 세상에 집착하며 천상의 나라에 대해서는 무지할 따름이다.

그에 반해 하나님의 백성들은 그렇지 않다. 주님의 약속과 사도들의 증언에 따라 영원한 곳에 소망을 두고 살아간다. 그것을 위해서는 항상 깨어있어야 하며 정신 차려 근신하는 가운데 항상 자신을 돌아볼 수 있어야 한다. 이에 대해서는 사도 베드로 역시 동일한 명령과 더불어 중요한 교훈을 주고 있다.

> "근신하라 깨어라 너희 대적 마귀가 우는 사자 같이 두루 다니며 삼킬 자를 찾나니 너희는 믿음을 굳게 하여 저를 대적하라 이는 세상에 있는 너

희 형제들도 동일한 고난을 당하는 줄을 앎이니라"(벧전5:8,9)

베드로는 교회와 성도들을 향해 정신을 바짝 차려 깨어있으라는 당부를 했다. 하나님의 백성들을 대적하여 해치려는 악한 마귀가 마치 울부짖는 사자처럼 사방을 두루 다니며 삼킬 자를 찾고 있다는 것이다. 마귀는 하나님의 교회를 위기에 빠뜨리기 위해 모든 방법을 다 동원하고 있으며 잠시라도 틈을 보이면 달려들어 위협을 가하게 된다.

그러므로 하나님의 자녀들은 믿음을 굳게 하여 그 악한 세력을 대적할 수 있어야 한다. 이 땅에 살아가는 성도들은 마귀의 끊임없는 계략으로 말미암아 결코 평안하고 안일한 삶을 이어갈 수 없다. 더구나 신앙이 어린 교인들을 지켜 보호하기 위해서는 성숙한 성도들이 항상 깨어있지 않으면 안 된다.

하나님께 속하여 이 세상에서 나그네로 살아가고 있는 성도들은 악한 자들에 의해 환난과 고통을 당할 수밖에 없다. 그것을 능히 이겨낼 힘은 장차 임할 주님의 재림과 영원한 천상의 나라에 대한 소망에 근거한다. 따라서 성도들은 종말의 때를 바라보며 깨어 대비하지 않으면 안 된다. 지상에 존재한 모든 참된 교회와 성도들이 그러했듯이 오늘날 우리 역시 그에 대한 명확한 깨달음을 가지고 있어야 한다.

"자는 자들은 밤에 자고 취하는 자들은 밤에 취하되 우리는 낮에 속하였으니 근신하여 믿음과 사랑의 흉배를 붙이고 구원의 소망의 투구를 쓰자"
(살전5:7,8)

- 전투 준비를 완성한 삶

악한 자들은 아무도 보지 못하는 어두운 곳을 좋아하며 거기서 나쁜

짓을 행한다. 그런 자들은 깜깜한 밤에 동류들과 어울려 다니면서 남모르게 주변 사람들을 해치거나 자신의 욕망을 채우기를 좋아한다. 나아가 밤이 되면 사람들이 잠을 자기 때문에 악행을 저지른다고 해도 이웃의 눈에 쉽게 띄지 않는다.

그러므로 밤에 술을 마시고 취한 채 자기의 사고를 둔화시킨다. 그렇게 되면 악을 행하는데 용기를 내게 되며 이웃을 해치는 일에 담대하게 된다. 나아가 이기적인 욕망에 열중하는 배도자들은 하나님의 자녀들을 미혹하여 심한 고통에 빠뜨리고자 한다.

그와 같은 일들이 끊임없이 발생하는 이 세상에 살아가는 성도들은 정신을 바짝 차리지 않으면 안 된다. 그리하여 믿음과 사랑으로 심령을 무장하고 구원의 소망으로 투구를 쓰자는 말을 했다. 그것이 적의 공격을 방어할 수 있는 방편이 되기 때문이다. 이에 대해서는 바울이 에베소 교회에 편지하면서 더욱 소상한 교훈을 주고 있다.

> "그러므로 하나님의 전신갑주를 취하라 이는 악한 날에 너희가 능히 대적하고 모든 일을 행한 후에 서기 위함이라 그런즉 서서 진리로 너희 허리 띠를 띠고 의의 흉배를 붙이고 평안의 복음의 예비한 것으로 신을 신고 모든 것 위에 믿음의 방패를 가지고 이로써 능히 악한 자의 모든 화전을 소멸하고 구원의 투구와 성령의 검 곧 하나님의 말씀을 가지라" (엡6:13-17)

타락한 이 세상에 살아가는 성도들은 자신의 지략과 인간적인 능력으로 사탄이 주도하는 강력한 세력을 막아내지 못한다. 진정한 승리를 위해서는 하나님으로부터 제공된 전신갑주(全身甲胄)를 입어야 한다. 악한 자들이 온갖 술수를 다 동원할 것이기 때문에 그것을 방어할 만한 충분한 준비를 해야 한다.

그러므로 하나님의 진리로 허리를 동여매고 의의 흉배와 복음의 신을 신고 믿음의 방패를 가져야 한다. 그와 더불어 구원의 투구를 쓰고 적의 공격을 무력화시킬 수 있어야 한다. 그리고 성령의 검 곧 하나님의 말씀을 가지고 싸울 때 악한 자들을 무찌를 수 있다. 하나님께서 허락하시는 이 모든 영적인 장비로써 효율적인 방어와 공격을 가해야만 한다. 즉 그것들을 통해 그리스도의 병사로서 세상의 악한 세력에 대하여 능히 승리를 거둘 수 있게 된다.

"하나님이 우리를 세우심은 노하심에 이르게 하심이 아니요 오직 우리 주 예수 그리스도로 말미암아 구원을 얻게 하신 것이라 예수께서 우리를 위하여 죽으사 우리로 하여금 깨든지 자든지 자기와 함께 살게 하려 하셨느니라" (살전5:9,10)

- 사도와 교회를 세우신 하나님의 목적

지상에 존재하는 참된 교회는 하나님께서 친히 세우신 신령한 기관이다. 창세 전에 택하신 자기 자녀들을 다른 시대와 장소에 따라 경륜 가운데 교회로 불러 모으시게 되는 것이다. 하나님께서 성도들을 통해 지상 교회를 세우시는 것은 그들에게 진노하여 심판하시려는 의도 때문이 아니다.

도리어 하나님은 예수 그리스도를 통해 악한 세상으로부터 저들을 불러내어 구원을 베풀기 위해 그의 몸된 교회를 세우시게 된다. 하나님의 아들로서 인간의 몸을 입고 이 세상에 오신 예수님께서는 우리를 위하여 돌아가셨다. 즉 그의 죽음은 자신의 죄 때문이 아니었을 뿐더러 자신을 위하여 그 고통의 길을 택하시지도 않았다.

그가 그 길을 택하신 것은 오직 우리 곧 자기 자녀들을 위해서였다. 그리하여 하나님의 자녀들은 잠을 자고 있든지 깨어 있든지 그와 함께 살아가도록 허락하셨다. 이는 교회에 속한 성도들은 예수 그리스도를 떠나지 않은 채 항상 그와 함께 살아가야 한다는 사실을 말해주고 있다.

우리는 여기서 하나님께서 자신의 몸된 교회를 세우신 궁극적인 의미를 올바르게 생각해 보아야 한다. 하나님께서는 구약시대를 통해 언약을 선포하셨으며 지상 교회 설립을 위해 먼저 사도들을 세우셨다. 그들의 터 위에 세워진 교회 안에 모든 성도가 존재하게 된다. 따라서 하나님의 백성이라면 당연히 참된 교회에 속한 성도로 살아가는 가운데 악한 세상에 맞서 싸우며 영원한 진리를 선포해야 한다.

제16장

교회 질서와 성도들간의 화목한 삶

(살전5:11-15)

(5:11) 그러므로 피차 권면하고 피차 덕을 세우기를 너희가 하는 것 같이 하라 (12) 형제들아 우리가 너희에게 구하노니 너희 가운데서 수고하고 주 안에서 너희를 다스리며 권하는 자들을 너희가 알고 (13) 저의 역사로 말미암아 사랑 안에서 가장 귀히 여기며 너희끼리 화목하라 (14) 또 형제들아 너희를 권면하노니 규모 없는 자들을 권계하며 마음이 약한 자들을 안위하고 힘이 없는 자들을 붙들어 주며 모든 사람을 대하여 오래 참으라 (15) 삼가 누가 누구에게든지 악으로 악을 갚지 말게 하고 오직 피차 대하든지 모든 사람을 대하든지 항상 선을 좇으라

"그러므로 피차 권면하고 피차 덕을 세우기를 너희가 하는것 같이 하라"
(살전5:11)

- 성도들의 상호 의무

하나님의 자녀들은 타락한 이 세상에서 살아갈지라도 항상 천상의 나라(Kingdom of Heaven)을 바라보며 주님의 재림을 간절히 소망하고 있다. 그로 말미암아 성도들은 하나님의 뜻에 순종하는 가운데 신앙인의 삶을 이어가게 된다. 그것은 구원받은 성도로서 주님의 몸된 교회를 위해 살아가야 한다는 사실에 연관되어 있다. 따라서 각 성도에게는 교회 공동체를 위해 감당해야 할 소중한 책무가 따른다.

동일한 교회에 속한 각 성도에게 가장 중요한 것은 서로간 격려하며 권면하는 신앙적인 삶의 자세이다. 하나님의 자녀들은 성도들 가운데 연약한 자들을 믿음으로 격려할 수 있어야 한다. 나아가 신앙이 비뚤어지거나 온당치 못한 처신을 하는 자가 있을 경우 신실한 권면을 통해 그로부터 돌이키도록 도와주어야 한다. 히브리서에는 그와 연관된 중요한 내용이 기록되어 있다.

> "오직 오늘이라 일컫는 동안에 매일 피차 권면하여 너희 중에 누구든지 죄의 유혹으로 강퍅케 됨을 면하라"(히3:13)

데살로니가전서와 마찬가지로 히브리서도 동일한 교훈을 주고 있다. 하나님의 백성은 교회 공동체 가운데서 서로간 권면함으로 진정한 덕을 세울 수 있어야 한다. 만일 그와 같은 자세를 등한시하게 되면 죄의 유혹을 받아 더욱 강퍅해질 수밖에 없다. 이처럼 상호 권면하고 피차 덕을 세우는 것이 지상 교회를 온전히 세워가는 중요한 방편이 된다. 그와 같은 성도의 교통이 교회 안에서 활발하게 일어나야 하며 그것을 위해서는 모두가 말씀에 순종하는 신실한 자세를 유지해야만 한다.

그런데 사도 바울은 데살로니가 교회 성도들이 이미 그와 같은 삶을 이어오고 있다는 사실을 언급했다. 그것은 지상 교회 가운데서 절대로 중단되어서는 안 될 소중한 일이다. 따라서 바울은 성도들을 향해 그와 같은 신실한 교제를 지속하도록 요구하고 있다. 이는 그 교훈을 실천하는 것이 험난한 세상에서 주님의 몸된 교회를 온전히 세우는 중요한 방편이 되기 때문이다.

"형제들아 우리가 너희에게 구하노니 너희 가운데서 수고하고 주 안에서 너희를 다스리며 권하는 자들을 너희가 알고" (살전5:12)

- 교회 성도들을 다스리며 권하는 직분자들

사도 바울은 데살로니가 교회에 속한 성도들을 향해 저들을 위해 수고하는 직분자들에 대하여 신실한 자세를 가지도록 요구하고 있다. 그들이 전하는 하나님의 말씀과 지도에 순종하며 실천하도록 권면했다. 이는 교회 공동체 안에 존재하는 각 직분자들의 전반적인 사역에 밀접하게 연관되어 있다. 모든 성도는 이에 관련된 직분 사역의 의미를 올바르게 이해해야만 한다. 그래야만 그들의 모든 직분 사역과 수고를 감사하고 고마운 마음으로 받아들일 수 있기 때문이다.

지상 교회에 세워진 직분자들은 교회와 성도들을 위해 수고하는 자들로서 제각기 맡겨진 직분의 소명을 감당해야 한다. 그들은 성도들을 영적으로 다스리며 저들의 신앙을 지도하는 위치에 있다. 이는 세속 국가의 권력자들이 힘으로 백성을 다스리는 것과 다르며 영적인 지도자로서의 직임을 감당해야 한다는 사실을 말해주고 있다.

그러므로 직분자들은 책무를 수행하는 가운데 하나님의 말씀에 따라 성도들을 권면하고 지도하는 일을 위해 최선의 노력을 기울여야 한다. 그것은 교회 위에 군림하는 종교적인 권세자의 태도가 아니라 주님의 백성을 섬기는 봉사자의 자세를 유지하는 것에 연관되어 있다. 그리하여 이 세상에서 주님의 몸된 교회가 온전히 성장해가게 되는 것이다.

또한 우리가 여기서 반드시 기억해야 할 바는 각 교회 공동체가 세운 직분자들은 교회와 성도들을 위한 겸손한 대리자의 기능을 감당하게 된다는 사실이다. 즉 그들은 교회 안에서 특별한 권력을 소유한 자들이 아니며 개인적인 명예를 위해 그 직분을 맡은 것이 아니다. 모든 직분은 오직 하나님의 나라를 온전히 세우려는 방편으로 허락된 신령한 제도와 연관되어 있기 때문이다.

이에 관한 사실은 직분자들뿐 아니라 교회에 속한 모든 성도가 함께 깨달아 알고 있어야 한다. 즉 교회에서 직분자로 세워져 그 직분을 감당하는 당사자들뿐 아니라 그 직분자들을 세우는 일에 공적으로 참여한 모든 성도 역시 그러해야 한다. 그에 대한 올바른 깨달음과 더불어 적극적 혹은 소극적인 순종 및 실천을 통해 이 땅에 주님의 교회가 온전히 세워져 가게 되는 것이다.

"저의 역사로 말미암아 사랑 안에서 가장 귀히 여기며 너희끼리 화목하라"
(살전5:13)

- 서로 귀히 여기며 화목해야 할 성도들

세상에 존재하는 참된 교회는 주님의 뜻에 따라 수고하는 직분자들의 사역을 통해 온전히 세워져 가게 된다. 따라서 모든 성도는 교회의 신실한 직분자들에게 감사한 마음을 가져야 한다. 물론 그들이 태만하거나 하나님의 말씀에서 벗어나 배도의 길에 빠진다면 그렇게 할 필요가 없다.

그렇지만 올바른 신앙 정신으로 신실하게 직분을 감당하는 자들에 대해서는 가장 존귀한 마음으로 그들을 대하고 예우해야 한다. 그것은 단순히 인간적인 우호 관계를 유지하는 것과는 상당한 차이가 난다. 모든 성도가 그렇게 해야 하는 것은 예수 그리스도 안에서 자연스럽게 드러나는 영원한 사랑에 근거하고 있다.

그와 같은 과정에서 교회에 진정한 평강이 드러나며 성도들 상호간에 화목한 관계를 유지할 수 있게 된다. 이를 위해서는 하나님의 말씀에 온전히 순종하며 수고하는 형제들 앞에서 자고(自高)하여 교만한 마음을 가지지 않는 삶이 매우 중요하다. 이는 모든 참된 성도들이 하나님 앞에서 겸손한 신앙인의 자세를 유지해야 하는 것을 의미하고 있다.

성도들간에 존재하는 진정한 화목은 인간 중심의 화기애애(和氣靄靄)한 분위기 연출이 아니라 하나님과의 화목이 전제되어야 한다. 이는 하나님의 말씀을 중심에 둔 신실한 관계 형성에 밀접하게 연관되어 있다. 만일 계시된 말씀을 중심으로 한 하나님과의 화목이 전제되지 않은 상태에서 생성되는 화목이라면 일시적인 현상에 지나지 않는다. 사도 바울은 고린도 교회에 보내는 두 번째 편지에서 그에 관한 내용을 기록하고 있다.

> "모든 것이 하나님께로 났나니 저가 그리스도로 말미암아 우리를 자기와 화목하게 하시고 또 우리에게 화목하게 하는 직책을 주셨으니 이는 하나님께서 그리스도 안에 계시사 세상을 자기와 화목하게 하시며 저희의 죄를 저희에게 돌리지 아니하시고 화목하게 하는 말씀을 우리에게 부탁하셨느니라" (고후5:18,19)

지상 교회에서 하나님의 자녀들 상호간에 올바른 화목을 이루어 가는 것은 매우 중요하다. 그와 같은 삶을 유지하는 것은 교회에 속한 성도들에게 요구되는 필수요건이라 할 수 있다. 그 화목은 근본적으로 인간들에게서 자생(自生)하는 것이 아니라 위에 계신 하나님으로부터 제공되는 성격을 지니고 있다. 이는 그것을 위해 하나님의 자녀들이 먼저 예수 그리스도를 통해 하나님과 진정한 화목을 이루어야 한다는 사실을 말해준다.

하나님께서는 그 일을 위해 서로 화목하게 하는 직분을 가지게 하셨다. 따라서 삼위일체 하나님께서는 그리스도 안에 계시면서 세상에 존재하는 선택된 성도들로 하여금 자기와 화목하도록 허락하셨다. 그로 말미암아 아담이 지은 죄와 스스로 지은 죄를 저들에게 돌리지 않아 참된 화목을 이루게 되었다.

이처럼 하나님께서는 자기 자녀들을 위한 화해의 말씀을 사도들에게 맡겨 교회 가운데 그것이 실현되어 가도록 하셨다. 그리하여 사도들의 교훈에 따라 세워진 역사적 참된 교회 안에서 직분자들을 통해 그 일이 지속되어야만 했다. 따라서 오늘날 우리 시대의 교회 가운데서도 직분 사역과 더불어 하나님의 화목이 이루어져 가게 되는 것이다.

"또 형제들아 너희를 권면하노니 규모 없는 자들을 권계하며 마음이 약한 자들을 안위하고 힘이 없는 자들을 붙들어 주며 모든 사람을 대하여 오래 참으라" (살전5:14)

- 무질서한 삶을 살거나 연약한 자들에 대한 자세

바울은 또한 데살로니가 교회 성도들을 향해 간절한 마음으로 권면했다. 교회 내부에서 발생하는 모든 일에 대하여 무조건 관용하거나 비판 없이 수용해서는 안 된다는 것이다. 지상 교회에 속한 사람들은 이 세상의 다양한 형편을 기준 삼아 판단할 때 천차만별(千差萬別)의 차이가 난다.

그러므로 먼저 진리를 떠나 규모 없이 행하며 교회를 어지럽히는 자들이 있으면 분명한 자세로 권계하라는 요구를 했다. 누구든지 진리의 말씀을 멀리한 채 말과 행동을 제멋대로 떠벌리는 자가 있다면 아무 일 없는 듯이 감싸 안거나 그냥 내버려 두어서는 안 된다는 것이다. 따라서 그런 무질서한 태도를 보이는 자가 설령 악의나 별 의도 없이 그렇게 행한다고 할지라도 반드시 권면과 훈계를 해야만 한다.

그리고 교회 안에 마음이 약한 성도가 있다면 그에게 힘을 북돋워 주며 격려해 주라고 했다. 참된 교회에 속한 성도들은 이 세상에서 어떠한 형편에 놓여있든지 동일한 하나님의 자녀들이다. 따라서 다같이 천상에 계시는 여호와 하나님을 향해 '아버지' 라 부르고 있다. 예수 그리스도를 통해 거룩한 하나님과 부자(父子) 관계를 회복한 성도들에게 그보다 더 큰 영광은 존재하지 않는다.

그럼에도 불구하고 신앙이 어린 교인들은 개별적인 다양한 여건들로 말미암아 크게 위축될 수 있다. 하지만 성숙한 성도들은 주님께 속한 자로서 세상의 조건들로 인해 저들이 위축되지 않도록 도와주어야 한다. 그것은 물론 성령 하나님의 도우심에 따라 그렇게 할 수 있으며 성도들이 서로 격려하는 가운데 안정된 신앙을 유지하게 되는 것이다.

그리고 지상 교회 가운데는 세속적인 관점에서 볼 때 힘이 없는 연약한 자들이 많이 있다. 하지만 모든 참된 성도들은 최선을 다해 하나님과 그의 몸된 교회를 섬기고자 하는 마음을 가지고 있다. 그것을 구체적으로 실행하기 위해서는 적절한 힘이 요구된다. 성도들은 자신이 소유한 지적인 능력이나 신체적인 건강 혹은 물질적인 재력 등을 동원해 실제로 하나님을 섬길 수 있게 되는 것이다.

그런데 그와 같은 현실적인 능력이 없는 자들은 교회와 이웃을 위해 할 만한 일이 아무것도 없다고 느끼는 경우가 많이 있다. 그로 말미암아 스스로 위축될 수 있다. 그와 같은 형편에서 나름대로 능력을 지닌 성숙한 성도들은 힘이 나약한 자들에게 힘을 실어주고 격려하며 붙잡아 줄 필요가 있다.

우리가 여기서 기억해야 할 바는 교회를 위한 성도들의 삶은 기본적으로 개별적인 형편을 넘어 집단적 성격을 지니고 있다는 사실이다. 교인들 가운데 지식이나 건강이나 재력으로써 교회와 성도들을 위해 선한 일을 도모하는 자들이 있다면 그것은 개인의 단독행위를 넘어 교회 공동체에 속한 성도들이 그 모든 의미를 공유하는 성격을 지니고 있다.

예를 들어 한 가정에 부모 형제 자식이 함께 살아가면서 이웃을 위한 선행을 한다면 그것은 가장(家長) 혹은 가족 중 한 사람의 단독행위가 아니라, 온 가족의 집단적 성격을 지닌다. 따라서 그로 말미암아 아버지나 어머니 혹은 가족 중 하나가 상(賞)을 받는다면 그 기쁨을 온 가족이 함께 공유하게 된다. 이처럼 교회 공동체 가운데 드러나는 성도들의 모든 삶은 그와 같은 관점에서 이해해야 한다.

그리하여 지상 교회에 속한 모든 성도는 여호와 하나님을 '아버지'로 둔 하나님의 자녀로서 그와 신령한 교제를 나누며 겸손한 신앙인의 삶을 살아가게 된다. 그것을 위해 성도들은 하나님을 진정으로 경외하는 가운데 교회와 이웃을 보살피며 신실한 신앙인의 삶을 유지해야 한다. 사도는 이를 위해 모든 사람들에 대하여 오래 참고 인내하는 자세를 가지라는 요구를 했다. 이는 인간적인 감정이 아니라 항상 하나님의 말씀이 그 중심에 놓여있어야 한다는 사실을 말해주고 있다.

"삼가 누가 누구에게든지 악으로 악을 갚지 말게 하고 오직 피차 대하든지 모든 사람을 대하든지 항상 선을 좇으라" (살전5:15)

- 항상 선을 좇아야 할 성도들

바울은 또한 이웃을 대할 때 항상 깊은 주의를 기울여야 한다는 사실을 언급하고 있다. 이는 특히 교회에 속한 성도들에게 밀접하게 관련된 것으로 이해해야 한다. 우리는 주님의 몸된 교회를 이루고 있는 성도들 가운데 어느 누구라 할지라도 멸시하거나 함부로 대해서는 안 된다. 이에 대해서는 각 개인 성도들과 목사, 장로, 집사 등 모두를 포함하며 예외가 되는 사람은 아무도 없다.

바울이 여기서 전한 내용 가운데 가장 중요한 교훈은 누구에게든지 악으로 악을 갚지 말도록 하라는 것이다. 교회의 지도자들은 일반 성도들에게 그 점을 분명히 가르쳐 지키게 해야 한다. 인간들이 살아가는 세상 가운데는 악을 악으로 갚을 뿐 아니라 선을 악으로 갚는 경우도 허다하다. 하지만 주님의 자녀들 사이에는 설령 악한 일을 행한 자라 할지라도 선하게 대할 수 있어야 한다.

물론 이 말은 일반적으로 통용되는 의미와는 상당한 차이가 난다. 이는 어떤 악한 것이라도 무조건 수용하여 받아들이라는 말이 아니다. 앞에서 언급한 것처럼 교회 가운데 발생하는 악한 일에 대해서는 분명히 지적하고 확실한 훈계를 해야만 한다. 본문이 교훈하고 있는 바는 악을 행한 자라 할지라도 그에게 보응(報應)하는 목적이 아니라 그 악으로부터 돌아서도록 사랑으로 대하라는 의미를 지니고 있다.

물론 당사자가 자기의 잘못을 뉘우치고 회개한다면 그를 형제로 받아들여야 한다. 따라서 관련된 특별한 일로 말미암아 당사자들이 서로 대면하여 이야기를 나누든지 혹은 모든 사람과 더불어 그에 관한 사안을 논하든지 항상 선을 좇으라고 말했다. 이는 어떤 경우에도 인간적인 사사로운 감정을 앞세울 것이 아니라 교회를 위한 하나님의 신령한 뜻에 따르라는 요구이다. 이처럼 하나님의 자녀가 된 모든 성도는 교회와 그에 속한 이웃을 위한 선한 마음을 소유하고 있어야만 한다.

제17장

교회에 속한 성도들의 기본적인 실행 의무

(살전5:16-22)

(5:16) 항상 기뻐하라 (17) 쉬지 말고 기도하라 (18) 범사에 감사하라 이는 그리스도 예수 안에서 너희를 향하신 하나님의 뜻이니라 (19) 성령을 소멸치 말며 (20) 예언을 멸시치 말고 (21) 범사에 헤아려 좋은 것을 취하고 (22) 악은 모든 모양이라도 버리라

"항상 기뻐하라" (살전5:16)

- '성도의 기쁨'

사도 바울은 교회에 속한 성도들을 향해 항상 기뻐하라고 했다. 이는 매우 중요한 의미를 지니고 있다. 하지만 일반적인 관점에서 볼 때 그와 같은 상태를 유지하는 것은 불가능하다. 그럼에도 불구하고 하나님의 자녀들은 이 세상에 살아가면서 항상 기뻐해야 한다.

따라서 우리는 그 기쁨이 단순한 감정적인 면을 두고 말하는 것이 아니라는 사실을 기억해야 한다. 현실적으로 슬프고 괴로운 형편에서 기뻐한다는 것은 모순임이 틀림없다. 심히 고통스러운 환경 가운데서 기쁜 감정을 가지고 즐거워한다는 것은 말이 되지 않는다. 나아가 자기 가족이 죽었을 때나 남의 초상집에 가서 기뻐하고 즐거워할 수 없다.

중요한 점은 각 사람이 세상에서 처한 환경이나 조건으로 인해 기쁨을 취하는 것은 일시적인 현상에 지나지 않는다는 사실이다. 하지만 어리석은 자들은 주변의 환경적인 변화에 자신의 모든 감정을 맡긴다. 그에 반해 하나님의 자녀들이 소유한 기쁨은 세상에서 사람들이 경험하는 것과 전혀 다른 의미를 지니고 있다.

그러므로 하나님을 알지 못하는 자들에게는 그와 같은 기쁨이 아예 존재하지 않을 뿐더러 그에 대해 이해를 할 수도 없다. 지상 교회에 속한 성도들은 어렵고 힘든 가운데도 그리스도로 말미암아 허락된 그 특별한 기쁨을 지속해서 누리게 된다. 사도 바울은 빌립보 교회에 보내는 편지에서 어떤 경우에도 자신의 삶 속에 실존하는 그 기쁨에 관한 언급을 하고 있다.

> "만일 너희 믿음의 제물과 봉사 위에 내가 나를 관제로 드릴찌라도 나는 기뻐하고 너희 무리와 함께 기뻐하리니 이와 같이 너희도 기뻐하고 나와 함께 기뻐하라 ... 주 안에서 항상 기뻐하라 내가 다시 말하노니 기뻐하

라" (빌2:17,18; 4:4)

바울은 자신을 비롯한 하나님의 자녀들이 가지게 된 기쁨에 대하여 말하고 있다. 그는 성도들이 소유한 믿음의 제사와 교회를 섬기는 봉사 위에 자신을 희생제물에 술을 쏟아붓듯이 관제(灌祭, drink offering)로 드릴지라도 기뻐하리라고 했다. 이는 성도들의 믿음과 예배 및 봉사 위에 자신이 죽어 그 피를 쏟아붓는다고 해도 기뻐하리라는 말이다.

나아가 사도는 자신의 피를 쏟아붓는 끔찍한 고통 가운데서라 할지라도 자기뿐 아니라 교회에 속한 성도들의 무리와 함께 기뻐하리라고 했다. 즉 '이와 같이 너희도 기뻐하고 나와 함께 기뻐하라 주 안에서 항상 기뻐하라 내가 다시 말하노니 기뻐하라' 고 말했다. 따라서 하나님의 자녀들은 예수 그리스도 안에서 항상 기뻐해야 한다. 그것은 선택적이거나 이 세상에서 발생하는 환경적인 조건에 지배받지 않은 채 성도들이 소유해야 할 기본적인 신앙 자세이다.

이에 대한 구체적인 구현을 위해서 깨달아야 할 바는 그 기쁨의 삶이 자신의 욕망을 위해서가 아니라는 사실이다. 그것은 주님과 그의 몸된 교회를 위한 것이기 때문이다. 또한 이 세상에서 겪게 되는 그 어떤 슬픔이나 괴로움보다 하나님으로부터 허락되는 참된 기쁨이 비교할 수 없이 크다는 점을 실제로 깨달아야 한다. 따라서 성숙한 성도들은 이 세상이 아니라 천상의 나라에 소망을 두고 현재가 아닌 미래에 소망을 둔 상태로 살아가게 되는 것이다.

"쉬지 말고 기도하라" (살전5:17)

- 기도

바울은 본문 가운데서 기도에 관한 언급을 하면서 쉬지 말고 기도하라고 했다. 교회는 이 명령을 매우 주의 깊게 이해하고 받아들여야 한다. 그렇다면 교회에 속한 성도들은 항상 기도만 하고 있어야 한다는 말인가? 물론 그런 의미가 아닌 것이 분명하다. 이는 기도하는 행위를 쉬지 말고 지속하라는 것 이상의 의미를 지니고 있기 때문이다. 물론 여기에는 기도하는 시간을 많이 가지라는 의미를 내포하고 있는 것으로 이해할 수 있다.

하지만 중요한 사실은 하나님의 자녀들은 항상 기도하는 자세로 살아가야 한다는 사실이다. 이는 천상에 계시는 하나님과의 교제를 잠시도 중단하지 말라는 것을 의미한다. 그와 같은 신령한 상태를 유지하기 위해서는 항상 '예수 그리스도 안에서'(in Jusus Christ) 살아가야 한다. 따라서 우리는 하나님께 기도할 때 '예수님의 이름으로' 곧 '예수님의 이름 안에서'(in the Name of Jesus) 기도하고 있다.

그런데 우리가 분명히 이해해야 할 바는 쉬지 않고 기도할 때 종교적인 행위를 넘어 신령한 원리 가운데 기도해야 한다는 사실이다. 하나님의 말씀을 따르지 않고 인간의 욕망에 근거한 기도는 참된 기도라 말할 수 없다. 즉 기도를 많이 하는 것과 올바르게 기도하는 것은 그 성격이 근본적으로 다르다. 잠언에는 올바른 기도의 중요성을 언급하고 있다.

> "사람이 귀를 돌이키고 율법을 듣지 아니하면 그의 기도도 가증하니라" (잠28:9)

인간들이 기도하면서 하나님의 율법 곧 하나님의 뜻으로부터 귀를 막은 채 기도하는 것은 가증한 것으로서 도리어 하나님을 욕되게 할 따름이다. 따라서 올바르고 참된 기도를 하기 위해서는 하나님의 율법과 교훈을 먼저 깨달아야 한다. 그래야만 하나님을 향해 하나님을 위한 기도를 할 수 있게 된다.

이는 하나님의 자녀들이 기도하는 근본적인 목적은 단순히 자신의 인간적인 욕망을 추구하기 위한 것이 아니라는 사실을 말해준다. 오히려 하나님의 뜻에 따라 그에게 진정으로 감사하며 찬양과 경배를 돌리는 것에 연관되어 있다. 이처럼 쉬지 않고 지속되는 참된 기도는 기도하는 당사자가 아니라 하나님과 그의 몸된 교회를 위한 것이어야 한다.

물론 죄에 물든 인간들은 하나님 앞에서 스스로 완벽하게 올바른 기도를 하지 못한다. 연약한 인간들은 스스로 올바른 기도를 할 수 없으나 성령 하나님과 예수 그리스도의 도우심에 따라 그렇게 할 수 있다. 사도 바울은 로마에 있는 교회에 편지하면서 그에 연관된 내용을 분명히 언급했다.

> "이와 같이 성령도 우리 연약함을 도우시나니 우리가 마땅히 빌 바를 알지 못하나 오직 성령이 말할 수 없는 탄식으로 우리를 위하여 친히 간구하시느니라 마음을 감찰하시는 이가 성령의 생각을 아시나니 이는 성령이 하나님의 뜻대로 성도를 위하여 간구하심이니라 ... 죽으실 뿐 아니라 다시 살아나신 이는 그리스도 예수시니 그는 하나님 우편에 계신 자요 우리를 위하여 간구하시는 자시니라"(롬8:26,27,34)

이처럼 성령과 예수 그리스도께서는 항상 성도들을 위해 성부 하나님께 간구하고 계신다. 이는 성도로서 하나님께 참된 기도를 하기 위해서는 성령과 성자 하나님의 도움이 필요하다는 사실을 말해주고 있다. 연약한 인간은 무엇을 위해 기도해야 할지 몰라 완전한 간구를 하지 못한다.

그러므로 어리석은 인간들은 이 세상의 이기적인 욕망을 늘어놓기에 급급하다. 따라서 성령과 성자 하나님께서 미숙한 성도들을 위해 탄식하며 친히 간구하신다. 하나님께서는 그로 말미암아 자기 백성의 소원을 들어주신다. 하나님의 자녀들은 항상 이를 기억하는 가운데 쉬지 말고 기도해야 한다.

“범사에 감사하라 이는 그리스도 예수 안에서 너희를 향하신 하나님의 뜻이니라” (살전5:18)

- 범사에 감사

사도 바울은 데살로니가 교회 성도들을 향해 모든 일에 감사하라는 당부를 했다. 그것이 곧 그리스도 예수 안에서 성도들을 향한 하나님의 뜻이기 때문이다. 이는 물론 지상의 모든 교회가 받아들여야 할 진리의 말씀이다.

그런데 문제는 성도들이라 할지라도 타락한 이 세상에 살아가는 인간으로서 범사에 감사할 수 있느냐 하는 점이다. 전쟁이 나고 가정이 파괴되어도 감사하라는 말인가? 주변에 불행한 일들이 끊임없이 발생해도 그냥 감사하는 마음을 가지면 되는가? 만일 어떤 경우라 할지라도 단지 마음속으로 감사한 마음을 가지고 있으라고 가르친다면 그것은 이교도들의 생각과 그다지 다르지 않다.

그러므로 우리는 이에 대해 분명한 이해를 해야만 한다. 우선 교회에 속한 성도로서 항상 하나님을 ‘아버지’라 부를 수 있게 된 것은 기본적인 감사의 조건이 된다. 이는 하나님의 자녀로서 어떤 난관에 직면한다고 해도 아버지이신 하나님께서 그 문제를 해결해주실 것이기 때문이다. 아버지는 자녀의 삶을 끝까지 책임지실 것이며 모든 일에 대한 보증이 되어 주신다.

그러므로 영원한 천상의 나라와 예수 그리스도의 재림에 궁극적인 소망을 두고 살아가는 성도들은 이 세상의 현상에 대하여 지나치게 민감할 필요가 없다. 설령 남 보기에 세상의 가장 좋은 것을 쟁취한다고 해도 그것 자체가 궁극적인 기쁨을 제공하지 못한다. 나아가 가장 고통스러운 일을 당한다고 할지라도 그와 같은 현상은 잠시 지나가는 것에 지나지 않는다. 그 과정이 나름대로 의미가 있지만, 그 마지막에 이를 결과가 더욱 소중한 것이다.

그러므로 성도로서 우리가 모든 일에 감사할 수 있는 중요한 근거 가운데 하나는 하나님의 섭리와 경륜 때문이다. 지극히 제한적인 존재인 인간은 무한한 하나님의 작정과 계획을 다 알 수 없다. 하지만 분명한 사실은 하나님께서는 그 모든 것들을 자기 뜻을 이루어 가기 위한 과정에 두고 계신다는 점이다.

하나님의 자녀라 할지라도 이 세상에 살아가면서 온갖 일들을 다 겪는다. 그 가운데는 어렵고 힘든 일들도 많이 발생한다. 그와 같은 현상은 감사의 조건이 되는 것이 아니라 도리어 고통의 원인이 될 따름이다. 하지만 우리는 하나님께서 그 모든 과정을 자신의 섭리 가운데 두고 계신다는 사실을 이해해야 한다. 우리가 자기에게 임한 힘든 과정이 주는 의미를 제대로 깨닫지 못한다고 할지라도 하나님께서는 그 모든 과정을 통해 더 나은 길로 인도하고 계시기 때문이다.

따라서 하나님의 자녀들은 범사에 감사할 수 있어야 한다. 이는 물론 모든 것을 무책임하게 받아들이도록 심리적인 압박을 가하는 숙명론이나 운명론과는 그 성격이 근본적으로 다르다. 성숙한 성도들은 무슨 일을 만나든지 항상 자기를 위한 하나님의 놀라운 섭리를 염두에 두고 감사한 마음을 가져야 한다.

"성령을 소멸치 말며" (살전5:19)

- 성령의 사역

지상 교회와 그에 속한 성도들은 당연히 하나님의 말씀에 순종해야 하며 성령의 도우심을 받아야 한다. 성령의 사역을 방해하는 주된 것은 세상에서 구축한 인간의 왜곡된 이성과 경험이다. 죄에 빠진 인간들은 성령의 인도하심보다 자신의 감성적 판단에 의존하려고 한다.

그러므로 성숙한 성도들은 자신의 이성이나 경험을 의존하는 것을 극히 조심해야 한다. 인간의 판단이 아니라 성령의 사역을 눈여겨 바라보아야 하기 때문이다. 그것은 물론 계시된 성경을 통해 역사하시는 성령의 사역을 깨닫는 것에 연관되어 있다. 따라서 사도 바울은 에베소교회에 편지하면서 하나님의 성령을 근심하게 하지 말라는 경고를 하고 있다.

> "하나님의 성령을 근심하게 하지 말라 그 안에서 너희가 구원의 날까지 인치심을 받았느니라" (엡4:30)

악한 자들은 성령의 사역을 소멸하는 것을 예사로 여긴다. 즉 성령께서는 하나님의 자녀를 돕기 위해 모든 일을 감당하시지만 어리석은 자들은 그것을 거부한 채 자기의 욕망에 따라 살아가기를 좋아한다. 하나님의 언약 가운데 살아가는 성도들이라 할지라도 세상의 것들로 인해 삶이 흐트러지는 것이 비일비재(非一非再)하다.

타락한 세상에 살아가는 인간들은 자기가 원하는 바를 채우기 위해 안간힘을 쓰는 것이 일반적이다. 본능적으로 자기의 부족함을 채워 만족스러운 삶을 살아가고자 원하기 때문이다. 그런 자들은 하나님 앞에서 취할 올바른 자세에 대하여 알지 못한다.

하나님의 자녀들은 당연히 성령의 인도하심과 도움을 받아야 한다. 성도들은 그것을 통해 하나님의 뜻에 조화되는 삶을 살아야 하기 때문이다. 우리가 여기서 반드시 기억해야 할 바는 성령 하나님께서는 이 땅에 주님의 몸된 교회를 온전히 세워가기를 원하신다는 사실이다. 바울은 갈라디아 교회에 편지하면서 그것을 위해 필요한 성령의 열매와 삶의 본질에 연관된 교훈을 주고 있다.

"오직 성령의 열매는 사랑과 희락과 화평과 오래 참음과 자비와 양선과 충성과 온유와 절제니 이같은 것을 금지할 법이 없느니라 그리스도 예수의 사람들은 육체와 함께 그 정과 욕심을 십자가에 못 박았느니라 만일 우리가 성령으로 살면 또한 성령으로 행할찌니 헛된 영광을 구하여 서로 격동하고 서로 투기하지 말찌니라" (갈5:22-26)

이처럼 지상 교회에 속해 하나님의 성령을 받은 성도들은 그에 조화되는 성품을 가져야 한다. 사도는 성령의 열매는 사랑과 희락과 화평과 오래 참음과 자비와 양선과 충성과 온유와 절제라고 했다. 성령으로 말미암아 허락된 그것들은 어느 누구도 인위적인 법을 제정하여 가로막지 못한다. 예수 그리스도에게 속한 자들은 십자가 위에서 그와 함께 자신의 정과 욕망을 못 박았기 때문이다.

그러므로 하나님의 자녀가 된 성도들은 더 이상 인간적인 욕망을 추구하며 살아가지 않는다. 그들은 당연히 성령의 인도하심에 따라 살아야 하며 성령의 도움에 따라 행해야 한다. 이는 참된 교회에 속한 자들은 이 세상의 헛된 영광을 추구하는 일에 매진하지 말아야 한다는 사실을 말해주고 있다. 하나님을 알지 못하는 자들이 세상의 욕망을 추구하며 서로 시비를 걸고 질투를 일삼지만, 하나님의 자녀들은 그렇지 않다는 것이다.

"예언을 멸시치 말고" (살전5:20)

- 예언에 대한 존중

본문에 언급된 예언(prophecy)은 하나님으로부터 계시된 말씀을 의미하며 장래 일을 말하는 예언(prediction)과는 다른 성격을 지니고 있다.

사도 바울은 데살로니가 교회를 향해 예언을 멸시치 말라는 당부를 했다. 이는 교회 가운데 인간적인 생각을 난무하게 만들지 말고 하나님의 말씀이 풍부하게 드러나도록 하라는 의미를 지니고 있다.

물론 이 말씀은 사도교회 시대의 특별한 은사인 예언과 원리적으로 밀접하게 연관되어 있다. 그 예언 역시 특별한 부르심을 입은 성도들의 입술을 통해 교회 가운데 선포되는 진리의 말씀이다. 따라서 성경은 하나님의 은사인 예언을 통해 지상 교회를 온전히 세우라는 요구를 하고 있다(고전14:1-4, 참조).

우리가 여기서 간과하지 말아야 할 점은 지상 교회가 처한 현실적 환경이다. 인간들은 아담의 죄로 말미암아 죄인인 상태로 태어나 이 세상에서의 경험과 더불어 이성을 확립해 가게 된다. 하나님의 자녀들은 그에 대한 한계를 깨달음으로써 이 세상과 자기에 대해서는 죽고 오직 영원한 하나님 나라와 주님을 향해 다시 살게 되었음을 고백하게 된다.

세례를 통해 그 사실을 고백하고 교회 공동체 안에 들어온 성도들은 매 주일 공적인 예배와 더불어 나누는 성찬을 통해 지속적인 확인을 이어간다. 그럼에도 불구하고 어리석은 인간들은 세상에서 익힌 자기의 이성적인 판단에 의존하기를 좋아한다. 그것이 종교적인 문제와 연관되면 더욱 심각한 문제에 다다르기도 한다. 그것이 곧 하나님의 예언을 멸시하는 자리에 앉게 하는 문제를 유발할 수 있기 때문이다.

그러므로 성숙한 성도들은 항상 하나님의 말씀을 통해 자신에 관한 모든 것을 해석할 자세를 갖추고 있다. 자신의 행동이나 일반 생활뿐 아니라 모든 사고와 지식적인 측면에서도 그렇다. 나아가 지상 교회 가운데서 하나님을 섬기며 봉사하는 일에서도 마찬가지다. 계시된 진리를 도외시한 상태에서는 편향된 사고에 빠질 수밖에 없다.

교회에 속한 성도들에게 가장 중요한 것은 하나님의 말씀에 따라 하나님의 뜻에 순종하는 삶이다. 그것을 위해서는 성경이 항상 교회의 중심에 자리를 잡고 있어야 한다. 그 성경이 모든 것을 해석하며 참된 분별력을 제공하게 된다. 따라서 어느 누구도 성경을 멀리하거나 그로부터 드러나는 진리와 교훈을 가볍게 여겨서는 안 된다. 그것이 교회를 어지럽히는 근원이 되며 죄가 활개치도록 할 것이기 때문이다.

"범사에 헤아려 좋은 것을 취하고" (살전5:21)

- 분별력

어리석은 자들은 옳고 그름에 대한 분별력이 없다. 나아가 좋고 나쁜 것에 대한 분별력도 없다. 그러다 보니 무엇이 참된 값어치가 있는 것인지 무가치한 것인지, 영원한 가치를 지닌 것인지 일시적인 현상에 지나지 않는 것인지 분별해내지 못한다.

이처럼 죄에 빠져 하나님을 전혀 알지 못하는 인간들은 원천적으로 참된 분별력을 소유하고 있지 않다. 그들은 주관적인 감정에 따른 판단으로 모든 것을 받아들이기를 좋아한다. 즉 실제적인 영원한 가치에 관심을 기울이는 것이 아니라 세상에 존재하는 유동적인 현상에 모든 것을 의존하게 되는 것이다.

우리가 여기서 기억해야 할 바는 사람들의 눈에 좋아 보인다고 해서 반드시 좋은 것이 아니라는 사실이다. 설령 주변의 모든 사람이 좋은 듯이 판단한다고 할지라도 그것이 그에 대한 보증이 되지 못한다. 그에 대한 궁극적인 판정은 하나님께서 하실 것이며 계시된 하나님의 말씀 가운데 그에 대한 증거가 나타나고 있다. 사도 바울은 고린도 교회에 보내는 첫 번째 편지에서 그에 관한 언급을 하고 있다.

> "우리가 이것을 말하거니와 사람의 지혜의 가르친 말로 아니하고 오직 성령의 가르치신 것으로 하니 신령한 일은 신령한 것으로 분별하느니라 육

> 에 속한 사람은 하나님의 성령의 일을 받지 아니하나니 저희에게는 미련하게 보임이요 또 깨닫지도 못하나니 이런 일은 영적으로라야 분변함이니라 신령한 자는 모든 것을 판단하나 자기는 아무에게도 판단을 받지 아니하느니라" (고전2:13-15)

바울은 여기서 인간들이 가지는 일반적인 지혜는 참된 지혜가 아니라는 사실을 밝히고 있다. 오직 하나님과 그의 성령이 가르치신 내용이 신령한 의미를 지니고 있다는 것이다. 이는 아담의 죄로 말미암아 어두움에 갇힌 이 세상에서는 인간 스스로 옳고 그름에 대한 근원적인 판단이 불가능하다는 사실을 말해주고 있다.

세상에 익숙한 육에 속한 사람들은 하나님의 성령의 일을 알지 못하므로 올바른 분별을 하지 못한다. 그들은 오히려 참된 진리를 미련한 것으로 판단하며, 진리에 대한 깨달음이 전혀 없으므로 분별력 자체가 없다. 오직 하나님께 속한 신령한 자들만이 말씀과 진리에 근거하여 모든 것을 판단하게 된다.

그러므로 하나님의 몸된 교회와 성도들은 참된 진리가 없는 이 세상 사람들에 의해 근원적인 판단을 받지 않는다. 설령 저들이 극구 부인하고 반대한다고 할지라도 하나님과 그의 말씀이 절대적으로 옳기 때문이다. 따라서 하나님의 자녀들은 인간의 이성과 경험에 근거한 세속적인 논리에 의해 판단 받을 일이 없다.

따라서 지상 교회에 속한 성도들은 모든 것을 진리의 말씀을 통해 올바르게 분별할 수 있어야 한다. 그렇게 함으로써 하나님의 뜻에 조화되는 선한 것을 취할 수 있게 된다. 이처럼 이 세상에 살아가는 하나님의 자녀들은 이에 대한 굳건한 자세를 유지함으로써 모든 것을 분별하여 선한 것을 취해야 한다.

"악은 모든 모양이라도 버리라" (살전5:22)

- 철저히 차단해야 할 악

언약 공동체에 속한 성도들은 타락한 이 세상에 살아가지만, 본질상 거룩한 하나님의 자녀들이다. 따라서 성도들의 몸과 행실은 거룩하게 구별되어야 한다. 하나님께서는 이스라엘 백성을 애굽 땅에서 인도해 내시면서 하나님이 그러한 것처럼 그들 역시 세상과 구별되어 거룩해야 한다는 사실을 언급했다.

그러므로 신약성경에서도 그와 동일한 교훈이 주어지고 있다. 하나님께서 교회로 불러 모으신 성도들은 하나님을 닮아 거룩해야 한다는 것이다. 사도 베드로는 그가 보내는 첫 번째 서신에서 레위기를 인용하며 그에 관한 기록을 남기고 있다.

> "나는 여호와 너희의 하나님이라 내가 거룩하니 너희도 몸을 구별하여 거룩하게 하고 땅에 기는 길짐승으로 말미암아 스스로 더럽히지 말라 나는 너희의 하나님이 되려고 너희를 애굽 땅에서 인도하여 낸 여호와라 내가 거룩하니 너희도 거룩할지어다"(레11:44,45); "오직 너희를 부르신 거룩한 이처럼 너희도 모든 행실에 거룩한 자가 되라 기록되었으되 내가 거룩하니 너희도 거룩할지어다 하셨느니라"(벧전1:15,16)

성경에 기록되어 있는 것처럼 이 세상에 살아가는 성도들은 다른 불신자들과 본질적인 차이가 난다. 그들은 거룩한 예수 그리스도의 피로 값 주고 사신 바 된 자들이기 때문에 하나님의 거룩함에 참여하게 된 것이다. 이는 물론 이 땅에 살아가는 인간 자체가 거룩하게 되었다는 말과 다르다.

중요한 사실은 지상 교회에 속한 모든 성도는 보통 사람들과는 다른 구별된 삶을 살아야 한다는 점이다. 따라서 세상에서 형성된 모든 욕망은 완전히 버릴 수 있어야 한다. 그것은 물론 인간의 노력으로 그렇게 된다기보다 성령 하나님의 도우심에 따라 그와 같은 삶을 추구해야 한다.

그러므로 이 세상에 대해서는 죽고 주님을 향해 살게 된 성도들은 원리적인 측면에서 볼 때 이 땅의 더러운 욕망을 버리게 된다. 그것은 개인 성도들을 위한 것이기도 하지만 주님의 몸된 교회를 온전히 세우기 위한 것이다. 사도 바울은 에베소 교회에 보내는 편지에서 그에 관한 분명한 언급을 하고 있다.

> "음행과 온갖 더러운 것과 탐욕은 너희 중에서 그 이름이라도 부르지 말라 이는 성도의 마땅한 바니라" (엡5:3)

사도 바울은 여기서 세상의 더러운 것들에 대해서는 입술에 올리지도 말라고 했다. 그처럼 하는 것이 하나님의 자녀들이 취해야 할 마땅한 자세이기 때문이다. 그런 가운데 교회가 순결을 유지할 수 있게 된다. 따라서 바울은 데살로니가 교회를 향해 '악은 모든 모양이라도 버리라' (살전5:22)고 당부했다. 극도로 세속화된 시대인 21세기의 교회에 속한 성도들은 이 점을 분명히 이해해야만 한다.

제18장

순결한 신부로서 교회가 취해야 할 자세

(살전5:23-28)

(5:23) 평강의 하나님이 친히 너희로 온전히 거룩하게 하시고 또 너희 온 영과 혼과 몸이 우리 주 예수 그리스도 강림하실 때에 흠 없게 보전되기를 원하노라 (24) 너희를 부르시는 이는 미쁘시니 그가 또한 이루시리라 (25) 형제들아 우리를 위하여 기도하라 (26) 거룩하게 입맞춤으로 모든 형제에게 문안하라 (27) 내가 주를 힘입어 너희를 명하노니 모든 형제에게 이 편지를 읽어 들리라 (28) 우리 주 예수 그리스도의 은혜가 너희에게 있을찌어다

“평강의 하나님이 친히 너희로 온전히 거룩하게 하시고” (살전5:23ⓐ)

- 거룩하고 흠이 없어야 할 교회

참된 교회에 속한 성도들은 하나님의 자녀들이다. 하나님은 평강의 존재이자 거룩한 분이기 때문에 그에게 속한 자들이 그와 같은 속성을 지니는 것은 지극히 당연하다. 따라서 거룩한 하나님과 그의 자녀들 사이에 평강이 회복되어 끊임없는 교통이 이루어지게 된다.

하지만 성도들이 거룩하게 되는 것은 교인들 자신의 종교적인 노력에 달려 있지 않다. 인간이 하나님의 뜻에 따라 신실한 삶을 살고자 노력할지라도 거기에는 분명한 한계가 있다. 따라서 그것 자체가 인간들을 거룩한 삶으로 인도하지는 못한다.

하나님의 자녀들이 거룩하게 되는 것은 그의 은혜에 기인한다. 사도 바울은 평강의 하나님께서 친히 자기 자녀들로 하여금 거룩하게 해주신다는 사실을 밝혔다. 이는 지상 교회에 속한 성도들이 거룩하게 되는 것은 전적으로 하나님의 뜻과 예수 그리스도의 사역에 달려 있음을 말해주고 있다.

그러나 타락한 이 세상에 생존하는 인간들의 몸과 삶이 완전히 거룩한 존재로 탈바꿈할 수는 없다. 죄성을 지닌 인간으로서 그렇게 되는 것은 불가능한 일이다. 그럼에도 불구하고 사도 바울은 성도들이 하나님에 의해 온전히 거룩하게 된다는 사실을 분명히 밝히고 있다.

우리는 이에 대한 의미를 명확하게 이해해야 한다. 하나님께서는 예수 그리스도의 십자가 사역을 통해 자기 자녀들과 평강을 위한 회복을 이루셨다. 즉 창세 전에 선택하신 백성이 아담으로 말미암아 죄에 빠져 단절된 상태에 놓여있었으나 하나님은 그 백성을 다시금 자기 자녀로 받아주신 것이다.

우리가 여기서 이해해야 할 중요한 사실은 거룩한 하나님께서 자기에게 속한 자들을 지상 교회로 불러들이셨다는 점이다. 그로 인해 성도들은 하나님의 백성으로서 원래의 자리를 되찾게 되었다. 그들에게 하나님의 무한한 은혜가 베풀어지게 된 것이다.

그러므로 하나님의 자녀들은 '의로운 자'로 인정받게 되었다. 흔히 말하는 칭의(稱義)는 이와 밀접하게 연관되어 있다. 이 말은 타락한 이 세상에 살아가는 성도들은 여전히 죄인이지만 하나님께서 그들의 죄를 보시지 않고 자기의 거룩한 성품을 닮은 의로운 자로 인정해주신다는 사실을 말해주고 있다.

즉 지상 교회에 속한 성도들의 몸과 삶이 거룩하게 변했기 때문에 '의인'이 되는 것이 아니라 아직 완벽한 실존적 거룩함에 도달하지 못했으나 하나님께서 은혜로 그들을 의로운 자로 인정해주시는 것이다. 이를 두고 바울은 하나님께서 교회에 속한 성도들을 온전히 거룩하게 하셨다고 말했다. 이처럼 오늘날 우리도 참된 하나님의 자녀로서 여전히 죄악 가운데 살아가지만, 하나님의 거룩한 자녀가 되어 있는 것이다.

"또 너희 온 영과 혼과 몸이 우리 주 예수 그리스도 강림하실 때에 흠 없게 보전되기를 원하노라" (살전5:23ⓑ)

- 영과 혼과 몸의 흠 없는 보존

본문에 기록된 이 말씀은 우리가 특별히 주의를 기울여 이해해야 할 필요가 있다. 왜냐하면 '영과 혼과 몸'을 언급하면서 흔히 인간의 삼분설을 말하는 것으로 생각하기 쉽기 때문이다. 하지만 인간은 '몸과 영혼'이 완전히 결합하여 있는 것으로 보는 것이 자연스럽다. 즉 이분설에서는 '영과 혼'을 분리할 수 없는 하나의 영혼으로 보는 것이다.

즉 바울이 본문 가운데서 '영과 혼과 몸'을 언급한 것은 인간의 존재가 세 개의 다른 요소로 구성되었다는 것을 말하고자 하는 것이 아니다. 히브리서에는 '하나님의 말씀은 살았고 운동력이 있어 좌우에 날선 어떤 검보다도 예리하여 혼과 영과 및 관절과 골수를 찔러 쪼개기까지 하며 또 마음의 생각과 뜻을 감찰하나니'(히4:12)라고 기록하고 있다. 여기서 언급된 '혼과 영' '관절과 골수' '생각과 뜻' 처럼 데살로니가전서의 기록도 일종의 언어적 표현 기법으로 이해할 수 있다.

우리는 인간의 '몸과 영혼'을 서로 분리할 수 없다는 사실을 잘 알고 있다. 몸이 없으면 이미 인간이 아니며 영혼이 없는 상태에서 인간이 살아있다고 말하지 않는다. 죽은 인간의 몸은 영혼이 없으므로 더 이상 온전한 인간이 아니라 생명 없는 시체(屍體)에 지나지 않을 따름이다.

중요한 사실은 인간의 몸은 눈으로 볼 수 있는 가시적인 성격을 지니고 있다는 점이다. 그에 반해 영혼은 일반적인 눈으로 볼 수 없는 불가시적 대상이다. 하지만 눈에 보이지 않는다고 해서 존재 자체가 없는 것은 아니다. 이처럼 모든 인간은 몸과 영혼이 오묘하게 결합하여 하나의 몸을 이루고 있다.

이와 더불어 우리가 생각해야 하는 것은 모든 인간이 '영혼'을 가지고 있되 모두가 동일한 성격의 본질을 소유하고 있지 않다는 사실이다. 특히 하나님으로 말미암아 거듭난 영혼과 그렇지 않은 자연 상태에서 이해하는 영혼은 다르다. 즉 거듭난 영혼은 하나님과 조화되는 성격을 지니고 있지만, 죄에 물든 상태에 있는 보통 사람들의 영혼은 그렇지 않다.

우리는 데살로니가 전서 본문에 기록된 내용을 삼분설과 연관된 개념으로 받아들이지 않도록 주의해야 한다. 삼분설은 육체와 혼과 영을 셋으로 뚜렷이 나누어 구분한다. 따라서 어떤 사람들은 혼을 두고 일반 짐승들이 소유한 혼과 같은 성격을 지닌 것으로 말하기도 한다. 그에 반해 영은 인간들이 가진 정신적 속성으로 이해하는 경우도 있다. 하지만 여기서 말하는 거듭 태어난 영혼이란 하나님의 특별한 은혜를 입은 성도의 전인적인 성질에 연관되어 있다.

그러므로 바울은 하나님의 은혜로 말미암아 거듭난 성도들은 장차 주 예수 그리스도께서 강림하실 때 흠없이 보존되기를 원한다고 했다. 이는 이 세상에 살아가는 모든 인간이 본질적으로 동일한 것이 아니라는 사실을 말해주고 있다. 따라서 주님의 몸된 교회에 속한 모든 성도는 그에 관한 분명한 이해를 하는 가운데 주님의 재림을 간절히 기다려야 한다.

"너희를 부르시는 이는 미쁘시니 그가 또한 이루시리라" (살전5:24)

- 신실한 하나님의 약속 성취

이 세상의 타락한 인간들은 서로간 본질적인 신의를 가지기 어려운 경우가 많다. 관계가 좋을 때는 만면에 웃음을 머금고 상호신뢰하는 듯이 보이지만 어떤 좋지 않은 문제가 발생하면 일순간에 그 신뢰는 무너지게 된다. 지혜로운 자들은 인간의 부패한 속성과 더불어 이에 관한 올바른 이해를 하고 있어야만 한다. 그래야만 복잡하게 전개되는 인간관계에서 일어나는 다양한 상황에 대하여 지혜로운 처신을 할 수 있다.

그에 반해 여호와 하나님은 전적으로 신뢰할 수 있는 분이다. 그는 언약에 신실하신 분으로서 자기의 이름으로 맺은 약속을 절대로 파기하시지 않는다. 따라서 하나님의 자녀들은 그의 약속을 신뢰하는 가운데 어지러운 이 세상을 능히 이겨낼 수 있는 것이다.

사도 바울은 이를 하나님께서 자기 백성을 지상 교회로 불러내신 사실에 연관지어 말하고 있다. 이는 인간들 스스로 자기 판단에 따라 교회 안으로 들어온 것이 아니라는 사실에 관련되어 있다. 하나님께서 죄에 빠진 약속의 자녀들을 부르신 것은 자신의 거룩한 교회를 세워 영광을 받으시기 위해서였다. 따라서 하나님께서는 역사 가운데 존재하는 거룩한 교회를 통해 하나님의 궁극적인 목적을 이루어 가시게 된다.

"형제들아 우리를 위하여 기도하라" (살전5:25)

- 사도들을 위한 성도들의 기도

바울은 데살로니가 교회 성도들을 향해 자기와 함께 있는 이들을 위해 기도해 달라는 당부를 했다. 이는 보편교회의 의미를 확인하는 뜻을 지니고 있다. 비록 지역적으로 멀리 떨어져 있고 모든 성도 개개인이 상호 잘 아는 친분 관계에 있지 않다고 할지라도 하나의 동일한 우주적 보편교회에 속해 있기 때문이다.

우리는 여기서 바울이 '너희 자신을 위해서' 기도하라는 의미를 넘어 '우리를 위하여' 기도하라고 한 말을 주의 깊게 생각해 보아야 한다. 이는 앞에서 '쉬지 말고 기도하라'(살전5:17)라는 요구와 더불어 받아들여야 한다. 이 말은 교회와 교회, 성도와 성도 사이에 유기적으로 일어나야 할 내용이다.

물론 데살로니가 교회는 사도 바울 일행을 기억하며 그들이 어떤 어려운 일을 당할지라도 담대하게 이겨내며 주님의 뜻에 순종하도록 기도해야 한다. 하나님의 자녀들은 세상으로부터 오는 탐심과 유혹을 이겨내고 천상의 나라와 주님의 재림을 바라보며 살아간다. 보편교회에 속한 모든 성도는 항상 그 점을 염두에 두고 지상의 흩어진 교회와 성도들을 위해서 기도하는 자세를 유지해야 한다.

바울의 이 요구는 전체 보편교회를 위해 매우 중요한 교훈을 주고 있다. 성숙한 성도들은 지구상 여러 곳에서 다양한 지역의 각 개체 교회에 속한 '우리를 위해' 기도하는 교회와 성도들이 있다는 사실을 기억해야 한다. 세상에 흩어져 존재하는 교인들은 서로간 개별적인 친분이 없다고 할지라도 모든 참된 교회가 하나님의 말씀 가운데 굳건히 서 있도록 기도해야 한다. 지금도 저들의 기도 가운데 우리가 포함되어 있다는 사실을 기억하며 우리 역시 흩어진 성도들을 기억하는 가운데 온전한 신앙인의 삶을 살아가야 한다.

"거룩하게 입맞춤으로 모든 형제에게 문안하라" (살전5:26)

- 거룩한 성도의 교제

교회 안에서 이루어지는 성도들의 교제는 매우 중요하다. 이는 사람들 가운데 존재하는 일반적인 교제(fellowship)와는 그 성격이 매우 다르다. 성도들 사이의 교제(holy communion)는 주일 공예배 가운데 실시되는 '성찬의 나눔'을 기초로 한다. 그것은 물론 하나님의 사랑과 예수 그리스도의 십자가 사역에 밀접하게 연관되어 있다.

그러므로 성도의 교제는 일반적인 인간관계 형성에 앞서 예수 그리스도 안에서 이루어져야 한다. 이 말은 십자가 위에서 내어준 예수 그리스도의 거룩한 몸과 그의 보혈이 성도들 사이에 존재하는 관계의 기초가 되어야 한다는 사실을 의미하고 있다. 즉 그것이 모자란 상태에서는 진정한 성도의 교제가 이루어질 수 없다.

또한 사도 바울이 데살로니가 교회 성도들을 향해 '거룩하게 입맞춤으로 모든 형제에게 문안하라'고 요구한 말은 이와 더불어 이해해야 한다. 이 요구는 바울이 고린도 교회를 향해 '거룩하게 입맞춤으로 서로 문안하라; Greet one another with a holy kiss'(고전16:20)고 한 말과 동일한 의미를 지니고 있다.

여기서 바울은 모든 성도가 '주님 안에서' 온전한 소통을 이루어야 한다는 점을 강조하고 있다. 본문에서 '거룩하게 입 맞추라'는 말은 사람들이 일반적으로 생각하는 입술과 입술을 맞대는 키스(kiss)를 의미하지 않는다. 그것은 오히려 가벼운 허깅(hugging)과 더불어 상대의 얼굴에 입술을 갖다 대며 상호 신뢰를 표시하는 것을 의미하고 있다.

이에 대해서는 가룟 유다가 예수님을 팔아넘기면서 거짓으로 그에게 입 맞추어 인사한 경우가 있다(눅22:47,48). 이에 대해서는 우리 시대 역시 주의를 기울여 생각해야 한다. 신뢰를 가장하여 행하는 그와 같은 인사는 도리어 교회를 혼란스럽게 할 따름이다. 따라서 바울은 예수 그리스도 안에서 가벼운 허깅과 더불어 거룩한 입맞춤을 함으로써 드러나는 진정한 신뢰가 바탕이 된 교제의 중요성을 말해주고 있다. 우리 시대에는 그런 형태의 인사 방법이 아닐지라도 그 의미를 교회 가운데 온전히 드러낼 수 있어야 한다.

"내가 주를 힘입어 너희를 명하노니 모든 형제에게 이 편지를 읽어 들리라" (살전5:27)

- 하나님의 계시로서 교회에 주어진 편지

바울은 또한 데살로니가 교회를 향해 주님의 능력을 힘입어 중요한 명령을 내리고 있다. 그것은 자기가 쓴 편지를 교회 앞에서 읽어주라는 것이다. 이는 편지에 기록된 모든 내용을 성도들이 지식적으로 확실히 알고 있어야 한다는 점을 말해준다.

하나님의 자녀들은 성경을 올바르게 깨달아 절대적인 기준으로 삼아 신앙을 지켜나가야 할 의무를 지닌다. 교회에 속한 성도라 할지라도 먼저 익힌 타락한 세상의 가치에 익숙해 있으므로 그것을 완전히 버리고 바울을 비롯한 믿음의 선배들이 특별히 계시받아 기록한 말씀을 삶의 기준으로 삼아야 한다. 세상의 모든 것들은 하나님의 말씀을 통해 다시금 해석되어야 한다.

직분을 맡은 성도들은 그것을 위해 교회 가운데서 끊임없이 하나님의 말씀을 읽어 선포해야 한다. 그와 더불어 말씀을 들은 성도들은 당연히 그에 온전히 순종할 수 있어야 한다. 바울이 내린 이 명령은 지상의 모든 참 교회들이 받아들여 순종해야 할 중요한 내용이다.

이에 대해서는 오늘날 우리 각자가 속한 교회 역시 예외가 아니다. 교회는 바울이 데살로니가 교회에 보낸 편지를 읽어 전함으로써 그 모든 내용이 교회 가운데 적용되도록 힘써야 한다. 물론 바울이 쓴 편지뿐 아니라 하나님의 계시에 의해 기록된 모든 성경 역시 마찬가지다. 오직 천상으로부터 계시된 하나님의 말씀을 통해 허락된 참된 진리와 더불어 지상 교회를 온전히 세워나갈 수 있게 되는 것이다.

"우리 주 예수 그리스도의 은혜가 너희에게 있을찌어다" (살전5:28)

- 교회에 존재해야 할 예수 그리스도의 은혜

바울은 데살로니가 전서를 마무리하면서 주님의 은혜가 저들에게 임하기를 기원하고 있다. 그로 말미암아 교회와 성도들에게 진정한 은혜가 베풀어지기를 원했다. 그는 '우리 주 예수 그리스도'(our Lord Jesus Christ)라는 고백적 표현과 더불어 그를 중심에 두고 언급함으로써 지상 교회 가운데 존재하는 성도들의 신령한 관계를 드러내 보여주고 있다.

여기서 바울은 주 예수 그리스도가 '교회의 주님'이라는 사실을 말하고 있다. 예수님은 개인의 주님이기에 앞서 교회 공동체의 주님이라는 점을 분명히 밝히고 있다. 물론 그가 각 교회에 속한 개별 성도들의 주님이 되시는 것은 당연하다. 이처럼 예수 그리스도가 주님이라는 것은 모든 성도가 그에게 속한 노예(δουλος)라는 의미를 지니고 있다. 따라서 그의 노예가 된 백성들은 더는 자기가 아니라 오직 그 주님이신 예수님을 위해 살아가야만 한다.

또한 예수님은 자기 자녀들을 타락한 죄악 세상으로부터 구원해 내시는 분이다. 아담의 자손인 모든 인간은 처참한 죽음에 처할 수밖에 없다. 그 가운데서 하나님의 선택을 받아 특별한 은혜 가운데 살아가는 성도들이 그의 언약에 따라 구원에 참여하게 되었다. 이는 하나님의 아들이신 그가 자기 백성을 위해 대속의 죽음을 죽으신 결과로 주어진 선물이다.

하나님의 자녀들에게 가장 복된 것은 실제 상황과 더불어 자기의 신분을 올바르게 깨달아 행하는 것이다. 노예 신분을 잊어버린 채 자기 마음대로 주권자 행세를 하는 것은 매우 위험한 일이다. 나아가 노예이면서 자기의 주인이신 예수 그리스도의 권한을 가로채고자 한다면 그것은 패망의 길에 들어서는 것과 다르지 않다. 지상 교회에 속한 모든 성도는 항상 이에 관한 깊은 깨달음 가운데 살아가야만 한다.

데살로니가후서

차 례

237

데살로니가후서

서 문

1. 데살로니가후서의 기록자와 수신자

데살로니가 후서는 앞선 서신과 마찬가지로 사도 바울이 하나님으로부터 계시받아 기록하게 되었다. 그때도 실루아노와 디모데는 바울과 함께 머물고 있었다. 이 편지를 받는 대상은 당연히 데살로니가 교회 성도들이다. 이 역시 신약성경 가운데 매우 이른 시기에 기록된 것으로 바울이 앞서 편지를 보낸 후 AD51년 경에 계시받은 것으로 짐작할 수 있다.

이 서신을 문자로 기록할 때, 바울은 하나님으로부터 계시를 받아 구술(口述)로 전하고 함께 있던 형제들 가운데 한 사람이 받아적었을 것으로 보인다. 혹은 두 사람이 번갈아 가며 그 내용을 받아적었을 수도 있다. 이에 대해서는 성경을 계시받은 바울이 이 서신의 맨 마지막 부분에서 그 점을 설명하고 있다.

2. 데살로니가후서의 배경

이 서신은 사도 바울이 앞서 데살로니가 전서를 보낸 후에 기록되었다. 당시 그곳 성도들은 첫 번째 편지를 받고 그에 순종하는 자세를 가졌다. 하지만 데살로니가 교회 성도들이 살아가는 주변 환경은 별로 변하지 않고 여전했으리라 여겨진다. 즉 이방인들과 율법주의자들의 위협이 줄어들지 않고 여전히 강하다고 할지라도 교회에 속한 성도들의 마음은 훨씬 여유로워졌으리라고 생각할 수 있다. 바울이 보낸 앞선 편지가 저들의 믿음을 더욱 견고하게 했을 것이며 큰 위로가 되었을 것이기 때문이다.

3. 서신의 간단한 내용 정리

데살로니가후서에는 하나님 나라와 공의에 연관된 중요한 내용이 담겨 있다. 이는 지상 교회가 소유하고 있으면서 반영해야 할 진리에 관한 것이다. 즉 타락한 세상 가운데 존재하는 교회가 정신을 바짝 차려 주님의 말씀에 온전히 순종해야 한다는 것이다.

사도는 또한 장차 주님의 재림을 앞둔 시기가 이르면 엄청난 배도의 시대가 닥치게 되리라는 사실을 언급했다. 그때가 되면 하나님과 그의 몸된 교회에 대항하는 불의한 세력이 난무하게 된다. 문제는 교회 바깥에서 발생하는 그와 같은 양상이 주님의 교회 내부로 침투하게 되리라는 점이다. 뿐만 아니라 교회 내부에서도 사악한 배도자들이 속마음을 숨긴 채, 마치 훌륭한 신앙인이라도 되는 양 행세하며 지상 교회를 파괴하려는 양상이 나타난다.

따라서 바울은, 교회와 성도들이 그에 대한 올바른 깨달음과 더불어 명확한 처신을 해야 한다는 점을 강조했다. 그럴 때일수록 하나님의 몸된 교회에 속한 성도들은 악한 자들을 견제하지 않으면 안 된다. 또한 욕망이 가득 찬 세상을 향한 곁눈질을 하지 말고 오직 사도들의 명령과 그들이 전한 교훈에 온전히 순종해야만 한다고 했다.

그런 가운데 각 성도는 하나님의 진리 위에 굳건한 신앙을 세워갈 수 있게 된다. 하지만 그와 같은 신앙을 소유한 자들이라 할지라도 이 세상을 완전히 결별하는 것이 아니라 더욱 신실한 자세로 그 가운데서 살아가야 한다. 하나님께서 각 성도에게 허락하신 다양한 환경과 일할 기회를 통해 최선을 기울여 자기에게 맡겨진 일을 감당해야 한다.

바울이 기록한 서신의 내용을 보아 당시에 일하기 싫어하는 자들이 상당수 있었던 것으로 보인다. 그들 가운데는 게으름으로 인해 노동하지 않는 자들이 많이 있었을 것이 분명하다. 하지만 보다 심각한 문제는 일하기 싫어하는 자들이 주님의 재림을 핑계 삼아 노동하지 않는 경우이다. 그런 자들은 주님이 곧 재림하실 텐데 굳이 애써 일할 필요가 있느냐는 듯이 자기 합리화를 꾀했을 것이다.

그러나 사도는 하나님의 자녀들은 어떤 경우에도 성실하게 일해야 한다는 사실을 강조하고 있다. 주님이 곧 재림하신다고 할지라도 자신의 감당해야 할 일을 소홀히 하거나 그만두어서는 안 된다는 것이다. 성숙한 성도들은 주님이 재림하시는 그 순간까지 책임감 있게 자신의 생활을 지탱하며 주님의 몸된 교회를 위한 사역에 동참해야 한다.

또한 하나님의 자녀들이 성실하게 노동하는 것은 당연한 의무지만 그 의미를 깊이 생각해 보아야 한다. 즉 자기에게 맡겨진 일을 성실하게 감당하는 것이 세상에서 성공하여 남부럽지 않게 살고자 하는 것이 근본 목적이 될 수 없다. 즉 열심히 일함으로써 세상에서 높은 지위를 차지하여 배불리 먹고 살아가는 것을 주된 목적으로 삼아서는 안 된다.

오히려 하나님의 자녀들이 최선을 다해 일하는 이유는 자기뿐 아니라 주변의 연약한 이웃을 위한 것이기도 하다. 즉 능력이 부족하거나 노동할 수 없는 형편에 처한 이웃과 더불어 살아가기 위해 자기에게 맡겨진 일에 최선을 다해야 한다. 이와 같은 삶이 하나님의 자녀들이 지향해야 할 근본 자세여야 하는 것이다.

하나님 자녀들의 신실한 삶은 선택적이 아니라 필수적인 성격을 지니고 있다. 그것은 눈앞에 보이는 현실적인 결과에 연관된 것이 아니라 하나님 앞에서 행해야 할 당연한 의무에 해당한다. 지상 교회에 속한 모든 성도는 이와 같은 삶의 자세를 유지해야 하며 주님께서 재림하실 때까지 다음 세대를 위해 그 정신을 지속해서 상속해 가야 한다.

제1장

지상 교회의 형편과 하나님 나라

(살후1:1-5)

(1:1) 바울과 실루아노와 디모데는 하나님 우리 아버지와 주 예수 그리스도 안에 있는 데살로니가인의 교회에 편지하노니 (2) 하나님 아버지와 주 예수 그리스도로부터 은혜와 평강이 너희에게 있을찌어다 (3) 형제들아 우리가 너희를 위하여 항상 하나님께 감사할찌니 이것이 당연함은 너희 믿음이 더욱 자라고 너희가 다 각기 서로 사랑함이 풍성함이며 (4) 그리고 너희의 참는 모든 핍박과 환난 중에서 너희 인내와 믿음을 인하여 하나님의 여러 교회에서 우리가 친히 자랑함이라 (5) 이는 하나님의 공의로운 심판의 표요 너희로 하여금 하나님 나라에 합당한 자로 여기심을 얻게 하려 함이니 그 나라를 위하여 너희가 또한 고난을 받느니라

"바울과 실루아노와 디모데는 하나님 우리 아버지와 주 예수 그리스도 안에 있는 데살로니가인의 교회에 편지하노니" (살후1:1)

- 사도와 지상 교회의 동질성

사도 바울이 자기와 함께 있던 실루아노와 디모데와 더불어 데살로니가 교회에 두 번째 편지를 써 보냈다. 그것은 물론 당시의 모든 상황을 배경으로 하고 있었으며 전적으로 하나님의 계시에 따른 것이었다. 그들은 데살로니가의 성도들에게 첫 번째 편지를 쓸 때 바울과 함께 있던 인물들이었다. 첫 번째 편지를 보낸 후 바울은 다시금 하나님으로부터 계시받아 그 편지를 기록하게 되었다. 하나님께서 바울을 통해 그들에게 전해야 할 중요한 교훈들이 있었다.

바울은 앞서 언급했던 것처럼 데살로니가 교회가 성부 하나님과 주 예수 그리스도 안에 존재한다는 사실을 다시금 언급했다. 이는 사도들과 그곳의 성도들이 동일한 신앙을 소유하고 있었음을 확인해주고 있다. 사도들의 입장과 데살로니가 교회의 믿음이 본질상 같았던 것은 그들이 한결같이 하나님과 그리스도 안에 존재해 있었기 때문이다. 그렇지 않은 자들은 사도들과 동질의 진리를 공유하거나 보존할 수 없다.

이에 대해서는 지상에 존재하는 역사상의 모든 참된 교회들에 동일하게 적용되어야 한다. 어느 시대 어느 지역에 위치하는가 하는 점이 중요한 것이 아니라 하나님 안에 존재한다는 사실이 본질적으로 중요하다. 다양한 형태의 정치적 환경이나 문화적 배경은 본질을 통해 해석되어야 할 문제이다.

21세기 전 세계에 흩어져 있는 우리 시대 교회들 역시 마찬가지다. 첨단과학과 선진화된 문명을 배경으로 한 극도로 오염된 문화적 분위기 가운데 존재하는 한국 교회 또한 예외가 될 수 없다. 지상 교회는 성부 하나님과 예수 그리스도 안에 존재할 때 비로소 그 정체성을 유지할 수 있게 된다. 그것을 위해 교회를 이루고 있는 각 성도는 항상 하나님께서 계시하신 말씀을 신앙의 중심에 두고 살아가야 하며 그에 온전히 순종해야만 한다.

"하나님 아버지와 주 예수 그리스도로부터 은혜와 평강이 너희에게 있을찌어다" (살후1:2)

- 위로부터 공급되는 은혜와 평강

성경에서 말하는 하나님의 은혜와 평강은 타락한 이 세상에서 자체적으로 생성되지 않는다. 하나님께서는 창세 전에 선택하신 자기 자녀들에게 아무런 조건 없이 어떤 값도 요구하지 않은 채 위로부터 은혜를 베풀어주신다. 그것은 성부 하나님과 성자 하나님으로부터 허락되는 단독적이자 일방적인 성격을 지니고 있다.

이 말은 인간들이 하나님께 그와 같은 은혜를 얻고자 요구했기 때문이 아니라는 사실을 의미하고 있다. 나아가 타락한 인간에게는 아예 그럴 만한 요소가 존재하지 않으므로 하나님께 그 은혜를 요청할 수 없다. 오직 신실하신 하나님께서 자기의 이름으로 맺으신 언약의 결과로 성도들에게 그 은혜를 제공하시는 것이다.

하나님으로부터 임하는 특별한 은혜는 복음 안에서 포괄적 개념을 지니고 있다. 먼저 약속의 자녀들은 그 은혜를 통해 세상으로부터 완전한 구원을 받게 된다. 그리고 장차 하나님 나라에서 누리게 될 참된 삶을 보장받게 된다. 그것은 앞으로 임하게 될 영원한 하나님 나라를 보증하는 역할을 한다. 따라서 지상 교회에 속한 성도들은 죄악에 빠진 이 세상 가운데 살아가면서 예수 그리스도의 사역을 통해 하나님을 '아버지'라 부를 수 있는 특권과 더불어 영원한 관계를 회복하게 되었다.

또한 하나님의 자녀들이 소유하게 된 참된 평강은 원래 타락한 이 세상에는 존재하지 않는 성격을 지니고 있다. 사람들이 일반적으로 경험하는 것과 같은 평안한 마음을 소유하고 화평을 누리게 될지라도 그 본질은 전혀 다르다. 이는 하나님께서 예수 그리스도를 통해 자기 백성들에게 특별히 허락하시는 것이기 때문이다.

그러므로 하나님의 자녀들은 이 세상에서 견디기 어려운 고통을 겪을지라도 참된 평강을 소유하고 있다. 그것이 세상의 모든 환난을 극복하게 하는 힘의 원천이 된다. 따라서 사도 바울은 데살로니가 교회 성도들을 향해 성부 하나님과 성자 하나님을 통해 제공되는 은혜와 평강이 교회와 그에 속한 성도들에게 지속해서 존재하기를 기원하고 있다.

"형제들아 우리가 너희를 위하여 항상 하나님께 감사할찌니 이것이 당연함은 너희 믿음이 더욱 자라고 너희가 다 각기 서로 사랑함이 풍성함이며" (살후1:3)

- 믿음과 사랑의 풍성함

데살로니가 교회는 사도교회 시대에 매우 모범적인 모습을 보이고 있었다. 당시 갈라디아 교회를 비롯한 여러 교회와 나중에 세워지는 고린도 교회와는 사뭇 달랐다. 대다수 교회는 안팎으로 상당한 문제점들을 가지고 있었다고 해도 과언이 아니다. 즉 신약성경에 소개된 여러 교회들 가운데 모범적인 교회가 그다지 많지 않았음에도 불구하고 데살로니가의 성도들은 신앙의 본이 되기에 충분했다.

그러므로 사도 바울은 데살로니가 지역에 살아가는 성도들을 향해 항상 그들로 말미암아 하나님께 감사한다는 사실을 언급하고 있다. 그는 자기가 그와 같이 감사한 마음을 가지는 것이 억지가 아니라 지극히 당연한 일이라고 말했다. 이는 그들이 하나님 보시기에 성실한 신앙생활을 하고 있다는 사실에 대한 분명한 증거가 되었다.

데살로니가 교회에 여실히 나타나고 있는 감사의 제목은 성도들의 믿음이 점차 더욱 성장해가고 있다는 점이었다. 그들은 하나님께서 저들에게 베풀어주신 은혜를 깨달아 알고 있었으며 하나님을 의지하는 삶이 견고했다. 즉 교회가 타락한 이 세상에 존재하고 있었으나 천상의 나라에 대한 소망과 예수 그리스도의 재림을 간절히 기다리고 있었다.

또한 데살로니가 교회 가운데는 성도들 상호간에 나누어지는 사랑이 풍성하다는 사실을 말하고 있다. 여기서 언급된 사랑은 단순한 감정 이상의 의미를 지닌다. 즉 그 말의 진정한 의미는 심한 어려움을 겪는 가운데서도 타락한 세상의 가치를 부인하고 천상의 나라에 모든 가치를 둠으로써 마음을 같이하는 하나의 신령한 공동체를 이루고 있는 것에 연관되어 있다.

그러므로 사도 바울은 데살로니가 교회의 믿음을 통한 각 성도들의 성장과 그들 상호간에 존재하는 진정한 사랑이 하나님 앞에서 감사하는 근거가 된다고 말했다. 이는 교회의 올바른 성장과 성도들의 활발한 신앙생활을 돕는 소중한 원동력이 될 수 있다. 하지만 그와 같은 기본적인 요건이 존재하지 않거나 크게 흔들린다면 복음과 멀어지는 슬프고 안타까운 일이 아닐 수 없다.

"그리고 너희의 참는 모든 핍박과 환난 중에서 너희 인내와 믿음을 인하여 하나님의 여러 교회에서 우리가 친히 자랑함이라" (살후1:4)

- 환난 중의 믿음으로 인한 인내

바울은 데살로니가 교회와 그에 속한 성도들을 크게 격려하는 동시에 칭찬을 아끼지 않고 있다. 외적인 형편을 고려할 때 당시 그곳에 살아가던 형제들은 평안하고 안정된 가운데 신앙생활을 했던 것이 아니다. 그들은 오히려 심한 핍박과 환난을 견뎌내야만 했다. 하지만 그들은 그로 말미암아 겉으로 불평하거나 마음속으로 위축되지 않았다.

오히려 하나님께 속한 성도들은 그 어려운 여건 가운데서 오래 참고 인내하는 중에 힘든 상황을 잘 이겨내고 있었다. 그것은 물론 하나님께서 허락하신 참된 믿음과 그의 약속을 굳건히 붙잡고 있었기 때문에 가능한 일이었다. 당시 성도들은 교회 안팎에서 가해지는 심한 시련을 겪었을 것이 틀림없다.

교회 밖에서는 로마 제국의 정치적 탄압이 있었을 것이다. 또한 교회 주변과 그 언저리에는 하나님을 올바르게 알지 못하면서 스스로 율법을 앞세운 악한 유대인들이 마치 대단한 신앙을 가진 듯 위장한 채 위협했을 것이 분명하다. 나아가 교회 내부에는 배도에 빠진 자들이 하나님의 말씀에 저항하며 성도들을 크게 흔들었을 것이다.

데살로니가 교회의 성도들은 그와 같은 어려운 상황 가운데서도 진리를 지키기 위한 최선의 노력을 기울였다. 그 모든 형편을 익히 알고 있는 바울과 그 일행은 그들이 자랑스러웠다. 그리하여 그들의 모든 신앙을 흩어져 있는 여러 교회에 알리면서 데살로니가의 형제들이 본받을 만한 신앙이 있음을 자랑했다고 말했다.

당시 전 세계에 흩어진 많은 교회와 성도들은 데살로니가 교회의 성숙한 신앙의 모습을 보며 크게 위로받았을 것이며 그들 역시 그 본을 받고자 했을 것이 분명하다. 이에 대해서는 지상의 모든 교회 성도들이 마음속 깊이 새겨두어야 할 내용이다. 그리하여 아무리 심한 박해와 고난이 따를지라도 믿음으로 견뎌내야 한다.

나아가 그것은 물리적인 핍박에만 국한시켜 말하지 않는다. 즉 외적으로는 전혀 그렇게 보이지 않을지라도 실제로는 심각한 박해를 유도하는 오염된 정신적인 영역도 있다는 사실을 기억해야 한다. 첨단 과학에 기초한 기술 문명과 현대 문화 등 정신적인 면을 포함하는 것들 가운데는 겉보기에 부드럽고 화려하게 보일지라도 실상은 지상 교회를 허무는 매우 위험한 역할을 하는 경우가 많다.

그러므로 참된 믿음의 선배들은 이 세상의 것을 두고 자랑거리로 삼지 않았다. 바울은 자기에게 아무런 자랑거리가 없으며 오직 자신의 연약함을 자랑할 따름이라고 했다(고후11:30). 이는 자기가 약하므로 주님을 의지할 수밖에 없음을 말해주고 있다. 그와 같은 신앙 정신을 가진 바울은 교회에 속한 성도들이 곧 자기의 자랑이며 자기 또한 그들의 자랑이 된다는 사실을 말했다(고후1:14). 구약시대의 예레미야 선지자는 그에 연관된 중요한 교훈을 주고 있다.

> "여호와께서 이같이 말씀하시되 지혜로운 자는 그 지혜를 자랑치 말라 용사는 그 용맹을 자랑치 말라 부자는 그 부함을 자랑치 말라 자랑하는 자는 이것으로 자랑할찌니 곧 명철하여 나를 아는 것과 나 여호와는 인애와 공평과 정직을 땅에 행하는 자인줄 깨닫는 것이라 나는 이 일을 기뻐하노라 여호와의 말이니라" (렘9:23,24)

이처럼 하나님의 자녀들은 이 세상의 것들을 자랑거리로 여기지 않는다. 하지만 세속화된 배도의 시대에는 세상에서 생성된 것을 자랑으로 삼는 자들이 넘쳐난다. 어리석은 지도자들은 이 땅에서 쟁취한 풍요로운 것들이 마치 하나님의 축복인 양 주장하며 어린 교인들을 기만하고 있다. 우리는 성도들에게 허락된 최상의 자랑은 하나님의 몸된 교회와 사도들의 가르침에 온전히 순종하는 삶이라는 사실을 잊어서는 안 된다.

그러므로 극도로 발달한 첨단 과학 시대에 살아가는 성도들은 지금도 사도들의 관심과 눈길을 의식하며 참된 교회와 더불어 순수한 신앙생활을 이어나가야 한다. 따라서 우리 역시 하나님을 진정으로 경외함으로써 세상의 악한 풍조를 말씀으로 비판하는 가운데 모든 어려움을 인내와 믿음으로 이겨내야 한다. 사도들이 우리의 그런 모습을 보며 격려하고 다른 교회들을 향해서 우리를 자랑할 수 있도록 해야 한다.

"이는 하나님의 공의로운 심판의 표요 너희로 하여금 하나님 나라에 합당한 자로 여기심을 얻게 하려 함이니" (살후1:5ⓐ)

- 하나님의 공의로운 심판과 하나님 나라에 합당한 성도

바울은 지상 교회에 속한 하나님의 자녀들이 타락한 이 세상에서 악한 자들에 의해 핍박과 환난을 겪는 것이 하나님의 공의로운 심판을 보여주는 증거와 징표가 된다고 했다. 이 말은 하나님을 모르는 자들이 자신의 사악한 욕망에 따라 하나님의 자녀들을 핍박하게 된다는 사실에 연관되어 있다. 그것이 곧 살아계시는 하나님의 존재를 확인시켜 주는 중요한 역할을 한다는 것이다.

그러므로 참된 교회에 속한 성도들은 결국 그것을 통해 하나님의 나라에 적합한 자로 인정받게 된다. 하나님의 근원적인 뜻을 거부한 이 세상은 여전히 하나님에 대한 저항을 멈추지 않을 것이며, 하나님의 자녀들은 세상에서 핍박과 환난을 겪는 것을 통해 그들이 하나님의 편에 선 자들이라는 사실을 증거로 제시하게 된다. 이처럼 교회에 속한 성도들은 하나님의 나라를 위해 심한 고난을 받게 되는 것이다.

따라서 하나님의 백성들은 타락한 이 세상에서 악한 자들에 의해 고난받는 것을 오히려 기쁨으로 여겨야 한다. 이는 고난 자체가 감성적인 기쁨을 제공한다는 의미가 아니라 오히려 그와 같은 현실이 영원한 천국에 속해 있음을 확인해주고 있으므로 그 점이 곧 기쁨이 된다는 것이다. 하지만 어리석은 자들은 세상의 인정을 받고 세상의 기쁨을 취하기 위해 안간힘을 쓴다. 그것은 저들이 천상의 나라가 아니라 이 세상에 속한 자라는 사실을 확인해주는 의미를 지니고 있을 따름이다.

"그 나라를 위하여 너희가 또한 고난을 받느니라" (살후1:5ⓑ)

- 성도들이 받을 고난

하나님의 자녀들이 사탄의 영역에 속한 이 세상에서 심한 고난을 겪게 되는 것은 매우 자연스러운 일이다. 그들은 '하나님 나라'로 인해 이 세상에서 환난과 핍박을 당하게 되는 것이다. 즉 세상에서 환대받지 못하고 고난을 겪는다는 것은 그들이 이 세상에 속한 자가 아니라는 사실을 입증해주고 있다.

나아가 지상 교회에 속한 성도들이 고난을 겪는 것은 본질적인 측면에서 볼 때 도리어 큰 유익이 된다. 이는 하나님께서 그 과정을 통해 자기 자녀들을 강하게 훈련시켜 올바른 길로 인도하고 계시기 때문이다. 시편 119편에는 그에 연관된 중요한 내용이 기록되어 있다.

> "고난 당하기 전에는 내가 그릇 행하였더니 이제는 주의 말씀을 지키나이다 ... 고난 당한 것이 내게 유익이라 이로 인하여 내가 주의 율례를 배우게 되었나이다" (시119:67,71)

하나님의 자녀로서 이 세상에서 고난당하는 것은 복된 일이다. 그 고난은 하나님의 의도로 말미암아 주어지게 된다. 그에 반해 하나님과 무관한 자들 가운데는 그와 같은 심한 고난을 받지 않는 경우가 많다. 하나님께서 이미 사망에 처한 저들에게 특별히 의도된 고난을 주시지 않기 때문이다. 이처럼 세상에서 환대를 받는 것은 그들이 타락한 세상에 속한 자들이므로 얻게 되는 현상이라 할 수 있다.

사탄이 지배하는 이 세상이 하나님의 자녀들을 싫어하고 자기에게 속한 자들에게 더 나은 대우를 해주는 것은 지극히 자연스러운 일이다. 따라서 그들은 세상의 즐거움을 최상으로 여기며 그것을 더욱 풍족하게 누리기를 원한다. 즉 그로 말미암은 기쁨을 취하기 위해 온갖 노력을 아끼지 않는 것이다.

하지만 하나님의 자녀들이 세상에 속해 욕망에 가득 찬 저들의 삶을 비판하거나 못마땅하게 여긴다면 그들은 심하게 분노한다. 그것은 결국 타락한 세상에 속한 자들이 거룩한 하나님의 나라에 속한 자들을 핍박하는 원인이 된다. 따라서 하나님의 자녀로서 이 땅에서 그와 같은 박해를 받게 되면 그것이 곧 성도들의 소속을 확인하는 소중한 의미를 지니므로 도리어 기쁨과 감사의 조건이 되는 것이다.

제2장

하나님의 공의와 주님의 재림을 통해 임할 궁극적인 영광

(살후1:6-12)

(1:6) 너희로 환난 받게 하는 자들에게는 환난으로 갚으시고 (7) 환난 받는 너희에게는 우리와 함께 안식으로 갚으시는 것이 하나님의 공의시니 주 예수께서 저의 능력의 천사들과 함께 하늘로부터 불꽃 중에 나타나실 때에 (8) 하나님을 모르는 자들과 우리 주 예수의 복음을 복종치 않는 자들에게 형벌을 주시리니 (9) 이런 자들이 주의 얼굴과 그의 힘의 영광을 떠나 영원한 멸망의 형벌을 받으리로다 (10) 그 날에 강림하사 그의 성도들에게서 영광을 얻으시고 모든 믿는 자에게서 기이히 여김을 얻으시리라 우리의 증거가 너희에게 믿어졌음이라 (11) 이러므로 우리도 항상 너희를 위하여 기도함은 우리 하나님이 너희를 그 부르심에 합당한 자로 여기시고 모든 선을 기뻐함과 믿음의 역사를 능력으로 이루게 하시고 (12) 우리 하나님과 주 예수 그리스도의 은혜대로 우리 주 예수의 이름이 너희 가운데서 영광을 얻으시고 너희도 그 안에서 영광을 얻게 하려 함이니라

"너희로 환난 받게 하는 자들에게는 환난으로 갚으시고" (살후1:6)

- 교회와 성도들을 괴롭히는 자

하나님의 자녀들은 공중 권세를 잡은 사탄의 통치 아래 놓인 이 세상에서 환난을 당할 수밖에 없다(엡2:2). 지상 교회는 어떤 의미에서 볼 때 환난을 겪는 자들의 모임이라고 해도 과언이 아니다. 이 땅에서 심한 환난을 겪을지라도 천상에 소망을 둔 성도들이 함께 모여 하나님을 경배하며 영원한 나라에 대한 참 소망을 가지게 되는 것이다.

그렇지만 하나님께 속한 성도들은 자기를 괴롭히는 악한 자들에게 물리적인 보복을 하지 않는다. 그들에게는 그렇게 할 만한 힘이 없다. 단지 그런 힘든 형편 가운데 처해 있으면서 여호와 하나님께 그 사정을 아뢰고 간구하며 인내할 수 있을 따름이다.

그 대신 하나님께서 그들에게 환난으로 갚아주신다. 하나님의 자녀들을 박해한 자들은 자연에 의한 재난을 당할 수도 있다. 하지만 하나님을 전혀 모르는 자들은 심한 고난을 겪으면서도 그 원인을 알지 못한다. 즉 무엇 때문에 그와 같은 고난을 겪는지, 누가 저들에게 그 끔찍한 고통을 가하는지에 대한 이해가 전혀 없다. 이는 그들이 하나님의 근원적인 진노 아래 놓여있다는 사실을 말해주고 있을 따름이다.

하지만 하나님의 자녀들은 악한 자들에 의해 심한 환난을 겪으면서도 저들에 대한 하나님의 심판과 응징을 알고 있기에 단순히 억울한 마음만 있지는 않다. 그들이 장차 비교되지 않는 더 큰 환난을 겪게 될 것이므로 도리어 측은한 생각을 가지게 된다. 그것이 힘든 이 세상을 살아가는 성도들에게 진정한 위로가 되는 것이다.

"환난 받는 너희에게는 우리와 함께 안식으로 갚으시는 것이 하나님의 공의 시니" (살후1:7ⓐ)

- 환난과 고통을 당하는 성도들

여호와 하나님은 공의의 하나님이시다. 그는 인간들의 악행을 보시면서 아무 일 없는 듯이 넘어가시지 않는다. 특히 자기 자녀들의 문제에 대해서는 더욱 그렇다. 즉 최종 심판이 이르기 전에 하나님께서는 지상 교회와 성도들의 모든 것을 살펴보고 계신다. 따라서 악한 자들에 의해 괴롭힘을 당하는 성도들을 지켜 보호해 주신다. 이는 그들이 세상에서 당하는 고통 자체를 면하게 해주신다는 의미가 아니라 그 고통을 통해 오히려 안식을 주신다는 사실에 관련되어 있다.

물론 그 안식은 악한 자들을 징벌하심으로써 주어지는 영원한 안식과 밀접하게 연관되어 있다. 지상의 성도들이 고통을 당하는 괴로운 순간에도 영원한 안식의 약속을 알기에 그것을 바라보며 참된 위안을 얻게 된다. 그것이 이 땅에 살아가는 모든 성도에게 진정한 위로가 되기 때문이다.

어리석은 자들은 일시적인 힘을 동원해 하나님의 자녀들을 괴롭히면서 잘못된 승리감에 도취한다. 그것이 마치 최종적인 승리라도 되는 양 여기는 것이다. 그들은 자신의 힘이 통하는 언약의 자손들을 보면서 잠깐 즐거움에 빠지게 되지만 그 후에 따라올 하나님의 심판에 대해서는 철저히 무지하다.

그러나 지상 교회에 속한 성도들은 현실적으로 당하는 고통과 비교할 수 없는 큰 안식을 기대하며 바라보게 된다. 그로 인해 하나님의 자녀들은 자기가 당하는 환난으로 인해 낙심하지 않는다. 장차 그런 때가 이르면 어떤 일이 벌어질 것인지에 대하여 잘 알고 있기에 현실을 넉넉히 이겨낼 수 있는 것이다.

"주 예수께서 저의 능력의 천사들과 함께 하늘로부터 불꽃 중에 나타나실 때에" (살후1:7ⓑ)

- 주님의 재림

하나님의 아들로서 인간의 몸을 입고 이 세상에 오신 주님께서는 세상에서 모진 고난을 겪으신 후 십자가에 달려 돌아가셨다가 사흘 만에 부활하셨다. 그리고 사십일 동안 이 땅에 계시면서 제자들을 만나 천국복음에 대한 확증과 더불어 교제를 나누셨다. 그후 수백 명의 사람이 보는 가운데 부활하신 몸으로 천상의 나라로 올라가셨다. 그는 지금도 그곳에서 지구상에 있는 자기의 교회와 성도들을 돌아보고 계신다.

그 주님께서 천상의 나라로 올라가신 그대로 장차 이 땅에 다시 내려오시게 된다. 그가 처음 이 땅에 오셨을 때는 세상 사람들이 전혀 알지 못하는 사이 마리아의 몸을 통해 베들레헴에서 조용히 탄생하셨다. 그러므로 천상의 왕이 이 땅에 오신 사실은 당시 그 왕을 맞이하기 위해 특별히 온 동방박사로 일컬어지는 서기관들을 비롯한 극히 소수의 사람 이외에는 알지 못했다.

하지만 그는 나중 공사역을 시작하시면서 많은 사람에게 하나님의 아들이신 자신의 존재를 드러내셨다. 그가 마지막 십자가에 달려 돌아가시는 현장에는 로마인들과 유대인들을 비롯한 여러 사람이 그 광경을 지켜보고 있었다. 그 후 수많은 사람이 지켜보는 가운데 공개적으로 승천하셨다.

그런데 장차 그가 재림하실 때는 능력을 갖춘 천사들과 함께 이 땅에 내려오시게 된다. 그는 세상을 심판하시는 왕으로서 엄위한 모습으로 강림하신다. 그는 불꽃 가운데 화려한 모습을 띠고 지구상의 모든 사람이 볼 수 있게 오시게 되는 것이다. 물론 우리는 미래에 닥치게 될 그 상황을 어떻게 모든 인간이 보게 될지는 제대로 알기 어려우나 분명한 점은 그 약속이 반드시 이루어지게 된다는 사실이다.

"하나님을 모르는 자들과 우리 주 예수의 복음을 복종치 않는 자들에게 형벌을 주시리니 이런 자들이 주의 얼굴과 그의 힘의 영광을 떠나 영원한 멸망의 형벌을 받으리로다" (살후1:8,9)

- 궁극적인 심판과 영원한 멸망

재림하시는 예수님께서는 영원한 구속(救贖)을 이루기 위해 첫 번째 이 세상에 오실 때와는 전혀 다른 엄정한 심판주로 오시게 된다. 그는 선과 악에 대하여 아주 작은 오차도 없이 정확하게 심판하시는 분이다. 물론 그에 대한 기준은 인간들의 이성이나 경험에 따른 윤리가 아니라 전적인 하나님의 율법에 근거한다. 따라서 그에 연관된 깨달음이나 참된 지식이 없는 자들은 그 일이 자기에게 닥치게 되면 크게 당황할 수밖에 없다.

이와 같이 하나님을 모르는 자들과 주 예수 그리스도의 복음에 순종치 않는 자들에게는 무서운 형벌이 임하게 된다. 그 형벌은 인간들이 이 세상에서 경험해보지 못한 성격을 지니고 있을 것이 틀림없다. 그들은 이 세상에 살아가는 동안 경험했던 일반적인 은총이 거두어진 상태에 놓여 하나님의 손길에서 벗어나 완전히 버려지게 된다.

하나님을 거부하고 영원한 형벌을 받게 되는 자들은 주님의 권능과 그의 영광에서 분리될 수밖에 없다. 그들이 이 세상에서 아무리 풍족한 삶을 누렸다고 해도 그것은 아무런 의미가 없다. 성경은 영원한 형벌을 받아 하나님의 은총으로부터 분리된 자들이 가게 될 고통의 영역인 지옥은 영원히 꺼지지 않는 불구덩이로 묘사하고 있다(마3:12; 18:8,9; 계14:10). 이처럼 바울은 데살로니가 교회를 향해 그에 관한 중요한 언급을 하고 있다.

"그 날에 강림하사 그의 성도들에게서 영광을 얻으시고 모든 믿는 자에게서 기이히 여김을 얻으시리라 우리의 증거가 너희에게 믿어졌음이라" (살후1:10)

- 교회로부터 영광을 받으시는 예수 그리스도

예수님께서는 작정되어 있는 그 날에 천상의 나라에서 놀라운 권능을 힘입고 영화로운 모습으로 이 땅에 강림하시게 된다. 그 때는 하나님께서 창세 전에 선택하신 모든 성도가 완전한 구원에 참여하는 은혜를 누린다. 즉 하나님께서 한 사람도 빠짐없이 자기의 모든 백성을 죄로부터 구원하여 생명의 자리로 불러 모으시게 되는 것이다.

타락한 이 세상이 즉시 멸망하지 않고 상당 기간 존속되어야 하는 이유는, 하나님께서 세상에서 구원을 작정하신 언약의 자손들과 연관되어 있다. 그들의 수가 다 채워지게 되면 이 세상이 더 이상 존재할 이유가 없어지게 된다. 즉 하나님의 모든 자녀가 완전히 구원받게 되면 오염된 우주 만물과 지구는 그 용도를 다하게 되는 것이다. 그로 말미암아 하나님께서는 창세 전에 선택하신 모든 성도를 불러모아 완성된 무리를 통해 영광을 받으시게 된다.

그렇게 되면 영원한 구원에 참여한 성도들은 하나님의 완벽한 섭리와 사역으로 말미암아 감탄의 소리를 발하게 된다. 지상 교회에 속한 성도들이 예수 그리스도의 재림과 더불어 하나님의 약속이 완벽하게 이루어진 사실을 깨달아 알게 되기 때문이다. 이에 대해서 바울은 그 전에 이미 사도들이 교회와 성도들에게 증거한 바이며 그 증거를 그들이 믿고 있었음을 언급하고 있다.

"이러므로 우리도 항상 너희를 위하여 기도함은 우리 하나님이 너희를 그 부르심에 합당한 자로 여기시고 모든 선을 기뻐함과 믿음의 역사를 능력으로 이루게 하시고" (살후1:11)

- 부르심에 합당한 선과 믿음의 역사

바울은 장차 주님의 재림이 이루어질 것과 그와 더불어 완성될 하나님의 모든 사역에 연관된 사도들의 증거를 믿고 받아들이는 데살로니가 교회 성도들에 대한 깊은 신뢰를 보냈다. 그리고 항상 그들을 위해 기도하고 있음을 말했다. 그 모든 것이 하나님의 뜻 가운데 이루어지리라는 것이었다.

사도 바울은 또한 데살로니가 성도들이 하나님으로부터 부르심을 받기에 합당한 자로 여김을 받는다는 사실을 언급했다. 또한 하나님께서 저들 가운데 존재하는 모든 선을 기뻐하신다고 했다. 이는 그가 악한 것에 대하여 크게 진노하신다는 의미를 지니고 있다. 하나님의 뜻을 벗어난 모든 것들은 궁극적인 심판의 대상이 될 수밖에 없다.

하나님께서는 우주 만물과 인간이 창조되기 전에 이미 영원한 삶이 보장된 자기 백성들을 구별해두고 계셨다. 따라서 사탄이 첫 사람 아담을 미혹하여 하나님을 떠나게 함으로써 그로부터 멸망에 빠뜨렸을 때 그는 언약과 더불어 선택하신 백성들에 대한 구원을 작정하시고 인간 역사 가운데 그 뜻을 이루어 가셨다. 그리하여 하나님께서 자신의 능력으로 모든 믿음의 역사를 점진적으로 완성해 가신다. 그 모든 것은 전적으로 여호와 하나님 자신의 언약에 기초하고 있다.

“우리 하나님과 주 예수 그리스도의 은혜대로 우리 주 예수의 이름이 너희 가운데서 영광을 얻으시고 너희도 그 안에서 영광을 얻게 하려 함이니라” (살후1:12)

- 예수 그리스도의 영광스러운 이름에 참여하게 될 교회

하나님께서는 자기 자녀들을 악한 세력으로부터 구원하시고자 하신 고유한 언약과 작정을 인간 역사 가운데 실행해 가셨다. 구약시대 믿음의 선배들과 신약시대 이 땅에 존재하는 모든 교회는 그에 직접 연관되어 있다. 즉 성도들이 교회에 모이게 된 것은 하나님의 섭리에 근거한 일로서 전적으로 하나님의 영광을 위한 것이다.

그 모든 과정은 전적인 하나님의 은혜로 인해 진행되어 가게 된다. 그리하여 자기 백성을 위해 고난을 받고 십자가에 달려 죽었다가 부활 승천하신 주 예수 그리스도의 이름이 교회 가운데서 영광을 받으시게 된다. 또한 하나님의 자녀들도 그 교회 가운데 살아가면서 영광을 얻어 누리게 되는 것이다.

하지만 타락한 이 세상에 존재하는 지상 교회에 속한 성도들은 악한 세력을 가진 자들에 의해 심한 고난을 겪을 수밖에 없다. 그런데 중요한 사실은 성도들이 많은 고난을 겪지만, 교회는 하나님과 예수 그리스도께 영광을 돌리는 직무를 이행하는 가운데 존재하고 있다. 이는 성도들은 세상으로부터 심한 환난을 겪지만, 하나님의 은혜 가운데 천상에 대한 소망과 더불어 신성한 영광을 누리게 된다는 사실을 말해주고 있다.

물론 이에 관한 모든 것은 주님의 재림과 더불어 완성된다. 악한 자들에 대한 하나님의 최종 심판과 더불어 자기 자녀들을 죄악 세상으로부터 구원하심으로써 하나님의 궁극적인 뜻이 이루어지게 되는 것이다. 따라서 하나님의 자녀들은 이 땅에서 환난과 핍박을 당하지만 장차 주님의 재림과 더불어 임하게 될 소망으로 인해 그 영광을 미리 맛보게 되는 것이다.

제3장

주님의 재림을 앞둔 배도의 시대

(살후2:1-4)

(2:1) 형제들아 우리가 너희에게 구하는 것은 우리 주 예수 그리스도의 강림하심과 우리가 그 앞에 모임에 관하여 (2) 혹 영으로나 혹 말로나 혹 우리에게서 받았다 하는 편지로나 주의 날이 이르렀다고 쉬 동심하거나 두려워하거나 하지 아니할 그것이라 (3) 누가 아무렇게 하여도 너희가 미혹하지 말라 먼저 배도하는 일이 있고 저 불법의 사람 곧 멸망의 아들이 나타나기 전에는 이르지 아니하리니 (4) 저는 대적하는 자라 범사에 일컫는 하나님이나 숭배함을 받는 자 위에 뛰어나 자존하여 하나님 성전에 앉아 자기를 보여 하나님이라 하느니라

"형제들아 우리가 너희에게 구하는 것은 우리 주 예수 그리스도의 강림하심 과 우리가 그 앞에 모임에 관하여" (살후2:1)

- 권면과 주님의 강림과 그 앞의 신령한 모임

사도 바울은 함께 머물고 있던 형제들과 함께 데살로니가 교회를 향해 간곡한 요청을 하고 있다. 그것은 장차 주 예수 그리스도께서 재림하시는 사건에 연관되어 있다. 또한 그 때가 이르면 세상에 살았거나 살고 있는 모든 성도들로 구성된 거룩한 무리인 완성된 '교회'가 하나님 앞에 모이게 될 것에 관한 내용을 포함하고 있다.

1세기 당시 여러 지역에 흩어진 교회들뿐 아니라 지상에 존재하는 모든 참된 교회들은 십자가를 지고 돌아가셨다가 부활하신 주님께서 재림하신다는 사실을 잘 알고 있다. 그리고 모든 성도가 재림하신 주님 앞에 모이게 된다. 이는 창세 전부터 작정하고 창조 이래 이 세상에서 행하신 하나님의 모든 구원 사역이 완성되는 것을 의미하고 있다.

성숙한 참된 성도들은 그 사실 자체에 대해서는 추호의 의심도 하지 않는다. 주님의 재림에 관한 문제와 이 세상에 살았던 모든 성도가 그 앞에 모인다는 것은 지극히 당연한 일이다. 그에 대해서는 하나님과 그의 말씀이 증거하고 있으며 예수님과 그의 제자들을 비롯한 사도들이 충분히 증언하고 있기 때문이다.

하지만 장차 천상의 주님께서 재림하실 구체적인 시기와 세상에서 발생하는 역사적 진행 과정에서 그 날을 명확히 단정지을 수 없다. 즉 세상에 살아가는 인간들이 재림의 때를 정확하게 알고 발표하는 것은 가능하지 않은 일이다. 그럼에도 불구하고 하나님의 말씀에 기초하지 않은 채 그에 관한 거짓 주장을 펼치는 자들이 많이 나타나게 된다.

따라서 참된 교회와 그에 속한 성도들은 잘못된 주장에 대하여 냉철한 경계를 해야만 한다. 그리하여 어린 성도들이 그 거짓 주장에 휩쓸

리거나 따라가지 않도록 해야 한다. 그것을 위해서는 교회에 속한 모든 성도가 항상 성경과 성령 하나님의 인도하심에 순종하는 가운데 올바른 신앙인의 자세를 유지해야만 한다.

"혹 영으로나 혹 말로나 혹 우리에게서 받았다 하는 편지로나 주의 날이 이르렀다고" (살후2:2ⓐ)

- 예수님의 재림과 이단 사상

지난 2천 년 동안의 기독교 역사 가운데는 예수님의 재림에 관한 잘못된 주장으로 인해 다양한 이단들이 끊임없이 나타났다. 그런 악한 주장을 펼치는 자들은 신앙이 어린 교인들을 속여 자기의 욕망을 채우고자 안간힘을 썼다. 그들 가운데는 자신의 욕망을 추구하기 위한 인위적인 의도 없이 거짓 영에 사로잡혀 다른 교인들을 미혹하기도 했다.

그러므로 사도 바울은 데살로니가 성도들에게 주님의 재림을 언급하며 그 구체적인 날이 눈앞에 바싹 이른 상태라고 주장하는 무책임한 자들의 말을 믿지 말라고 했다. 따라서 하나님을 경외하는 성도들은 성경을 통한 올바른 분별력을 잃지 말아야 한다. 거짓에 속아 쉽사리 동화되거나 흔들리는 일이 없어야 하기 때문이다. 신앙이 어린 자들은 그런 거짓 주장에 속아 크게 당황하는 일이 발생할 수도 있다.

그 악한 자들은 자신이 마치 성령에 충만한 자인 양 선전하거나 하나님의 말씀을 맡은 교사로 포장하여 어린 교인들을 속이려고 덤벼든다. 또한 사실과 달리 자기가 하나님으로부터 직접 계시를 받았다고 주장하는 자들도 생겨난다. 뿐만 아니라 사도들을 비롯한 신뢰할 만한 믿음의 사람들이 그에 관하여 쓴 편지가 자신에게 존재한다고 떠들어대면서 거짓말을 퍼뜨리기도 한다.

이와 같은 안타까운 일이 오늘날 우리 시대에도 동일하게 나타나고 있다. 하나님께 대항하는 배도자들이 하나님의 이름을 함부로 들먹이며 주님의 재림에 관한 거짓 주장을 펼치는 것이다. 어리석은 교인들은 근거 없는 저들의 거짓을 듣고 올바른 분별력이 없어 그에 빠져들기도 한다. 그렇게 되면 그 거짓 증거를 마치 참된 것인 양 착각한 채 또다시 다른 사람들을 미혹하는 일에 참여하게 된다. 그와 같은 배도자들의 행태는 결국 지상 교회를 크게 흔드는 사악한 행위가 될 수밖에 없다.

"쉬 동심하거나 두려워하거나 하지 아니할 그것이라" (살후2:2ⓑ)

- 재림에 대한 견고한 신앙

하나님의 자녀들은 자기 주변에 예수님의 재림의 날을 구체적으로 확정하여 영적인 협박을 가하는 자들이 있다고 해도 그에 마음이 흔들리거나 동화될 필요가 없다. 하나님께서 계시하신 말씀으로부터 그에 대한 올바른 깨달음을 가질 수 있기 때문이다. 즉 하나님께서 이미 성경을 통해 주님의 재림에 관한 분명한 교훈을 주고 계시는 것이다.

그렇지만 분별력이 없는 신앙이 어린 자들은 악한 자들의 거짓 주장을 듣고 심한 두려움에 빠지기도 한다. 세상의 욕망에 집착하는 자들은 그 때가 이르면 감당하기 어려운 힘든 일이 발생할 것이라는 불안감에 휩싸인다. 하지만 하나님의 은혜를 입은 성도들은 예수님의 재림을 두려워할 것이 아니라 도리어 진정한 기쁨과 감사를 누리게 된다.

그러므로 사도 바울은 지상 교회와 성도들을 향해, 예수님의 재림 날짜에 관한 거짓 주장을 펼치는 자들의 주장을 믿을 필요가 없으며 관심조차 가질 이유가 없다고 했다. 하나님의 자녀들은 성경의 교훈을 통해 그 시기를 어느 정도 분별할 수 있되 구체적인 날을 지목하지는 않는다. 이는 하늘을 보고 날이 맑을지 흐릴지 혹은 비가 올지 천기(天氣)를 보는 것처럼 주님의 재림이 가까워진 사실에 대한 짐작이 가능하나 그 구체적인 날과 시에 대해서는 알 수 없는 것이다.

"누가 아무렇게 하여도 너희가 미혹하지 말라" (살후2:3ⓐ)

- 그릇된 종말사상 경계

타락한 인간들은 자신의 이성과 경험에 따라 주관적인 주장을 펼치기를 좋아한다. 특히 종교와 신앙적인 면에서는 더욱 그렇다. 다양한 종교들이 제각각 제공하는 신앙의 특성은 객관성이 없는 인간의 감성에 기초한 주관적인 믿음에 지나지 않는다. 그것이 비록 진정성이 없는 허망한 거짓이라고 할지라도 그것을 따르게 되는 까닭은 인간의 심성을 자극하는 종교적인 맹신 때문이다. 불교든 이슬람교든 힌두교든 무속종교든 그에 빠진 사람들은 자기가 믿고 있는 것이 무조건 옳다고 여기면서 맹목적인 신앙을 가지게 되는 것이다.

그러나 참된 진리는 오직 '하나'밖에 없다. 그것은 우주 만물을 창조하신 여호와 하나님으로부터 계시된 말씀을 통해 깨달아 알 수 있을 따름이다. 따라서 하나님의 말씀을 통해 참된 진리를 알게 되어 올바른 신앙생활을 하는 자들은 항상 계시된 말씀을 귀담아듣고 그것을 통해 이 세상의 모든 것을 해석할 수 있어야 한다.

즉 하나님의 자녀들은 성경 말씀과 더불어 확고한 신앙을 가지고 굳건히 서야 한다. 성숙한 성도들이 올바른 신앙 자세를 소유하고 있을 때 비로소 교회 가운데 있는 어린 교인들도 그 진리와 함께 설 수 있게 된다. 그렇게 함으로써 지상의 교회가 흔들리지 않고 든든히 성장해가게 되는 것이다. 이에 대해서는 개별적인 신앙에 국한되는 것이 아니라 전체 교회가 공적으로 신경 써야 한다.

그러므로 사도 바울은 데살로니가 교회를 향해 거짓 주장을 펼치는 악한 자들에 의해 미혹되지 않도록 당부했다. 이는 어느 누구라 할지라도 예수님의 재림에 관하여 잘못된 주장을 펼친다면 그것을 거부하고 속지 말라는 것이다. 만일 교회 내부에 있는 교인들 가운데 저들의 거짓말에 속아 넘어가는 자가 생기게 되면 그가 주변의 또 다른 교인들을 미혹하게 될 것이기 때문이다.

종말에 관련된 이단자들의 주장은 마치 누룩처럼 퍼져 전체 교회에 위태로운 악영향을 끼칠 우려가 있다. 특히 조심해야 할 점은 겉보기에 윤리적이며 그럴듯하게 보이는 사람들이 그에 빠지게 되면 더욱 위험하게 된다는 사실이다. 평상시에 상냥한 모습으로 이웃을 위해 좋은 일을 많이 하는 자들이 그런 거짓 주장을 퍼뜨리게 되면 신앙이 어린 교인들은 그에 넘어가기가 쉽다. 따라서 성숙한 교인들은 항상 그에 관하여 각별한 주의를 기울이지 않으면 안 된다.

"먼저 배도하는 일이 있고 저 불법의 사람 곧 멸망의 아들이 나타나기 전에는 이르지 아니하리니" (살후2:3ⓑ)

- 적그리스도와 종말

바울은 예수님의 재림에 관한 언급을 하면서 그 구체적인 날이 이르기 전에 특별한 징조가 나타난다는 사실을 말했다. 그것은 하나님을 배반하는 일이 난무한 시대가 도래한다는 의미를 지니고 있다. 우리는 이 말이 지닌 구체적인 상황을 주의 깊게 생각해 보아야 한다. 각 시대마다 그런 일들이 수없이 많이 있었는데, 왜 굳이 이 특별한 사실을 언급하는지 잘 이해해야 할 필요가 있는 것이다.

이는 일반적인 상태를 넘어 종말의 때에 발생할 교회적 관점에서 이해해야 한다. 즉 기독교인임을 내세우며 하나님을 섬긴다고 주장하면서도 실제로는 하나님을 배반하는 자들이 일반화되는 상황에 연관된 것으로 보인다. 처음부터 지상 교회에 속한 적이 없어서 성경에 완전히 무지하고 하나님을 알지 못하는 자들은 전적인 불신자에 해당한다. 그에 반해 교회 내부로 들어와 주관적인 관점에서 성경을 어느 정도 알고 매 주일 예배당에 나가 설교와 더불어 찬송가를 부르며 기도하고 연보를 하면서도 실상은 배도에 빠져 하나님께 대항하며 헛된 신앙 활동을 하는 자들이 있는 것이다.

그런 사람들은 실제로는 배도의 길을 걸어가면서 자기의 사악한 상태를 전혀 인식하지 못하는 경우가 많다. 즉 자신의 욕망을 채우려고 일부러 배도 행위를 하는 자가 있는가 하면 그 실상을 전혀 인식하지 못한 채 스스로 훌륭한 교인인 양 착각하면서 실제로는 배도에 빠진 자들이 있다. 악한 자들은 예수님의 재림에 관한 저들의 주장이 절대적인 것인 양 내세우며 하나님의 교회를 허무는 일에 매진하게 된다. 주님의 재림을 앞두고 그와 같은 현상이 일반화되어 가는 경향성이 나타나는 것이다.

그리고 사도 바울은 장차 하나님의 율법을 무시하는 멸망의 아들이 나타나게 된다는 사실을 언급했다. 여기서 멸망의 아들이란 적그리스도(the antichrist)를 의미하고 있음이 분명하다. 하지만 그가 단일인물로서의 적그리스도인지 아니면 복수적 개념을 동시에 가지는지에 대하여는 주의를 기울여 생각해 보아야 한다.

사도 요한은 자기의 서신 가운데서 적그리스도가 여러 명이라는 사실을 언급하고 있다(요일2:18). 그들은 참된 교회에 속해 있다가 배도에 빠져 교회를 떠나간 일에 연관되어 있다. 예수 그리스도의 몸된 교회를 떠나 그로부터 분리된 자들은 적그리스도라는 것이다. 그런 자들이 무형의 사악한 무리를 형성하여 하나님과 그의 몸된 교회를 크게 어지럽히며 해악을 끼치게 되는 것이다.

지금 우리가 살아가고 있는 21세기는 과거의 지엽적인 배도 현상과 달리 전체적으로 배도의 늪에 빠진 자들이 많아지게 된다. 지구상에 수많은 사람이 교회라는 이름을 가진 종교 단체에 참여하고 있으나 그들 가운데 다수는 그 교회가 성경에 비추어 보아 참된 교회인지 분별할 수 있는 능력이 없다. 이런 형편에서 언급된 '멸망의 아들'과 '적그리스도'로 표현된 자에 속한 배도자들이 그에 관련되어 있으며, 배도에 빠진 교회의 집단적 성격과 더불어 그 의미를 생각해 보아야 한다.

그러므로 데살로니가 후서 본문에서 언급하고 있는 바 불법의 사람이자 멸망의 아들인 적그리스도는 사탄과 그의 세력을 추종하는 자들을 총칭하고 있는 것으로 이해할 수 있다. 그런 자들은 하나님의 이름을 입술에 달고 다니지만, 실상은 하나님께 저항하는 자들에 지나지 않는다. 그와 같은 이단 신앙을 가진 자들은 하나님을 배반하고 사탄에 속하여 그를 따르다가 결국 멸망에 이르게 된다.

따라서 사도 바울은 주님이 재림하시기 전에 반드시 그와 같은 배도의 시대가 이르게 된다는 사실을 언급하고 있다. 역사 가운데 그와 같은 총체적 배도의 국면이 발생하게 되면 주님께서 재림하실 때가 가까운 줄 알게 되리라는 것이다. 우리가 기억해야 할 바는 현시대가 전 세계적으로 그와 같은 심각한 국면에 처해 있다는 사실이다.

"저는 대적하는 자라 범사에 일컫는 하나님이나 숭배함을 받는 자 위에 뛰어나 자존하여 하나님 성전에 앉아 자기를 보여 하나님이라 하느니라" (살후2:4)

- 적그리스도의 참람한 행동

여호와 하나님을 대적하는 사악한 자들은 자기의 욕망을 채우기 위해 하나님의 이름을 이용하기를 좋아한다. 즉 입술로는 하나님을 경배한다고 떠들면서 실제로는 그것을 통해 자기가 영광을 누리려고 하는 것이다. 그런 자들은 항상 하나님의 이름을 내세우며 자기의 신앙심을 드러내 보이고자 한다.

배도에 빠진 무지한 자들은 하나님으로부터 계시된 성경을 무시하며 자기가 마치 하나님보다 더 훌륭한 판단을 하는 듯이 행세한다. 자기의 생각이 하나님과 그의 말씀보다 더 우월한 것으로 여기는 것이다. 따라서 어리석은 백성들을 찾아다니며 자기의 신앙을 자랑하게 된다. 그들은 전지전능하신 하나님보다 자신을 더 우위에 두고 어리석은 사람들 앞에서 높임을 받기를 좋아한다.

그와 같은 자들은 입술로는 하나님을 경배하자고 외치면서 실상은 스스로 자기를 높이고자 안간힘을 쓰게 된다. 또한 하나님을 위해 종교적인 활동을 비롯한 무엇인가 행하자며 사람들을 동원하여 자기가 목적하는 바를 추구하기에 급급하다. 하지만 어리석은 자들은 그들을 보며 신앙이 탁월한 자로 여기며 자기도 그 무리 속에 들어가게 된다.

사도 바울은 그런 자들을 가리켜 하나님을 욕되게 하는 악한 자라고 말했다. 그들은 감히 하나님의 거룩한 성전에 앉아 자기가 마치 하나님이라도 되는 양 행세하게 된다. 그런 자들은 하나님이 앉아 계시면서 모든 명령을 내리며 영광을 받으셔야 할 그 자리에 앉아 하나님의 영광을 가로채는 행위를 되풀이하게 되는 것이다.

이 말씀은 오늘날 지상 교회에 그대로 나타나는 현상이다. 참된 교회는 예수 그리스도를 머리로 둔 성도의 무리이다. 그 가운데서는 하나님의 아들 예수 그리스도 외에 어느 누구도 머리 행세를 할 수 없다. 교회에서 하나님의 말씀을 전하는 직분자는 하나님의 말씀에 온전히 순종하며 그 말씀을 교회에 전달해야 한다. 즉 참 머리이신 그리스도와 상관없는 자기의 주장을 펼쳐서는 안 된다.

하지만 지상 교회 가운데는 그와 같은 일이 수없이 많이 발생하고 있다. 특히 주님의 재림을 앞둔 말세가 되면 그런 배도의 상황이 보편적으로 일어나는 양상을 띠게 된다. 따라서 신앙이 성숙한 성도들은 교회에서 하나님의 말씀이 온전히 전파될 수 있도록 최선의 노력을 기울여야 한다.

그럼에도 불구하고 말세가 되면 그와 같은 일이 보편화되어 나타난다. 교회를 이루고 있는 언약의 무리 속에 거짓 교사가 들어와 하나님의 이름을 핑계대며 자기가 마치 하나님으로부터 절대적인 권세를 위임받은 양 군림하게 된다. 그렇게 함으로써 하나님의 성전인 거룩한 교회 가운데서 감히 하나님의 영광을 가로채는 행위를 되풀이하는 것이다.

이에 대해서는 주님의 재림을 앞둔 시대에 살아가는 우리가 더욱 깊은 주의를 기울여 생각해 보아야 한다. 성숙한 성도들은 배도에 빠진 그런 악한 자들이 교회와 성도들에게 접근하지 못하도록 경계하지 않으면 안 된다. 그것이 곧 신앙이 어린 성도들을 보호하는 방편이 된다. 배도자들의 그런 행동을 방치하게 되면 교회가 흔들려 참 교회의 모습을 잃고 거짓 교회나 이단 교회로 변질하는 지경에 이르게 된다.

제4장

주님의 재림을 앞둔 시기의 불의한 세력

(살후2:5-10)

(2:5) 내가 너희와 함께 있을 때에 이 일을 너희에게 말한 것을 기억하지 못하느냐 (6) 저로 하여금 저의 때에 나타나게 하려 하여 막는 것을 지금도 너희가 아나니 (7) 불법의 비밀이 이미 활동하였으나 지금 막는 자가 있어 그 중에서 옮길 때까지 하리라 (8) 그 때에 불법한 자가 나타나리니 주 예수께서 그 입의 기운으로 저를 죽이시고 강림하여 나타나심으로 폐하시리라 (9) 악한 자의 임함은 사단의 역사를 따라 모든 능력과 표적과 거짓 기적과 (10) 불의의 모든 속임으로 멸망하는 자들에게 임하리니 이는 저희가 진리의 사랑을 받지 아니하여 구원함을 얻지 못함이니라

"내가 너희와 함께 있을 때에 이 일을 너희에게 말한 것을 기억하지 못하느냐" (살후2:5)

- '이 일' 곧 예수님의 재림과 연관하여 발생할 일

바울은 데살로니가 교회를 향해 그가 저들과 함께 머물 동안 예수님의 재림 때에 연관된 상황을 설명한 사실을 언급했다. 여기에는 그에 대한 거짓 주장을 펼치는 악한 자가 전면에 등장하게 될 날이 이르게 되리라는 점이 포함되어 있다. 이는 자기가 전달한 모든 내용은 급작스럽게 말한 것이 아니라 예수님의 가르침 가운데 원래부터 있어 온 것이라는 의미를 지니고 있다.

그러므로 그에 관한 사실을 기억하지 못하느냐고 했다. 이는 그들이 그 내용을 기억하지 못하기 때문에 한 말이라기보다 반드시 마음속 깊이 간직하고 있어야 한다는 점을 강조하고 있다. 여기에는 장차 주님의 재림이 반드시 임하리라는 사실과 그것을 두고 거짓된 주장이 난무하게 되리라는 의미가 포함되어 있다.

우리는 바울의 이 말을 통해 소중한 교훈을 얻을 수 있어야 한다. 그것은 주님의 제자들을 비롯한 사도들이 기록한 모든 성경이 시대적 상황의 변화에 따라 주어진 것이 아니라는 사실에 연관되어 있다. 성경의 모든 교훈은 예수님의 가르침에 기초하고 있으며 동시에 전적인 하나님의 계시에 따라 기록된 것이기 때문이다.

따라서 하나님으로부터 계시된 성경의 내용은 예수님으로 말미암은 절대 진리이다. 지상 교회에 속한 모든 성도는 그것을 통해 하나님의 말씀을 경청할 수 있어야만 한다. 그러므로 바울이 데살로니가 교회를 향해 말하고 있는 것처럼 모든 성도가 그 내용을 올바르게 잘 기억하고 있어야만 하는 것이다.

“저로 하여금 저의 때에 나타나게 하려 하여 막는 것을 지금도 너희가 아나니 불법의 비밀이 이미 활동하였으나 지금 막는 자가 있어 그 중에서 옮길 때까지 하리라” (살후2:6,7)

- 암암리에 행해지는 사악한 자의 활동

예수님이 재림하시기 직전에 나타나게 될 악한 자는 때가 이르기 전에는 억제를 당하고 있다고 했다. 그것을 억제하는 자는 하나님이다. 즉 하나님께서 불법을 행하는 자가 자유롭게 활동하는 것을 허락하지 않는다는 것이다. 그에 대해서는 하나님의 언약에 속한 자들이 알고 있어야 할 내용이다.

하지만 주님께서 재림하실 때가 가까이 이르게 되면 본격적인 불법자가 등장하게 된다. 바울은 그 불법한 자들의 행동이 이미 암암리에 시작되었음을 언급하고 있다. 따라서 지상 교회는 항상 세상의 시대적 상황을 올바르게 분별하는 힘을 가져야 한다. 악한 자가 적극적인 활동을 개시하고 그를 따르는 추종자들이 많아지게 되면 세상은 물론 기독교를 빙자한 여러 종교 단체들이 심각한 혼란을 부추기게 된다.

성경의 교훈을 벗어난 자들이 자신의 종교적인 욕망을 추구하며 예수님의 재림에 대한 거짓 주장을 펼치는 것은 위험하기 그지없는 일이다. 그것은 순진한 교인들의 신앙을 혼란스럽게 만드는 역할을 하기 때문이다. 그와 같은 분위기가 조성되면 교회는 심각한 어려움에 직면할 수밖에 없다.

그러므로 그 때가 이르면 기독교 내부에서조차 예수님의 재림 자체를 부인하는 자들이 많이 생겨난다. 하나님을 전혀 알지 못하는 불신자들은 성경을 아예 모르기 때문에 처음부터 그에 관한 생각 자체가 없다. 그런데 기독교 내부로 들어와 성경을 언급하면서 주님의 재림을 부인하는 자들이 생겨나 크게 기승을 부리는 것은 여간 심각하지 않다.

21세기에 살아가는 성도들은 그에 관한 심각한 위기에 직면해 있는 형편이다. 첨단 과학 문명이 발달한 시대에 존재하는 교회는 정신을 바짝 차리지 않으면 안 된다. 우리 주변에는 예수를 믿는 기독교인이라 주장하면서 주님의 실제적 재림을 부인하는 자들이 넘쳐나고 있다. 더구나 기독교 지도자를 자칭하며 신학적 원리를 제공하고 가르치는 신학자들과 목회자들 가운데 그런 자들이 많다는 것은 심각한 문제가 아닐 수 없다.

배도에 빠진 그런 자들은 과거에는 암암리에 활동하며 어린 교인들을 미혹해 왔으나 이제는 공공연하게 그렇게 하고 있다. 그들은 인간의 이성과 경험에 따라 성경을 해석하며 성경에 기록된 재림에 관한 내용을 그대로 받아들이지 않는다. 어리석은 자들은 그와 같은 주장을 듣고 속아서 잘못된 길을 따라가게 되는 것이다.

그러므로 지상에 존재하는 교회와 성도들은 정신을 바짝 차려야만 한다. 주님의 재림을 부인하는 자들은 성경을 무시한 채 거짓 주장을 펼치며 사악한 세력을 끊임없이 확장해 나가고자 한다. 그들은 주님의 십자가 사건과 부활 및 승천을 믿지 않으므로 그의 육체적 재림 역시 논리성이 없는 비이성적이라 간주한다. 교회를 어지럽히는 이와 같은 일은 주님이 재림하실 그 날까지 지속해서 행해지게 된다.

"그 때에 불법한 자가 나타나리니 주 예수께서 그 입의 기운으로 저를 죽이시고 강림하여 나타나심으로 폐하시리라" (살후2:8)

- 주님의 재림과 심판

마지막 때가 가까워질수록 하나님께 저항하며 그의 말씀을 부인하는 자들이 더욱 극성을 부리게 된다. 하나님의 율법을 멸시하는 자들은 점차 그 세력을 규합해 가려고 한다. 그 전에도 사탄은 자기의 졸개인 귀신들을 통해 지상 교회를 어지럽혀 왔다. 그와 같은 행태는 인간 역사 가운데 줄곧 있어 온 일이다.

그런데 종말의 때가 이르게 되면 사탄이 자기를 추종하는 악한 자들을 모아 사악한 세력을 행사한다. 이는 역사의 마지막 즈음에 인간들이 만들어낸 다양한 기술 문명에 연관되어 나타나는 것으로 이해할 수 있다. 전통적이며 고전적인 시대에는 전 세계의 다양한 지역에 흩어져 살아가는 자들이 하나로 엮어져 있지 않았다. 따라서 각 사람은 제각각 자기의 경험과 이성 세계에 갇혀 살아가는 특성을 보이고 있었다.

그러나 주님의 재림을 앞둔 종말의 때가 되면 인간들이 통합성을 형성해가게 된다. 즉 역사적 사건들과 여러 곳에 흩어져 살아가는 자들에 대한 정보를 서로 공유하며 지식적 보편성을 이루게 되는 것이다. 인간들에게 그와 같은 통합적 환경이 조성된다는 것은 세상의 공중권세 잡은 사탄도 그와 동일한 조건을 가지게 된다는 사실을 의미한다.

그리하여 사탄은 각종 정보로 말미암아 좁아진 세상 가운데서 악한 자들을 더욱 결집하여 다양한 형태로 지상 교회를 흔들거나 파괴하려고 한다. 어리석은 자들은 아무런 분별력이 없어 쉽게 그에 따라가게 된다. 즉 세상의 마지막이 가까워지면 사탄을 추종하며 불법을 도모하는 자들이 상호 연합하는 형태로 하나님의 자녀들을 속이게 되는 것이다.

그것은 물론 단일화된 하나의 조직을 구성하는가 하는 문제와 성격이 다르다. 즉 단일 조직이 아니어도 그 악한 세력은 다양한 형태로 하나님의 율법을 무시한 채 교회와 그에 속한 성도들을 미혹하여 혼란스럽게 만든다. 그것이 세상의 더러운 사상이든지 인간성을 파괴하는 다양한 풍조이든지 첨단 과학이나 기술을 통한 역기능적 방편이든지 그 맨 위에는 하나님을 대적하는 사탄이 자리잡고 있다.

하지만 하나님께서는 자신의 입김과 영광의 광채로 그 불법자들을 심판하시게 된다. 그들을 죽음에 이를 만큼 엄하게 징벌하여 더 이상 하나님의 자녀들을 미혹하거나 괴롭히지 못하도록 하신다는 것이다. 그렇게 되면 하나님 앞에서 악행을 지속하지 못하는 때가 온다. 주님께서 재림하심으로써 저들의 모든 악행을 폐하실 것이기 때문이다.

이 말씀은 요한계시록의 무저갱과 더불어 생각해 볼 수 있다(계20:1-10, 참조). 하나님께서는 사탄을 무저갱에 일정 기간 가두어두셨다가 종말의 때 잠시 풀어주신다고 했다. 이는 그동안 사탄의 세력이 암암리에 활동하다가 그 후 풀려나게 되면 적극적으로 교회를 어지럽히며 해치게 된다는 것이다.

그 전체적인 과정을 거치면서 사탄의 편에 속한 자들은 결국 그에게로 돌아가게 되지만 하나님의 자녀들은 하나님의 편에 서게 된다. 그로 말미암아 양쪽이 서로 완전히 분리되는 것이다. 즉 하나님의 뜻에 온전히 순종한 성도들은 영원한 생명을 얻게 되고 그의 뜻을 멸시하고 거스른 자들은 영원한 심판을 받게 되는 것이다(요5:24-29, 참조).

"악한 자의 임함은 사단의 역사를 따라 모든 능력과 표적과 거짓 기적과"
(살후2:9)

- 사탄의 역사와 거짓 기적

예수님의 재림을 눈앞에 둔 시기가 되면 놀라운 일들이 발생하게 된다. 악한 자들이 사탄을 따르면서 다양한 기적들을 행하기 때문이다. 그들은 사람들이 일상적으로 볼 수 없는 놀라운 능력을 보이며 기적을 일으킨다. 하나님을 떠난 배도자들이 사탄의 능력을 힘입어 많은 표적을 보이게 되는 것이다.

그런데 하나님을 따르며 그에 순종하는 성도들은 그와 같은 기적을 행하지 않는다. 더 정확한 말로는 그들은 특별한 기적을 행할 수 없다.

말세가 되었을 때 하나님께서 자기 자녀들에게 그와 같은 기적을 행하도록 허락하지 않으셨기 때문이다.

그런데 사탄에 속한 자들은 사람들 가운데서 많은 표적을 보이며 다양한 기적을 행하게 된다. 그것은 하나님이 아니라 사탄으로 말미암는 것이 틀림없다. 그럼에도 불구하고 그들은 하나님이 저들에게 기적을 일으키도록 허락한 것이라며 어린 백성들을 미혹한다. 하지만 아무리 대단한 기적이라 할지라도 그것은 하나님과 무관한 거짓 기적에 지나지 않는다.

안타깝게도 어리석은 자들은 악한 자들의 입술에서 나오는 하나님을 빗댄 거짓말과 눈 앞에 펼쳐지는 다양한 기적들을 보며 쉽게 속아 넘어가게 된다. 그러나 교회에 속한 하나님의 자녀들은 그와 같은 기적을 보고 속지 말아야 하며 그로 인해 놀라거나 특별한 의미를 부여할 필요가 없다. 이미 하나님께서 창조하신 우주와 세계 가운데 살아가는 인간은 그 자체로서 다양한 기적들을 충분히 경험하고 있기 때문이다.

우리는 하나님의 말씀이 교회와 언약의 자손들 가운데 존재하는 것 자체가 놀라운 기적이라는 사실을 깨달아야 한다. 그리고 창세 전의 약속에 따라 하나님께서 예수 그리스도를 이 땅에 보내 십자가 사역과 더불어 부활 승천하게 하신 것 자체가 기적이다. 또한 장차 그가 다시 재림하신다는 약속 자체가 기적이며 그보다 더 큰 기적은 존재하지 않는다.

우리가 반드시 기억해야 할 바는 성경에 기록된 다양한 기적들이다. 구약시대에도 홍해 바다와 요단강이 갈라지는 기적을 비롯하여 하늘의 태양이 멈춘 기적들이 있었다. 또한 예수님께서 이 땅에 오셔서 수많은 기적을 행하셨으며 사도 시대의 많은 사도들도 다양한 기적을 행하면서 그 의미에 참여하기도 했다. 그러나 사탄에 속한 거짓 선지자들은 하나님으로 말미암아 베푼 기적이 아닌 거짓된 기적과 다양한 마술을 행하기도 했다.

그러나 사도교회 시대가 지난 보편교회 시대에는 그와 같은 기적들이 필요 없게 되었다. 이는 훨씬 더 큰 본질적인 기적이 하나님의 몸된 교회 가운데 언제나 존재하고 있기 때문이다. 우리는 지금도 천상에 계신 하나님과 날마다 교제하며 성경에 기록된 많은 기적을 보는 가운데 하나님께서 허락하신 참된 기쁨에 참여하고 있다.

그에 반해 사탄에게 속한 자들은 사탄의 초월성으로 인해 많은 기적을 행할 수 있다. 하지만 그것은 하나님으로부터 온 것이 아니기 때문에 인간들이 보기에 기적이라 할지라도 거짓 기적에 지나지 않는다. 따라서 하나님과 무관한 자들은 그 기적을 보며 미혹되어 따라가게 되지만 하나님의 자녀들은 이미 초월적인 다양한 기적들과 더불어 존재하는 교회 가운데 살아가며 오직 하나님만 바라보게 된다.

"불의의 모든 속임으로 멸망하는 자들에게 임하리니" (살후2:10ⓐ)

- 하나님의 법을 떠난 자들의 미혹

사탄과 그에 속한 세력은 항상 세상에 살아가는 사람들을 속이고자 한다. 진리라고는 전혀 존재하지 않는 악한 본성을 지닌 사탄이 그렇게 하는 것은 지극히 당연하다고 할 수 있다. 사탄과 그에 속한 자들이 사람을 속이고자 하는 근본적인 이유는 세상에 살아가는 자들로 하여금 진리에 무관심하도록 만들기 위해서이다. 그것은 하나님을 모르게 하려는 매우 악한 행동에 지나지 않는다.

그럼에도 불구하고 많은 인간은 사탄으로부터 임하는 기적들을 보며 놀라워한다. 그들은 그것이 어디에서 왔는가에 관한 관심을 가지지 않은 채 나타나는 현상을 보고 그에 빠져들게 된다. 하지만 그것은 저들에게 임하는 심판의 한 형태에 지나지 않는다. 잘못된 것을 보며 그에 희망을 걸게 되는 것은 불행한 일이 아닐 수 없다.

그러므로 사도 바울은 저들의 행위가 불의한 속임수라는 사실을 언급했다. 이는 그들에게서 나타나는 모든 양상이 실제가 아니라는 의미가 아니라, 그것들은 참된 진리를 가리는 악한 행위에 지나지 않는다는 사실을 말해주고 있다. 멸망 받을 사람들은 그들이 행하는 기적을 보고 미혹되어 속아 넘어갈 것이기 때문이다.

하나님의 자녀들은 그와 같은 현상을 주의 깊게 살피는 가운데 올바른 해석을 내릴 수 있어야 한다. 우리 시대에 아무리 대단한 기적이 행해진다고 할지라도 그 자체에 본질적인 의미를 부여할 필요가 없다. 설령 어떤 사람이 죽은 자들의 시체를 길게 눕혀 둔 채 차례로 한 사람씩 살려낸다고 할지라도 그에 특별한 의미를 부여하지 말아야 한다.

하나님과 무관한 자들은 그와 같은 실상을 지켜보며 매우 놀랄 것이 분명하다. 만일 그런 일을 되풀이하는 자가 나타난다면 사람들은 그 거짓에 속아 저를 추종하게 될 것이다. 하지만 하나님의 교회에 속한 자들은 그보다 더한 기적을 베푸는 자가 있다고 할지라도 대수롭지 않게 바라볼 수 있어야 한다.

성숙한 성도들은 오히려 그에 미혹되는 어린 성도들이 있지 않을까 주변을 살펴 보호해야 한다. 하나님과 무관하게 사탄으로 말미암아 베풀어지는 그와 같은 기적은 인간들을 속이는 악한 방편에 지나지 않기 때문이다. 이처럼 사탄은 다양한 기적을 동원하여 인간들을 속이며 영원한 멸망에 빠뜨리고자 하는 것이다.

"이는 저희가 진리의 사랑을 받지 아니하여 구원함을 얻지 못함이니라"
(살후2:10ⓑ)

- 진리 사랑

인간들에게 중요한 것은 이 세상에 살아가면서 겪게 되는 일시적인 현상이 아니다. 사람들은 이 땅에서 제각각 다양한 경험을 할 수밖에 없다. 정치나 경제적인 면에서 성공을 거둔 사람도 있고 학문적 지식이나 기술을 통해 부러움의 대상이 되기도 한다. 그리고 이웃을 위해 헌신하는 삶이나 자선사업을 통해 큰 명예를 얻는 자들도 있다.

그와 달리 성공하지 못하고 힘들고 어려운 인생을 살아가는 사람들도 많다. 한평생 몸이 불편하여 고통을 겪는 사람들이 있는가 하면 신분 사회에서 천한 사람으로 분류되어 아무런 소망 없이 살아가는 자들도 많이 있다. 또한 젊은 나이에 전쟁에 나가 목숨을 잃는가 하면 예기치 못한 불의의 사고로 인해 실의에 빠진 사람들도 있다.

인간들은 이와 같이 다양한 삶의 현상을 보며 나름대로 점수를 매기기를 좋아한다. 그리하여 할 수만 있으면 자기도 더 나아 보이는 자들의 대열에 서고자 안간힘을 쓰게 된다. 이는 세상에서 자기의 인생을 만족스럽게 살고자 하는 욕망 때문에 일어나는 현상이다. 역사 가운데 살아가는 사람들에게는 그것이 지극히 당연한 것으로 여겨진다.

하지만 하나님의 편에 선 성도들은 전혀 그렇지 않다. 잠시 지나가는 이 세상에서의 성공 실패 여부와 사람들로부터 받는 명예와 멸시 따위는 본질적인 의미를 부여하지 못한다. 어떤 형태의 삶을 살아간다고 해도 모든 인간은 세상에서 일정 기간 살다가 죽음을 맞게 될 수밖에 없기 때문이다.

그러므로 인간에게 중요한 것은 영원한 진리이다. 여기서 말하는 진리란 인간들이 일반적으로 생각하는 그에 연관된 개념과는 근본적으로 다르다. 참 진리란 우주 만물과 인간을 창조하신 여호와 하나님께 달려 있다. 이 세상의 모든 것이 일시적인 현상인 데 반해 참 진리는 영원불변의 성격을 지니고 있다.

하나님을 알지 못하는 자들은 현세의 현상에 대하여 모든 의미를 부여하기를 원하지만, 하나님의 자녀들은 그러지 말아야 한다. 하나님께 속한 성도들은 영원하고 참된 진리에 근본적인 관심을 가지게 된다. 그것은 인간들의 일상적인 삶과 사고에 의해 발생하는 것이 아니라 하나님으로부터 계시된 말씀을 통해 드러나게 된다. 하나님의 은혜로 말미암아 예수 그리스도에 의해 피로 값 주고 사신 바 된 성도들은 그 영원한 진리를 받아들이게 된다.

그에 반해 하나님과 그의 말씀을 알지 못하는 자들은 참된 진리를 알지 못한다. 따라서 그것을 받아들일 수 없다. 사탄이 온갖 다양한 방법을 동원하여 사람들에게 거짓 사상을 주입하기 때문에 거짓이 마치 진리인 양 착각하거나 오해하게 되는 것이다. 그런 자들은 결국 하나님의 참된 진리를 거부한 채 영원한 멸망에 이를 수밖에 없게 된다.

제5장

진리 위에 선 성도들의 굳건한 신앙

(살후2:11-17)

(2:11) 이러므로 하나님이 유혹을 저의 가운데 역사하게 하사 거짓 것을 믿게 하심은 (12) 진리를 믿지 않고 불의를 좋아하는 모든 자로 심판을 받게 하려 하심이니라 (13) 주의 사랑하시는 형제들아 우리가 항상 너희를 위하여 마땅히 하나님께 감사할 것은 하나님이 처음부터 너희를 택하사 성령의 거룩하게 하심과 진리를 믿음으로 구원을 얻게 하심이니 (14) 이를 위하여 우리 복음으로 너희를 부르사 우리 주 예수 그리스도의 영광을 얻게 하려 하심이니라 (15) 이러므로 형제들아 굳게 서서 말로나 우리 편지로 가르침을 받은 유전을 지키라 (16) 우리 주 예수 그리스도와 우리를 사랑하시고 영원한 위로와 좋은 소망을 은혜로 주신 하나님 우리 아버지께서 (17) 너희 마음을 위로하시고 모든 선한 일과 말에 굳게 하시기를 원하노라

"이러므로 하나님이 유혹을 저의 가운데 역사하게 하사 거짓 것을 믿게 하심은" (살후2:11)

- 유혹(망상: delusion)은 하나님의 심판 과정

하나님의 언약과 상관이 없는 자들은 때가 이르면 무서운 심판을 받게 된다. 그 심판의 과정은 항상 무섭고 강압적인 형태로 나타나는 것이 아니라 때로는 부드럽고 우아한 모습으로 임하기도 한다. 세상의 욕망을 최고의 값어치로 여기는 자들은 그로 말미암아 진리에 대한 눈이 가려지게 된다.

하나님께서는 그것을 위해 저들 가운데 다양하고 심한 망상에 연관된 유혹거리를 두신다. 그렇게 되면 저들의 마음이 흔들리게 되어 옳고 그름에 대한 분별력을 상실하게 된다. 그 일은 하나님의 작정과 연관되어 있으므로 악한 자들은 그 상황을 피할 수 없다.

그리하여 그들은 사탄에 속해 진리를 허무는 자들의 거짓 주장을 듣고 그것을 액면 그대로 받아들이게 된다. 아직 하나님의 최종 심판이 구체적으로 임하기 전이기 때문에 어리석은 자들은 거짓을 참인 양 여기고 종교적인 감성에 빠져 즐거움에 취하기도 한다. 하지만 그것은 하나님의 심판을 앞둔 일시적인 현상에 지나지 않는다.

하나님의 자녀들은 성숙한 자세로 그 모든 것을 올바르게 이해해야 한다. 세상 가운데 존재하는 미혹의 손길은 항상 화려한 모습을 보이며 달콤한 맛을 내게 된다. 하나님을 알지 못하는 불신자들이 그에 완전히 빠지게 될지라도, 성숙한 성도들은 하나님께 속한 신앙이 어린 자들이 그에 미혹되지 않도록 지켜 보호해야 한다.

즉 성숙하지 못한 교인들은 그에 대한 올바른 분별력이 없으므로 그 거짓 상황을 기웃거리게 된다. 그들은 인간의 이성과 경험을 바탕으로 그 모든 것에 접근하며 거짓이 마치 일리 있는 것인 양 착각하는 것이다. 하지만 성숙한 성도들은 하나님의 말씀을 통해 그 실상을 올바르게 깨달아야 하며 연약한 이웃에게 그 점을 일깨워 주어야 한다. 참된 교회는 항상 거짓 주장을 펼치며 교인들을 미혹하는 자들의 행태를 경계해야만 하는 것이다.

"진리를 믿지 않고 불의를 좋아하는 모든 자로 심판을 받게 하려 하심이니라" (살후2:12)

- 하나님의 심판 의도

하나님께서는 마지막 때가 이르면 참과 거짓, 알곡과 쭉정이, 택자와 불택자를 선명하게 분리하신다. 그것은 인간들의 이성을 기초로 한 논리에 의한 것이 아니라 전적인 하나님의 뜻에 달려 있다. 그것은 마지막 심판날이 되면 반드시 이루어질 일이다.

하나님의 자녀들은 성경에 기록된 참된 진리를 가감 없이 그대로 믿는다. 그 진리는 오직 하나님으로 말미암은 것으로서 타락한 이 세상에서 생성된 것과 근본적으로 다르다. 따라서 하나님의 진리를 깨달아 아는 성도들은 선을 떠난 불의를 거부한다. 그것이 멸망으로 이끈다는 사실을 잘 알고 있기 때문이다.

그에 반해 하나님과 무관한 불신자들은 영원한 진리를 받아들이지 않는다. 저들에게는 이 세상에서 소유할 수 있는 욕망이 중요할 따름이며 그것을 중심으로 형성된 현상에 가치를 부여하게 된다. 따라서 그들은 본질에 관한 관심을 가지지 않은 채 세상의 불의를 따르기를 좋아한다.

여기서 언급된 불의는 일반적으로 생각하는 인간의 나쁜 행위에 국한되지 않는다. 거기에는 여호와 하나님의 뜻을 벗어난 것들에 대한 포괄적인 것들이 중심에 놓여있다. 잘못된 생각을 하고 행동하는 자들은 자기가 불의를 저지르고 있다는 사실 자체를 감지하지 못한다. 그들은 도리어 자기의 모든 판단이 마치 지혜로운 것인 양 착각하고 있다.

사도 바울은 하나님께서 저들로 하여금 그렇게 하도록 내버려 두신다고 말했다. 하나님께서는 그것을 통해 저들을 심판에 이르게 하기를 원하셨다. 이는 하나님의 궁극적인 뜻이 이루어져 가는 과정에서 발생하는 일이다. 그로 말미암아 하나님의 모든 선한 작정이 역사 가운데 다양한 모습으로 진행되어 가는 것이다.

"주의 사랑하시는 형제들아 우리가 항상 너희를 위하여 마땅히 하나님께 감사할 것은 하나님이 처음부터 너희를 택하사" (살후2:13ⓐ)

- 하나님의 선택받은 백성

사도 바울은 데살로니가 교회 성도들을 향해 '주님께서 사랑하시는 형제' 라는 표현을 했다. 인간에게 하나님의 사랑을 받는 것보다 더 크고 소중한 일은 없다. 바울이 그들을 형제라고 칭한 것은 사도들과 데살로니가 교회 성도들이 동일한 신앙의 본질을 소유하고 있음을 확인해주고 있다.

이는 비단 데살로니가 교회뿐 아니라 1세기 당시에 흩어진 모든 참된 교회들과 그 후 역사 가운데 존재하는 참된 교회들 모두가 한 형제라는 사실을 말해주고 있다. 이에 대해서는 오늘날 우리 역시 마찬가지다. 누구든지 예수 그리스도께서 세우신 참 교회에 속해 있다면 모두 저들의 형제가 되는 것이다.

하지만 본질과 무관하게 교회라는 이름만 가진 종교집단 모두를 형제라고 말할 수 없다. 그들은 사도들과 동일한 신앙의 정체성을 소유한 것이 아니기 때문이다. 따라서 성숙한 성도들은 그에 대한 분별력을 가지고 있어야만 한다. 이는 참 교회가 거짓 교회와 연합하는 일이 없어야 하며 도리어 명확한 분리를 꾀해야 한다는 사실을 말해주고 있다.

바울은 데살로니가 교회 성도들로 인해 하나님께 감사한다는 사실을 언급했다. 그것은 하나님의 사도와 성도로서 지극히 당연한 일이라는 것이다. 그런데 그 감사에 대한 근거가 창세 전에 이루어진 하나님의 선택에 밀접하게 연관되어 있다고 했다. 이 말은 처음부터 작정하신 하나님의 뜻이 역사 가운데 점차 성취되어가고 있음을 말해주고 있다.

에베소 교회에 편지를 보내면서도 사도 바울은 그에 대해 명확한 언급을 했다. 하나님께서 창세 전에 예수 그리스도 안에서 자기 백성을 선택하셨다는 것이다. 또한 하나님의 기쁘신 뜻에 따라 예정된 그 백성을 자기 자녀로 삼아 지상 교회로 부르셨음을 말했다(엡1:4,5). 역사 가운데 그 언약이 성취되어가는 것은 사도들을 비롯한 모든 성도에게 최상의 기쁨이 아닐 수 없었다.

"성령의 거룩하게 하심과 진리를 믿음으로 구원을 얻게 하심이니"
(살후2:13ⓑ)

- 하나님의 선택과 의도

하나님께서 창세 전에 이미 자기 자녀를 선택해 두신 이유는 분명하다. 그들로부터 영광을 받고 자기와 함께 영원토록 살게 하기 위해서였다. 그렇지만 아담의 범죄로 인해 더럽게 된 인간 상태에서는 그와 같이 되는 것이 불가능하다. 그것을 위해서는 반드시 하나님의 도우심을 필요로 하게 된다.

그러므로 사도 바울은 그에 관한 중요한 언급을 했다. 그것은 먼저 성령 하나님께서 언약의 백성들을 거룩하게 해야만 한다는 것이다. 하나님이 거룩하게 해야 하기 때문에 그와 같이 되지 않고는 아무도 그에게 나아갈 수 없다. 그것은 오직 십자가에 달려 돌아가신 예수 그리스도의 보혈에 의해 가능하게 된다. 즉 그의 피로 말미암아 교회에 속한 성도들이 정결하게 되는 것이다.

또한 하나님께서는 자신의 진리를 믿음으로 영원한 구원을 얻게 해 주신다고 했다. 우리는 이 말씀을 주의 깊게 생각해야 한다. 여기서 언급된 진리는 일반적인 것이 아니라 하나님께 속한 초월적인 의미를 지니고 있다. 우리가 흔히 사용하는 진리란 이 세상의 현상을 중심에 둔 인간의 언어에 지나지 않는다. 즉 일반 사람들의 입술에 오르내리는 진리는 이 세상에 존재하는 현상적인 개념일 따름이다.

그러나 참 진리는 이 세상에서 자체적으로 생성되거나 만들어지지 않는다. 그것은 오직 여호와 하나님으로 말미암는 것이며 그로부터 계시된 말씀을 통해 깨달아 알 수 있다. 그 진리를 믿는 것 역시 인간의 결단에 달려 있지 않다. 하나님께서 자기 자녀들에게 은혜를 베풀어주심으로써 비로소 그 진리를 믿을 수 있게 되는 것이다.

그로 말미암아 하나님의 자녀들이 영원한 구원을 받게 된다. 인간들은 아담의 범죄로 말미암아 타락한 세상 가운데 태어나 멸망당하는 심판 아래 놓여있었으나 예수 그리스도를 통해 영생에 이르게 되는 것이다. 즉 사망을 이긴 그 생명은 인간의 행위로 말미암는 것이 아니라 하나님의 작정과 그의 사랑에 근거하고 있다.

"이를 위하여 우리 복음으로 너희를 부르사 우리 주 예수 그리스도의 영광을 얻게 하려 하심이니라" (살후2:14)

- 교회와 예수 그리스도의 영광

하나님께서는 자기에게 속한 성도들로 하여금 믿음으로 구원받도록 자신의 교회로 부르셨다. 물론 그 모든 과정은 인간들의 판단이나 종교적인 열성에 의하지 않고 오직 주님의 은혜에 근거하고 있다. 그것은 구원받은 성도들이 하나님께 진심으로 감사할 수 있는 소중한 조건이 된다.

하나님께서는 창세 전에 예정하신 자기 자녀들을 복음 곧 기쁜 소식을 통해 참된 생명의 영역으로 불러들이셨다. 그것은 인간들의 기대나 소원에 기인하지 않을 뿐더러 그에 대한 인식이 전혀 없는 상태에서 하나님의 영역으로 이동하게 되었다. 선택받은 성도들이라 할지라도 타락한 이 세상에 태어나 원래는 파멸한 자리에 놓여있었다. 그런 상태에서 범죄한 인간으로서 예기치 못한 구원에 참여하게 되었다.

그런데 성경 본문에는 우리가 주의 깊게 이해해야 할 중요한 내용이 담겨 있다. 하나님의 부르심을 받아 새로운 삶을 소유하게 된 성도들은 놀라운 영광을 얻게 된다는 것이다. 그것은 사람들이 생각하는 일반적인 영광과는 본질적인 차이가 난다.

우리가 분명히 기억해야 할 바는 모든 영광은 원천적으로 예수 그리스도에게 존재한다는 사실이다. 성자 하나님이신 그는 이 세상에 오셔서 십자가 사역을 비롯한 모든 언약을 성취하셨다. 그 놀라운 사건으로 말미암아 그리스도께서 영광을 취하시게 된 것이다.

따라서 하나님으로부터 영원한 구원을 받은 성도들은 스스로 자신의 영광을 쟁취하는 것이 아니라 이미 존재하는 그리스도의 영광에 참여하게 된다. 이는 개인 성도들이 자기가 가진 외적인 영광을 취하여 누리는 것과는 성격이 다르다. 하나님의 부르심을 입은 성도들은 예수 그리스도의 영광을 얻어 그에 온전히 참여하게 되는 것이다.

"이러므로 형제들아 굳게 서서 말로나 우리 편지로 가르침을 받은 유전을 지키라" (살후2:15)

- 교회와 성도들의 본분과 신앙 자세

하나님의 은혜로 말미암아 예수 그리스도의 영광을 소유하게 된 성도들은 그 이전과는 다른 삶의 자세를 가져야 한다. 과거에는 스스로 취하는 현상적인 만족을 위해 욕망에 연관된 영광을 누리고자 했으나 그것이 허망하다는 사실을 깨닫게 되기 때문이다. 따라서 이 세상의 욕망을 추구하고자 하는 모든 태도를 버려야 한다.

그러므로 사도 바울은 데살로니가 교회 성도들을 향해 굳건히 서라는 요구를 하고 있다. 이는 이 세상에서 미리 익힌 여러 경험으로 인해 신앙이 흔들릴 수 있다는 사실을 말해준다. 즉 주님의 은혜를 입어 하나님 나라에 속한 성도가 되었다고 할지라도 주님 앞에 설 때까지는 여전히 타락한 이 세상에서 살아갈 수밖에 없다.

지상 교회에 속한 성도로서 그것을 극복하기 위해서는 굳건한 신앙을 가져야만 한다. 그것은 개별 성도들의 다짐이나 의지로써 그렇게 되기 어렵다. 그것을 위해서는 먼저 교회가 굳게 서야 하며 교회의 지도자들은 공적으로 각 성도의 신앙을 도울 수 있어야 한다. 물론 그 일을 위해서는 반드시 성령 하나님의 도우심이 따라야 한다.

그리고 사도 바울은 성도들을 향해 개인적인 판단으로 행동하지 말라는 요청을 하고 있다. 오직 사도들이 편지를 통해 가르친 교훈에 순종하라는 것이다. 여기서 특히 편지를 언급한 것은 기록된 언어의 확정성을 말해주고 있다. 물론 사도들이 말로 전달하고 가르친 모든 내용이 유효하지만 구술 언어의 특성상 이미 지나간 표현이 되어버리면 각자가 개인적인 판단에 따라 기울어진 주장을 할 우려가 따르게 된다.

그에 반해 기록된 편지는 고정된 문자를 통해 언제든지 되풀이하여 그 내용을 확인할 수 있다. 따라서 바울은 하나님의 계시에 의해 기록된 그 편지의 교훈을 그대로 받아 지키라는 요구를 했다. 본문 가운데서는 그 편지를 통해 가르침을 받은 유전 곧 전통(tradition)을 중심에 두고 지켜야 한다는 점을 강조하고 있다.

우리는 여기서 깊은 주의를 기울여 이 말씀을 이해해야 한다. 그 가운데는 시대와 형편에 따라 인간들이 자의적으로 새로운 가르침을 만들어 내서는 안 된다는 의미가 내포되어 있다. 지상의 모든 교회와 성도들은 앞선 믿음의 선배들이 지켰던 소중한 전통을 받아 지켜야만 한다. 진리는 각 시대에 따라 달리 형성되는 것이 아니라 계시된 말씀과 그에 따라 순종해 살아간 신실한 믿음의 선배들의 본과 연관되어 있다. 그 진리의 본질을 중심에 두고 시대에 따른 적용이 따르게 되는 것이다.

"우리 주 예수 그리스도와 우리를 사랑하시고 영원한 위로와 좋은 소망을 은혜로 주신 하나님 우리 아버지께서" (살후2:16)

- 하나님의 은혜로 주어지는 위로와 소망

바울은 하나님과 그의 백성 사이의 관계에 관해 설명을 하고 있다. 이 세상에 오셔서 구원 사역을 감당하신 주 예수 그리스도와 하나님은 교회와 자기 자녀들을 사랑하시는 분이라고 했다. 이는 인간이 먼저 하나님과 그리스도를 사랑하는 것이 아니라 하나님께서 먼저 인간을 사랑하신 사실에 연관되어 있다.

그 하나님께서는 자기 자녀들에게 영원한 위로를 허락하셨다. 첫 사람 아담으로 인해 심각한 고통의 자리에 놓이게 된 상태에서 참된 위로를 베풀어주신 것이다. 이 위로는 인간들이 일시적으로 느끼는 현상적인 감정이 아닐 뿐더러 잠시 있다가 사라지는 것도 아니다. 그것은 하나님으로부터 주어진 영원히 존재하는 참된 위로가 된다.

또한 하나님께서는 자기 자녀들에게 '선한 소망'(good hope)을 주신다고 했다. 여기서 선한 소망이란 타락한 인간들이 욕망을 채우려는 방편으로 추구하는 것이 아니다. 그 소망은 하나님께서 허락하시는 고유한 것으로서 오직 그에 속한 백성들만 소유할 수 있게 된다.

그러므로 하나님께서 허락하시는 영원한 위로와 선한 소망은 전적인 하나님의 은혜로 주어진다. 그것은 결코 인간이 자신의 능력을 통해 쟁취할 수 없다. 나아가 인간들의 신앙을 비롯한 자발적인 종교 행위의 결과로 주어지지 않는다. 오직 하나님께서 은혜로 참된 교회에 속한 자기 자녀들을 위해 그것들을 허락하시게 된다. 그 은혜를 받은 하나님의 자녀들이 진정으로 복된 자들이다.

"너희 마음을 위로하시고 모든 선한 일과 말에 굳게 하시기를 원하노라"
(살후2:17)

- 하나님으로부터 허락된 모든 선한 일과 선한 말

사도 바울은 여호와 하나님께서 데살로니가 교회 성도들의 마음을 위로해 주시기를 기원했다. 이 의미 가운데는 그들이 타락한 이 세상 가운데 살아가는 것이 어렵고 힘들다는 실상이 드러나고 있다. 하나님께서 그 마음을 위로해 주시지 않으면 어느 누구로부터도 참된 위로를 받을 수 없다는 것이다.

하나님의 자녀들은 하나님께서 위로하시는 그 실제적 형편을 올바르게 이해할 수 있어야 한다. 신앙이 어린 자들은 그 위로를 실제로 받고 있으면서도 그 의미를 제대로 이해하지 못하는 경우가 많다. 하지만 성숙한 성도들은 하나님께서 자기 마음을 위로하고 계신다는 사실에 대한 올바른 깨달음을 가져야만 한다.

그에 반해 하나님을 알지 못하는 자들은 천상으로부터 임하는 영원한 위로에 대한 아무런 개념이 없을 뿐더러 그 위로를 받을 수도 없다. 따라서 그들은 하나님의 위로를 통해 어려운 이 세상을 살아가는 성도들을 이해하지 못한다. 그런 자들은 오히려 물질이나 정신적인 모든 면을 통해 성도들을 핍박하는 자리에 서게 된다.

그러므로 하나님의 자녀들은 그의 위로를 받는 가운데 신앙의 정체성을 분명히 해야 한다. 사도는 또한 저들로 하여금 모든 선한 일과 선한 말에 굳게 서도록 해 주실 것을 하나님께 기원하고 있다. 여기서 선한 일과 선한 말이란 인간들이 생각하는 일반적인 관점이 아니라 하나님으로부터 허락된 참된 진리에 연관되어 있다. 이를 통해 교회와 그에 속한 성도들이 세상에서 흔들리지 않는 굳건한 신앙을 지킬 수 있는 것이다.

제6장

사도들의 명령과 교훈에 순종해야 할 교회

(살후3:1-5)

(3:1) 종말로 형제들아 너희는 우리를 위하여 기도하기를 주의 말씀이 너희 가운데서와 같이 달음질하여 영광스럽게 되고 (2) 또한 우리를 무리하고 악한 사람들에게서 건지옵소서 하라 믿음은 모든 사람의 것이 아님이라 (3) 주는 미쁘사 너희를 굳게 하시고 악한 자에게서 지키시리라 (4) 너희에게 대하여는 우리의 명한 것을 너희가 행하고 또 행할 줄을 우리가 주 안에서 확신하노니 (5) 주께서 너희 마음을 인도하여 하나님의 사랑과 그리스도의 인내에 들어가게 하시기를 원하노라

"종말로 형제들아 너희는 우리를 위하여 기도하기를 주의 말씀이 너희 가운데서와 같이 달음질하여 영광스럽게 되고" (살후3:1)

- 존귀한 주님의 말씀

사도 바울은 데살로니가 교회의 형제들을 향해 마지막으로 하는 부탁이라면서 특별한 기도를 요청했다. 그것은 하나님 말씀의 확장과 연관된 내용이었다. 즉 그들 가운데 주님의 말씀이 편만하게 자리잡고 있듯이 여러 지역에 흩어져 있는 다른 지역 교회들 가운데서도 속히 그와 같이 되기를 원한다는 것이었다.

하나님의 말씀이 급속하게 전파되어 지상에 존재하는 각 교회에 속한 성도들이 그 내용을 경건하게 받아들이는 것은 절대로 중요하다. 하나님으로부터 계시된 말씀이 존재하지 않는 교회란 상상조차 할 수 없다. 따라서 바울 일행은 하나님의 말씀이 충만한 그와 같은 일이 각 교회 가운데 속히 일어나기를 간절히 바라고 있었다. 그로 말미암아 하나님께서 참된 교회들을 통해 영광을 받으시게 될 것이기 때문이다.

그 모든 일은 결국 사도들의 교훈과 가르침이 기초가 되어 교회마다 세워진 직분자들의 사역을 통해 굳건해져 가게 된다. 그리하여 사도들이 전한 진리의 말씀을 각 교회가 온전히 받아들여 소유해야 한다. 따라서 어느 시대 어느 지역에 존재하는 교회든지 하나님으로부터 계시된 말씀이 중심에 자리잡고 있어야만 한다. 사도들은 그것을 위해 기도해 달라는 당부를 하고 있다.

보편교회 시대에 살아가는 우리 역시 하나님으로부터 계시된 말씀이 교회 가운데 절대적인 위치에 놓여있어야 한다는 사실을 깨달아야 한다. 하나님께 속한 모든 성도는 그에 관한 올바른 이해를 해야 한다. 그 확증된 진리를 통해 하나님의 뜻을 깨달아가게 되며 경건한 믿음의 삶을 살아갈 수 있기 때문이다.

"또한 우리를 무리하고 악한 사람들에게서 건지옵소서 하라" (살후3:2ⓐ)

- 하나님의 도우심을 요청

하나님을 진정으로 경외하고 그로부터 계시된 진리의 말씀에 따라 살아가는 성도들은 항상 배도자들과 불신자들에 의해 심한 능욕을 당하게 될 처지에 노출되어 있다. 이 세상에서는 하나님께 저항하는 공중 권세 잡은 사탄의 지배를 받는 악한 자들이 강력한 세력을 구축하고 있기 때문이다. 그러므로 바울은 부당한 행동을 서슴지 않는 악한 사람들로부터 저들을 건져달라는 간구를 하도록 당부했다.

그와 같은 악행은 타락한 이 세상에서 끊임없이 지속되는 성격을 지니고 있다. 과거에도 그러했거니와 지금도 그렇고 앞으로 다가올 다음 세대 역시 마찬가지다. 세상의 욕망을 추구하며 오만한 자세로 살아가는 악한 자들은 성경이 제시하는 하나님의 진리와 참된 가치를 강하게 거부할 뿐 아니라 적극적인 공세를 취하게 된다.

그러므로 하나님의 나라에 속한 성도들이 타락한 세상에서 핍박을 받는 것은 당연하다고 할 수 있다. 그런데 문제는 신앙이 어린 교인들은 사악한 자들에 의해 심각한 욕을 당하면서도 그에 대한 올바른 인식이 없거나 부족한 경우가 많다는 사실이다. 그들이 교회와 성도들에게 가하는 핍박은 물리적인 것뿐 아니라 정신적이거나 눈에 보이지 않는 세상의 다양한 조건과 환경에 연관되어 있다.

신앙이 어린 사람들은 신체에 가하는 박해나 생활을 위협하는 물리적인 핍박이 아니면 그것을 대수롭지 않게 받아들이기 쉽다. 하지만 세상의 추하고 퇴폐적인 풍조와 위험한 과학 기술과 잘못된 문명 및 문화가 교회와 성도들의 참된 가치관을 허무는 역할을 하게 된다. 그와 같은 것들이 하나님의 자녀들로 하여금 신실한 신앙생활을 하지 못하도록 방해하는 나쁜 역할을 하기 때문이다.

그러므로 사도 바울은 데살로니가 교회 성도들을 향해 그런 위태로운 상황으로부터 건져달라고 하나님께 간구하라는 당부를 했다. 지상 교회에 속한 성도들은 이 세상에 살아가면서 무력이나 물리적인 힘으로 대응하지 않는다. 예수님과 사도들이 그랬듯이 오늘날 우리도 그러해야 하며 오직 계시된 하나님의 말씀과 성령 하나님의 도움을 통해 그 위태로운 상황을 극복할 수 있어야 한다.

"믿음은 모든 사람의 것이 아님이라" (살후3:2ⓑ)

- 믿음과 무관한 악한 자들

성경에서 언급하는 '믿음'은 타락한 이 세상이나 인간들의 심성 내부에서 자체적으로 발생하거나 생성되지 않는다. 그것은 인간들의 종교적인 판단에 따라 소유하거나 마음대로 버릴 수 있는 성질의 것이 아니다. 참된 믿음은 오직 하나님께서 사랑하는 자기 자녀들에게 값없이 선물로 주신다. 하나님의 선물인 그 믿음은 주님의 몸된 교회와 그것을 소유한 자들 가운데 역동적으로 활동하게 된다.

우리가 통상적으로 언급하는 '믿음'은 인간의 심성에 나타나는 것으로 이해할 수 있다. 그와 달리 하나님의 자녀들에게 은혜로 주어진 '믿음'은 약해지거나 사라지지 않는 존재적 성격을 지니고 있다. 바울은 로마에 있는 교회에 편지하면서도 그에 관한 언급을 했다. "복음에는 하나님의 의가 나타나서 믿음으로 믿음에 이르게 하나니 기록된 바 오직 의인은 믿음으로 말미암아 살리라 함과 같으니라"(롬1:17). 이는 하나님의 선물로서 허락된 존재적 개념의 '믿음'으로 말미암아 각 성도의 마음에 동적인 개념의 믿는 행위로 드러나게 된다는 사실에 연관되어 있다.

그러므로 사도 바울은 데살로니가 교회에 보내는 두 번째 편지에서 그 원천적인 믿음은 모든 사람에게 허락되지 않는다는 사실을 밝히고 있다.[1] 즉 하나님과 구체적인 언약 관계가 형성되지 않은 자들에게는 그 믿음이 주어지지 않는다는 것이다. 즉 본질상 하나님과 그의 말씀과 무관한 자들이 가졌다고 주장하는 현상적인 믿음은 인간의 신심(信心)에 의한 종교적인 결단에 연관되어 있다.

따라서 하나님과 상관없이 누구든지 마음으로 그를 믿기만 하면 '구원'을 받게 된다는 주장에 대해서는 분명한 해석이 동반되어야 한다. 인간들이 일반 종교적인 관점에서 스스로 하나님을 성의껏 믿는다고 해서 구원이 주어지지 않는다. 만일 그렇다면 구원은 하나님의 주권이 아니라 인간의 정신 작용에 의한 행위에 달린 것처럼 되어버린다.

그와 같은 주관적인 생각이 확장되어가면 '창세 전 하나님의 선택과 예정'은 무시될 수밖에 없다. 그런 논리는 인간의 종교적인 심성과 결단에 따라 누구나 구원받을 수 있다는 '만인구원설'(萬人救援說)에 연관된 잘못된 주장이 판을 치게 한다. 하지만 하나님의 진리는 이성에 근거한 인간적인 연민에 좌우되지 않으며 그에 관한 타협의 여지가 전혀 없는 분명한 교훈을 남기고 있다.

"주는 미쁘사 너희를 굳게 하시고 악한 자에게서 지키시리라" (살후3:3)

- 자기 자녀를 지켜 보호하시는 하나님

하나님은 미쁘신(faithful) 분 곧 절대적인 관점에서 보아 신실한 분이다. 따라서 여기서 그가 신실하다고 하는 말은, 세상의 형편에 따라 상

---

1) 이와 관련된 기록인 데살로니가후서 2장 11,12절의 내용을 참조하라.

대적이지 않으며 인간들이 가진 일반적인 신실한 상태와는 본질상의 의미가 전혀 다르다. 인간들이 신실하다는 말을 사용할 때는 일반 윤리적인 관점에 연관된 상대적인 개념을 지니고 있다. 그에 반해 하나님이 신실한 분이라고 하는 것은 절대 불변하는 영원한 개념에 연관되어 있다.

그와 같이 완벽하게 신실하신 하나님께서는 자기의 몸된 교회에 속한 참된 성도들을 굳게 붙잡아 주신다. 어떤 어렵고 위험한 형편에 처한다고 할지라도 그들을 끝까지 안전하게 보호해 주시는 것이다. 이는 타락한 세상에 살아가는 성도들은 악한 자들로 말미암아 자주 흔들리게 된다는 사실을 말해주고 있다. 하나님께 저항하는 자들은 교회의 성도들을 향해 끊임없이 세상의 그럴듯해 보이는 것들을 제시하며 미혹의 손길을 뻗치기 때문이다.

나아가 그런 악한 자들은 하나님의 자녀들을 미혹할 뿐 아니라 그들에게 다양한 형태의 박해를 가하게 된다. 그것은 육체적인 핍박을 통해 직접적인 고통을 줄 수도 있고 그것이 건전하지 않은 정신적인 현상으로 나타날 수도 있다. 하지만 천국 시민권을 가진 성도들은 이 땅에서 소유한 자력(自力)으로 저들을 이겨내지 못한다. 따라서 하나님께서 강력한 힘으로 섭리 가운데 자기 백성들을 악한 자들의 횡포로부터 지켜 주시는 것이다.

지상 교회에 속한 하나님의 자녀들은 항상 이 점을 명심하고 있어야 한다. 세상에 대하여 죽은 성도들은 이 땅에서 항상 핍박의 위험에 노출되어 있기 때문이다. 그와 동시에 어떤 어렵고 힘든 일을 만난다고 할지라도 하나님께서 친히 자기 백성을 지켜 보호해 주신다는 사실을 잊어서는 안 된다. 하나님께서는 때로 성도들을 정금같이 순결하고 더 강하게 단련시키기 위해 그 고통스러운 상황을 즉시 해결해주시지 않을 수 있다. 따라서 '아버지' 이신 하나님이 항상 우리와 함께 계신다는 사실을 기억하고 있어야만 한다.

"너희에게 대하여는 우리의 명한 것을 너희가 행하고 또 행할 줄을 우리가 주 안에서 확신하노니" (살후3:4)

- 사도들의 명령에 순종하는 교회

계시를 받는 사도들이 교회와 성도들을 향해 내린 명령은 절대적인 성격을 지니고 있다. 그들은 물론 개인적인 감정에 따라 무책임한 명령을 내리지 않는다. 그들이 전하는 명령은 하나님으로 말미암은 것으로서 그의 몸된 교회와 이 땅에 살아가는 성도들을 위한 것이기 때문이다.

그러므로 바울은 데살로니가 교회 성도들을 향해 그들이 사도들의 모든 명령을 지금도 잘 지켜 행하고 있다는 사실을 언급했다. 그리고 앞으로도 그렇게 순종하리라는 점을 주님 안에서 확신한다고 했다. 이는 사도들이 그 교회와 성도들을 전적으로 신뢰하고 있다는 점을 드러내 보여주고 있다. 우리는 사도들과 지상의 교회가 상호신뢰하는 관계를 형성하는 것이 본질적인 중요성을 띠고 있음을 기억해야 한다.

따라서 지상 교회는 항상 사도들의 명령을 마음속에 받아들여 기억하고 있어야 한다. 거룩한 하나님의 교회가 타락한 세상과 비교하여 상대적인 우위에 서는 것을 주된 목적으로 삼을 수 없다. 그리고 교회가 세력을 키워 세상을 물리적으로 제압하고자 하는 마음을 먹지도 않는다. 교회와 성도들은 항상 사도들이 계시한 진리의 말씀에 순종하며 하나님을 온전히 섬기는 삶을 지향하고 있어야 한다.

하나님께서는 자기 자녀들이 사도들의 명령에 온전히 순종하기를 원하고 계신다. 또한 그들이 전한 교훈을 순수하게 따르는 삶을 살아가는 것을 보며 기뻐하신다. 이는 하나님께서 그들을 통해 자신의 뜻을 드러내셨기 때문이다. 따라서 교회와 직분자들은 항상 성도들을 향해 이에 관한 분명한 교훈을 전해야 하며 모든 성도는 그에 따라 순종해야만 한다.

"주께서 너희 마음을 인도하여 하나님의 사랑과 그리스도의 인내에 들어가게 하시기를 원하노라" (살후3:5)

- 교회에 속한 성도들의 지향점

바울은 지상에 존재하는 교회를 위해 하나님께 간구하며 기원하고 있다. 그는 주님께서 교회와 각 성도의 마음을 세밀하게 간섭하여 올바른 길로 인도해 주시기를 원했다. 그리하여 그들이 하나님께서 저들을 신실하게 사랑하시는 것처럼 그들도 하나님을 그와 같이 사랑하게 되기를 원한다고 말했다.

또한 저들로 하여금 예수 그리스도의 인내를 본받게 해주시기를 원한다고 했다. 하나님의 아들로서 흠없이 거룩하신 분이 타락한 이 세상에서 모진 고난을 당하셨다. 그는 사악한 인간들에 의해 형언할 수 없는 치욕과 심한 모독을 당했으며 급기야는 십자가에 달려 수치와 더불어 죽임을 당하셨다.

예수님께서는 하나님으로부터 선택받은 자기 백성들의 모든 죄를 짊어지시고 스스로 십자가 위에서 자신의 몸을 하나님 앞에 거룩한 산 제물로 바치셨다. 그 힘든 과정에서도 하나님을 원망하거나 부당한 불평을 전혀 하지 않으셨다. 그는 기꺼이 자기에게 맡겨진 모든 고통을 감내하셨다.

공중 권세 잡은 자의 지배 아래 놓인 타락한 이 세상에 살아가는 우리 시대 성도들 역시 주님의 그와 같은 삶을 본받을 수 있어야 한다. 죄인인 우리가 그와 같이 온전한 삶을 살아낼 수 없을지라도 그가 성도들의 분명한 본이 된다는 사실을 잊어서는 안 된다. 그로 인해 하나님 앞에서 감사한 마음과 더불어 신앙인의 삶을 살아가게 된다. 그리하여 장차 이 땅에 재림하시게 될 예수 그리스도를 인내로써 기다릴 수 있게 되는 것이다.

제7장

성실하게 노동해야 할 성도의 삶

(살후3:6-12)

(3:6) 형제들아 우리 주 예수 그리스도의 이름으로 너희를 명하노니 규모 없이 행하고 우리에게 받은 유전대로 행하지 아니하는 모든 형제에게서 떠나라 (7) 어떻게 우리를 본받아야 할 것을 너희가 스스로 아나니 우리가 너희 가운데서 규모 없이 행하지 아니하며 (8) 누구에게서든지 양식을 값없이 먹지 않고 오직 수고하고 애써 주야로 일함은 너희 아무에게도 누를 끼치지 아니하려 함이니 (9) 우리에게 권리가 없는 것이 아니요 오직 스스로 너희에게 본을 주어 우리를 본받게 하려 함이니라 (10) 우리가 너희와 함께 있을 때에도 너희에게 명하기를 누구든지 일하기 싫어하거든 먹지도 말게 하라 하였더니 (11) 우리가 들은즉 너희 가운데 규모 없이 행하여 도무지 일하지 아니하고 일만 만드는 자들이 있다 하니 (12) 이런 자들에게 우리가 명하고 주 예수 그리스도 안에서 권하기를 종용히 일하여 자기 양식을 먹으라 하노라

"형제들아 우리 주 예수 그리스도의 이름으로 너희를 명하노니 규모 없이 행하고 우리에게 받은 유전대로 행하지 아니하는 모든 형제에게서 떠나라" (살후3:6)

- 형제의 조건과 관계

사도 바울은 데살로니가 교회 성도들을 향해 명령을 내렸다. 그는 그 중요성을 강조하기 위해 예수 그리스도의 이름으로 저들에게 명한다는 사실을 언급했다. 그리스도의 이름이 아니어도 그 권위는 충분히 인정되지만 예수 그리스도의 이름으로 명함으로써 모든 성도가 그에 대한 의미를 깨닫게 하고자 했다.

바울이 전하는 명령의 내용은 규모 없이 행하는 자들과 사도들로부터 받은 교훈대로 행하기를 거부하는 모든 형제로부터 떠나라는 것이다. 여기서 불순종하는 자들을 형제라고 칭한 것은 과거에 그들이 언약 가운데 있었으나 이제 배도에 빠진 거짓 신자로 변한 사실과 연관되어 있다. 그들을 향해 하나님의 말씀을 멀리하고 제멋대로 신앙생활을 하며 살아가는 자들로부터 멀리 떠나라고 했다.

우리가 여기서 눈여겨보아야 할 점은 그들을 교회 밖으로 쫓아내 보내라고 말한 것이 아니라 오히려 그들로부터 떠나라고 요구한 사실이다. 이는 하나님의 자녀들은 참된 진리를 소유하고 있음에도 불구하고 그들을 내보낼 만한 세력이나 힘이 없다는 사실을 말해주고 있다. 중요한 점은 진리를 떠난 자들과 함께 있으면서 혼돈에 빠질 것이 아니라 분리해야 한다는 사실이다.

그러므로 하나님의 참된 교회는 그렇지 않은 거짓 신앙인들과 가까이하지 말아야 한다. 즉 신앙에 대한 구체적인 확인이 없는 상태에서 무조건 연합을 시도하려 해서는 안 된다. 또한 복음을 벗어난 자들에게 종교적인 관용을 베풀어 무분별하게 교회 안으로 받아들여서는 안 된다. 그와 같은 태도는 지상 교회의 세속화를 가져오기 때문이다.

물론 신앙적인 연합이나 잘못된 신앙에 대한 관용이 아니라 잘못된 신앙을 가진 자들에게 개별적인 도움을 베푸는 것은 별개의 문제이다. 즉 신앙적인 교류나 교통이 이루어지지 않는 상태에서 그들이 어려움에 부닥쳤을 때 동정심을 베풀지 못하도록 금하는 것은 아니다. 도리어 주의를 기울이는 가운데 그렇게 함으로써 형제를 얻을 수도 있기 때문이다.

"어떻게 우리를 본받아야 할 것을 너희가 스스로 아나니 우리가 너희 가운데서 규모 없이 행하지 아니하며" (살후3:7)

- 교회와 성도들이 본받아야 할 대상

하나님의 자녀들은 자기 스스로 개인적인 판단을 내리고 결정하여 자의대로 신앙생활을 하려고 해서는 안 된다. 즉 신앙인으로서 올바른 신앙을 유지하기 위해서는 건전한 교회의 공적인 지도를 받아야 한다. 즉 개인의 종교적인 취향에 따라 독자적으로 신앙 활동을 하려는 것은 온당하지 않다. 만일 각 개인이 마음대로 자기의 신앙을 결정한다면 많은 문제를 내포할 수밖에 없다.

그와 같은 식으로 신앙생활을 한다면 성경의 교훈을 벗어나 시대와 지역에 따른 환경의 지배를 받게 될 우려가 따른다. 그것은 각 지역의 독특한 풍습과 관행의 영향을 받게 된다는 사실을 말해주고 있다. 나아가 시대의 문명과 문화 및 기술의 발달 정도에 따라 그에 밀착된 삶에서 벗어나지 못하게 된다.

그러므로 이 세상에 살아가는 성도들은 하나님의 백성이라 할지라도 그로부터 영향을 받게 된다. 하지만 그 신앙의 본질은 상하지 않은 채 보존되어야 한다. 그것을 위해 모든 교회와 성도들은 반드시 사도들의 신앙을 본받아야 한다. 바울은 데살로니가 교회 성도들이 이미 그에 연관된 모든 사실을 잘 알고 있음을 언급하고 있다.

사도들 역시 그에 대하여 잘 알고 있기 때문에 깊은 주의를 기울여 신중하게 생활한다는 사실을 말했다. 이는 종교적인 언행뿐 아니라 삶의 전반적인 면에서 그렇다는 것이다. 따라서 바울은 저들을 향해 자기는 교회 가운데서 규모 없는 무분별한 행동을 하지 않았다고 말했다. 이는 그들이 하나님 앞에서 신실한 삶을 살아왔다는 사실에 연관되어 있다.

그러므로 우리가 여기서 기억해야 할 바는 모든 성도는 항상 사도들의 삶에 대한 올바른 지식을 소유하고 있어야 한다는 사실이다. 사도들의 신앙과 삶을 올바르게 알고 있어야만 그들을 본받을 수 있을 것이기 때문이다. 따라서 이 세상의 모든 성도는 사도들의 삶과 가르침을 알고 그들을 본받아 살아가는 것이 중요하다.

"누구에게서든지 양식을 값없이 먹지 않고 오직 수고하고 애써 주야로 일함은 너희 아무에게도 누를 끼치지 아니하려 함이니" (살후3:8)

- 교회에 누를 끼치지 않으려는 바울의 삶

바울은 자기가 성도들 가운데서 신앙과 삶의 본을 보인 사실에 관한 구체적인 언급을 하고 있다. 주된 것은 비록 사도들이라 할지라도 어느 누구에게도 짐이 되거나 폐를 끼치지 않으려고 애썼다는 것이다. 이는 주로 재정적인 문제와 연관이 있으며 자기도 독립해서 생활을 책임진다는 사실을 말해주고 있다.

그리하여 노력하지 않은 채 값없이 양식을 얻어먹지 않으며 항상 수고하여 노동한다고 말했다. 그는 사도의 직분을 감당하는 중에도 밤낮으로 천막을 제작하는 일을 하면서 자기의 생활을 영위해 왔다는 것이다. 우리가 알고 있는 것처럼 바울은 천막 만드는 기술을 가지고 있었다(행18:1-3). 그 일을 하며 스스로 자기의 생활비를 충당했다.

그가 천막을 제작하는 기술자(tent-maker)였던 것은 오늘날 사람들이 일반적으로 생각하는 천으로 된 천막이나 텐트를 만드는 것과는 차이가 난다. 이는 오히려 이동식 임시거처를 짓는 것에 연관된 것으로 이해하는 것이 자연스럽다. 당시 사람들은 일시적으로 멀리 나가 일을 하며 생활해야 할 경우 임시거처가 필요했다.

오늘날 몽골 사람들이나 카프카즈 등지의 사람들은 양이나 염소 등 동물을 먹이거나 농사를 짓기 위해 수개월 동안 집을 떠나 있게 될 때 일정 기간 임시로 생활할 수 있는 가옥이 필요하게 된다. 따라서 바울이 제작하는 천막이란 몽골 사람들의 주거 처소인 게르(Ger)와 유사한 것으로 생각할 수 있다. 바울은 그 기술을 예루살렘에서 가말리엘의 문하생으로 공부할 때 익힌 것으로 보인다.

"우리에게 권리가 없는 것이 아니요 오직 스스로 너희에게 본을 주어 우리를 본받게 하려 함이니라" (살후3:9)

- 허락된 권리와 자발적 노력

바울은 사도로서 교회로부터 생활을 보장받을 권리가 있다는 사실을 언급했다. 그는 고린도 교회에 보내는 첫 번째 서신에서 그와 연관된 언급을 하고 있다. 군대에서 복무하는 병사가 국가에서 공급하는 양식으로 생활하는 것과 포도를 심는 농부와 양 떼를 기르는 목동이 포도 열매를 먹고 양 떼의 젖을 먹는 것은 지극히 당연하다는 것이다(고전9:7).

모세 율법에 곡식을 밟아 떠는 소에게 망을 씌우지 말고 일하는 소로

하여금 그것을 먹도록 해주라고 기록된 것은 단순히 소를 위한 것에 국한된 것이 아니라고 했다. 그것은 하나님의 복음을 전하는 사역자를 위한 것이라고 말했다. 즉 성전의 일을 위해 수종드는 자들이 성전에서 나는 것을 먹으며 제단을 모시는 이들이 제단과 함께 나누는 것은 지극히 당연하다는 것이다(고전9:9-13).

구약성경 레위기에는 이에 관한 증거가 기록되어 있다. 거기에는 아론 지파 제사장들이 소제의 제물을 자신의 소득으로 삼아 먹을 수 있도록 하고 있다(레6:16-18). 이처럼 사도들을 비롯한 사역자들이 교회 가운데 신령한 복음을 전하여 씨앗을 뿌렸으므로 육신의 생활을 보장받는 것이 당연한 권리라고 했다.

그럼에도 불구하고 사도 바울은 자기에게 허락된 그 권리를 사용하지 않는다고 말했다. 그가 그렇게 언급했던 까닭은 다른 성도들에게 본을 보이기 위해서라고 했다. 이 말은 사도인 자기가 교회와 성도들에게 생활비를 의지하지 않고 육체적 노동을 하는 모습을 보고, 본을 받도록 하기 위해서라는 것이었다.

그렇다면 우리 시대 목사 직분자와 같은 전담 사역자의 생활을 교회가 보장하는 문제를 어떻게 이해할 것인가? 우리 시대에는 특별한 사유가 있지 않다면 교회가 목회자의 생활을 보장해야 하며, 목사가 목회 이외의 일반적인 노동을 하는 것이 자연스럽지 않다. 우리는 사도들이 완벽한 교사였던데 반해, 보편교회 가운데 사역하는 목회자들의 한계와 더불어 그에 관한 이해를 해야만 한다.

바울의 교훈에 의하면, 목회자가 교회로부터 생활을 보장받는 것은 마땅한 권리에 해당하기도 한다. 이는 목사로서 교회의 의사에 따라 교회를 위한 사역에 집중해야 한다는 사실에 연관되어 있다. 물론 이 말은 보편교회의 원리 가운데 하나님의 말씀에 온전히 순종하여 사역해야 한다는 사실을 의미하고 있다. 만일 목사가 일반적인 직업을 가지고 일함으로써 교회의 재정적 지원을 받지 않는다면 교회의 고유한 의사를 벗어나 자기 마음 내키는 대로 목회할 우려가 따르게 된다.

"우리가 너희와 함께 있을 때에도 너희에게 명하기를 누구든지 일하기 싫어하거든 먹지도 말게 하라 하였더니" (살후3:10)

- 게으름에 빠진 죄

바울은 오래전 데살로니가 교회 성도들과 함께 머물 때 내린 명령에 관한 언급을 했다. 그것은 모든 사람이 땀 흘리며 노동해야 하는 문제에 관한 것이었다. 물론 어린 아기와 노약자와 장애가 있는 이웃 등 노동할 수 있는 능력이 없는 자들을 이에 포함하지 않는 것은 자연스럽다. 하지만 노동력이 있음에도 불구하고 일하지 않는다면 하나님의 뜻에 어긋나는 행동이라는 것이다.

세상에 살아가는 모든 인간은 각자 자기에게 맡겨진 임무를 가지고 있다. 우리가 여기서 기억해야 할 바는 노동할 수 없는 연약한 사람들에게도 나름대로 소중한 역할이 존재한다는 사실이다. 그것이 적극적인 행위를 요구하는 것이 아닐지라도 일반적으로 이해할 수 있는 다양한 방법으로 성도들에게 유익을 끼치거나 교훈을 줄 수 있다.

성경 본문에는 노동력이 있으면서 일하기 싫어하는 자들에게는 '먹지 말게 하라'는 명령이 나타난다. 이는 근본적으로 인간은 게으르고 나태한 삶을 살지 말아야 한다는 의미를 내포하고 있다. 우리가 여기서 눈여겨보아야 할 사실은 '먹지 말라'는 것이 아니라 '먹지 말게 하라'고 명한 점이다.[2] 즉 이는 자의가 아니라 타의에 의해서 먹는 것이 제

2) "If anyone will not work, let him not eat"(Ⅱ Thess.3:10, RSV); "not to let anyone have any food if he refused to do any work"(Ⅱ Thess.3:10, Jerusalem Bible); "Whoever does not want to work is not allowed to eat"(Ⅱ Thess.3:10, Today's English Version).

한된다는 의미를 지니고 있다. 이는 공동체적인 것에 연관되어 있다.

일하기 싫어하고 빈둥거리며 놀면서 먹기를 좋아하는 것은 매우 부당한 태도가 아닐 수 없다. 따라서 하나님의 자녀들은 성실하게 일함으로써 자기에게 맡겨진 직무를 감당해야 하며 그것을 통해 자기뿐 아니라 연약한 이웃을 돌아볼 수 있어야 한다. 즉 노동은 자기 자신의 입과 배만을 위한 것이 아니라 이웃을 위한 삶에 연관되어 있다. 이는 성도들을 향한 바울의 단순한 권면이 아니라 명령이라는 사실을 기억해야 한다.

"우리가 들은즉 너희 가운데 규모 없이 행하여 도무지 일하지 아니하고 일만 만드는 자들이 있다 하니" (살후3:11)

- 규모 있는 행동

하나님의 자녀들은 항상 책임 있는 성실한 자세를 유지하며 살아가야 한다. 즉 성도로서 게으르고 규모 없는 행동을 해서는 안 된다. 교회에 속한 자들이 무절제하여 태만한 삶을 살아가는 것은 하나님의 복음에 역행하는 태도에 지나지 않는다. 그런 자들은 땀 흘려 노동하기를 싫어한다.

규모 없이 무책임한 행동을 하는 자들은 항상 아무에게도 유익이 되지 않는 불필요한 문제를 일으키게 된다. 형제들 사이에서 엉뚱한 분란을 조장하게 되는 것이다. 따라서 교회에 속한 성도들이 모든 일에 있어서 여간 조심하지 않으면 하나님의 거룩한 신앙 공동체를 어지럽히는 결과를 가져오게 된다.

본문 가운데 나타나는 '일만 만드는 자들'이란 '남의 일에 부당하게 참견하기를 좋아하는 자들'을 의미하고 있다. 그런 자들은 자기가 하나님 앞에서 올바른 신앙인으로 살아가는 것에 관심을 가지지 않고 다른 이웃에 대해 정당하지 않은 구설수를 만들어내기에 급급하다. 그와 같은 잘못된 분위기가 확장되면 교회를 심각하게 어지럽히게 되는 것이다.

학자들 가운데는 이를 두고, 모든 성도는 자기 일을 성실히 감당해야 하며 개인의 취향에 따라 규모 없이 남의 집을 자주 방문하는 행동을 조심해야 한다고 말하는 이도 있다. 또한 용무가 없는 불필요한 전화를 자주 해서 남에 관한 이야기를 주고받는 행위를 조심해야 한다는 사실을 지적하기도 한다.[3] 자칫 잘못하면 그와 같은 무분별한 행위가 교인들 사이에 편을 만들거나 분란을 일으킬 수 있다는 것이다.

이에 대해서는 모든 교인이 깊은 주의를 기울여야 한다. 성도들간에는 항상 이웃에 대한 좋은 이야기를 나누어야 하며 부정적인 비방을 해서는 안 된다. 혹 잘못된 점이 있다고 판단되면 절차에 따라 당사자에게 직접 그 사실을 말해야 한다. 그리고 성경과 신학에 연관된 문제라면 주변의 교인들과 개인적인 의견을 나눌 것이 아니라 교회가 세운 교사인 목사에게 정당하게 질문하여 그 해답을 얻도록 해야 한다.

"이런 자들에게 우리가 명하고 주 예수 그리스도 안에서 권하기를 종용히 일하여 자기 양식을 먹으라 하노라" (살후3:12)

- 규모 없는 자들을 향한 명령

바울은 규모 없이 행하고 자신의 삶을 책임지지 않는 자들을 향해 엄중한 명령을 내렸다. 그런 자들은 하나님의 교회를 어지럽히는 행동을

3) 김효성, 신약성경 강해, 서울: 옛신앙, (데살로니가후서 3:11), 2013. p.773.

하고 있다. 그의 명령은 하나님으로부터 계시된 말씀이므로 아무도 그것을 거부할 수 없다. 따라서 그는 주 예수 그리스도 안에서 그들에게 권면하고 있음을 말했다.

하나님의 자녀들은 이 세상에 살아가면서 조용히 성실하게 일함으로써 자기의 삶을 스스로 책임질 수 있어야 한다. 그리하여 주변의 다른 사람들에게 손을 벌리지 않고 온당한 삶을 이어가게 된다. 이는 게으른 삶에 빠진 자기로 말미암아 다른 이웃에게 재정적 부담을 지우지 말아야 한다는 사실을 말해주고 있다.

지상 교회에 속한 성도들은 이에 대한 올바른 깨달음과 더불어 실천에 옮겨야 한다. 그리하여 각 성도는 자기에게 맡겨진 일을 성실하게 감당하는 가운데 자기의 삶을 유지해야 할 뿐 아니라 연약한 이웃을 돌아볼 수 있게 된다. 그렇게 함으로써 온 교회가 실질적인 하나의 신앙공동체가 되어 주님의 뜻을 이루어 가게 되는 것이다. 특히 건전한 집단의식이 사라지고 모든 것이 개별화되어 극단적인 이기주의에 빠진 우리 시대에는 이에 대해 더욱 깊은 관심을 기울여 순종해야 한다.

제8장

교회의 보존과 상속을 위한 바울의 기원

(살후3:13-18)

(3:13) 형제들아 너희는 선을 행하다가 낙심치 말라 (14) 누가 이 편지에 한 우리 말을 순종치 아니하거든 그 사람을 지목하여 사귀지 말고 저로 하여금 부끄럽게 하라 (15) 그러나 원수와 같이 생각지 말고 형제 같이 권하라 (16) 평강의 주께서 친히 때마다 일마다 너희에게 평강을 주시기를 원하노라 주는 너희 모든 사람과 함께 하실찌어다 (17) 나 바울은 친필로 문안하노니 이는 편지마다 표적이기로 이렇게 쓰노라 (18) 우리 주 예수 그리스도의 은혜가 너희 무리에게 있을찌어다

"형제들아 너희는 선을 행하다가 낙심치 말라" (살후3:13)

- 끝까지 선을 행하라

하나님의 자녀로서 이 세상을 살아가기는 쉽지 않은 일이다. 그것은 죄에 빠진 세상 사람들과는 본질적으로 다른 가치관을 소유하고 있기 때문이다. 나아가 신실한 성도로서 하나님의 말씀에 따른 참된 삶과 더불어 주님의 교회를 올바르게 세워나가려 할 때 기독교 내부의 배도자들이 가만두지 않을 것이 분명하다.

사도 바울은 데살로니가 교회를 향해 성도들이 선을 행하는 것은 지극히 마땅한 일이라는 사실을 언급하고 있다. 여기서 말하는 선(善)이란 일반 윤리와 도덕적인 삶을 의미하지 않는다. 진정한 선이란 하나님과 예수 그리스도의 말씀에 근거한 것이어야 한다.

모든 사람이 인정하는 일반적인 선을 행한다면 낙심할 경우가 거의 없을 것이라고 해도 과언이 아니다. 본인이 선을 행하는 삶을 살면서 스스로 그에 대한 만족감을 누리면 되기 때문이다. 사람들은 대체로 그와 같은 삶을 최상으로 여기는 경향이 있다.

그에 반해 참된 교회에 속한 성도들은 성경의 증거에 근거하여 하나님의 뜻을 좇아 영원한 생명을 바라보며 살아가야 한다. 그와 같은 삶은 세상에서 엄청난 핍박을 몰고 올 수 있다. 그렇게 되면 낙심하게 될 처지에 놓이게 된다. 따라서 바울은 그와 같은 진정한 선을 행하다가 어떤 고난을 만나게 된다고 할지라도 절대로 낙심하지 말라고 했다,

"누가 이 편지에 한 우리 말을 순종치 아니하거든 그 사람을 지목하여 사귀지 말고 저로 하여금 부끄럽게 하라" (살후3:14)

- 불순종하는 자들에 대한 교회의 입장

바울은 자기가 쓴 편지가 하나님으로부터 계시된 절대 진리라는 사실을 시사하고 있다. 이는 그가 데살로니가 교회에 보낸 두 번의 편지뿐 아니라 갈라디아 교회를 비롯한 모든 교회와 성도들에게 보낸 편지에 동일하게 적용된다. 또한 요한이나 베드로 등 다른 여러 사도가 쓴 모든 편지 역시 동일한 성격을 지니고 있다.

그런데 사도 바울은 지상 교회 가운데 하나님으로부터 계시받아 쓴 진리의 내용에 대하여 순종하지 않는 자들이 있다는 사실을 언급했다. 그런 자들은 하나님의 말씀을 멸시하고 자신의 이성과 경험에 모든 것을 의존하게 된다. 그것은 결국 인간의 욕망을 추구하는 것에 지나지 않는다.

따라서 바울은 그런 사람을 특별히 조심하고 그런 자들과 사귀지 말라는 명령을 했다. 그런 자들은 왜곡된 자기의 주장을 펼칠 뿐 하나님의 말씀에 진정한 관심을 기울이지 않는다. 그러면서도 자기가 매우 훌륭한 신앙인인 양 행세하며 종교적인 언어를 늘어놓으며 어린 교인들을 미혹하게 된다.

그러므로 교회의 직분자들과 성숙한 성도들은 그런 자들이 교회 가운데서 함부로 나서지 못하도록 감독해야 한다. 따라서 바울은 그런 자들로 하여금 오히려 부끄러움을 느끼게 하라는 당부를 하고 있다. 여기서 우리가 주의 깊게 이해해야 할 점은 개인의 주관적인 판단에 따라 그렇게 하라는 의미가 아니라는 사실이다. 즉 그것은 교회 공동체에 맡겨진 일이며 직분에 따른 권위를 통해 그런 자들을 부끄럽게 해야 한다는 사실을 의미하고 있다.

"그러나 원수와 같이 생각지 말고 형제 같이 권하라" (살후3:15)

- 권면에 대한 수용

바울은 하나님의 말씀에 불순종하는 자들을 엄하게 대하되 원수와 같이 생각지 말라고 했다. 오히려 그들을 형제와 같이 여기며 권면하라고 했다. 그런데 그는 다른 편지에서 그런 자들을 사귀지 말고 한자리에 앉아 같이 먹지도 말라고 언급한 적이 있다(고전5:11, 참조). 이는 자기의 죄를 끝까지 뉘우치지 않는 자들에 연관되어 있다.

그러므로 데살로니가 성도들에게 그렇게 말한 것은 하나님 앞에서 범죄한 그 당사자로 하여금 잘못을 깨닫고 돌이키도록 하라는 의미를 담고 있다. 따라서 그와 같은 자들을 무조건 원수같이 여기는 일이 없도록 하라는 당부를 했다. 그 대신 형제에게 하듯이 저의 잘못을 분명히 지적하고 권면하라고 말했다. 그것은 물론 절차에 따라서 그렇게 해야 한다. 예수님께서 복음서 가운데서 말씀하셨듯이 그 과정을 원리로 삼아 그렇게 할 수 있어야 한다.

> "네 형제가 죄를 범하거든 가서 너와 그 사람과만 상대하여 권고하라 만일 들으면 네가 네 형제를 얻은 것이요 만일 듣지 않거든 한 두 사람을 데리고 가서 두 세 증인의 입으로 말마다 증참케 하라 만일 그들의 말도 듣지 않거든 교회에 말하고 교회의 말도 듣지 않거든 이방인과 세리와 같이 여기라 진실로 너희에게 이르노니 무엇이든지 너희가 땅에서 매면 하늘에서도 매일 것이요 무엇이든지 땅에서 풀면 하늘에서도 풀리리라" (마18:15-18)

우리는 매우 깊은 주의를 기울여 이 교훈을 마음에 받아들여야 한다. 만일 교회에 속한 어느 형제가 죄를 범했을 때 그것을 보고도 모른 척

해서는 안 된다. 그것은 그를 위하는 것이 아니라 도리어 해치게 될 것이기 때문이다. 그렇다고 해서 그것을 처음부터 공개적으로 여러 사람에게 떠벌릴 것이 아니라 그 당사자에게 가서 일대일로 조용히 그에 대해 지적을 하며 돌이키도록 도와주어야 한다.

만일 범죄한 당사자가 하나님을 진정으로 경외하는 마음으로 자기의 잘못을 시인하고 그 지적을 수용하면 형제를 얻는 것이 된다. 하지만 그 권면의 말을 듣지 않는다면 한두 사람의 다른 형제들에게 그 실상을 알리고 함께 가서 몇몇 증인이 있는 가운데 돌이키도록 권해야 한다. 만일 그들의 말도 듣지 않는다면 교회에 말해야 한다. 이는 권징 사역을 감당하는 교회의 장로들에게 알려야 한다는 점을 의미하고 있다.

그가 만일 교회에 의해 맡겨진 직분을 수행하는 장로들의 권면을 거부한다면 그를 이방인과 세리와 같이 여기라고 했다. 이는 그가 하나님을 올바르게 알지 못하고 그에 대한 경외감이 없는 자로 간주하라는 것이다. 그로 말미암아 지상 교회의 순결을 유지하게 된다. 그런 자들에게 올바른 권면과 지도를 하는 것은 이 땅에 하나님의 교회를 온전히 세우기 위한 중요한 방편이 된다.

그러므로 예수님께서는 지상에 존재하는 교회가 소유한 참된 권위에 대해 말씀을 하셨다. 교회가 이 땅에서 공적으로 무엇이든지 매면 하늘에서도 매이게 되며 무엇이든지 땅에서 풀면 하늘에서도 풀리게 된다는 것이다. 우리가 여기서 반드시 기억해야 할 점은 그것이 단순한 상징이나 관념적 교훈이 아니라 실제적이라는 사실이다.

그러므로 교회는 정당한 권징 사역을 통해 형제를 잃어버리지 않도록 최선의 노력을 기울여야 한다. 그로 말미암아 형제가 온전한 신앙인의 삶을 회복할 수 있게 된다. 이를 통해 우리가 마음에 새겨야 할 바는 형제들 가운데 발생하는 악한 행위를 무조건 허용하거나 수용해서는 안 된다는 사실이다. 주님을 비롯한 여러 사도가 교회의 순결 유지를 위해 강조한 모든 교훈을 절대로 잊지 말아야 한다.

"평강의 주께서 친히 때마다 일마다 너희에게 평강을 주시기를 원하노라 주는 너희 모든 사람과 함께 하실찌어다" (살후3:16)

- 교회에 존재하는 참된 평강(peace)

이 세상에 살아가는 성도들에게는 처한 환경에 상관없이 항상 진정한 평강 곧 평화가 존재한다. 이는 하나님을 알지 못하는 자들에게는 그와 같은 참된 평강이 존재하지 않는다는 사실을 말해주고 있다. 인간들은 끊임없이 평안한 상태를 유지하고자 원하지만, 가변적인 현상의 상태가 존재할 뿐 영원한 평강은 허락되지 않는다.

하나님의 자녀들은 이에 관한 올바른 깨달음을 가져야 한다. 진정한 평강은 오직 하나님으로 말미암는다는 사실을 이해하는 것은 매우 중요하다. 그것은 순간순간 변하는 인간들의 심성에 근거하는 것이 아니라 영원한 하나님 나라와 연관되어 있다.

그러므로 지상 교회에 속한 성도들에게는 하나님으로부터 허락되는 평강이 절대적으로 소중한 역할을 하게 된다. 그것은 심한 환난과 고통 가운데 처해 있을 때도 진정한 평강을 소유하여 누릴 수 있음을 의미하기 때문이다. 요한복음에는 예수님께서 제자들을 향해 말씀하신 그 내용이 기록되어 있다.

> "평안을 너희에게 끼치노니 곧 나의 평안을 너희에게 주노라 내가 너희에게 주는 것은 세상이 주는 것 같지 아니하니라 너희는 마음에 근심도 말고 두려워하지도 말라" (요14:27)

예수님께서는 제자들에게 평안(peace)을 제공하신다는 사실을 언급하셨다. 그것은 전적인 '주님의 평안'으로서 타락한 이 세상에서는 생성될 수 없다. 즉 참된 평안은 사람들이 일반적으로 소유할 수 있는 것과 근본적인 성질이 다르다. 따라서 교회를 어지럽히는 사탄의 세력이 성도들로부터 그 평안을 빼앗지 못한다.

따라서 하나님의 자녀들인 우리는 예수님께서 하신 이 말씀을 온전히 받아들여야 한다. 지상 교회에 속한 성도들에게 필요한 것은 타락한 이 세상의 만족과 평강이 아니라 하늘의 참된 평강이다. 그와 같은 온전한 신앙을 소유할 때 하나님의 백성들은 마음에 근심할 필요도 없고 두려워할 까닭도 없게 된다. 여호와 하나님이 자기 자녀들을 위한 절대적인 보호자가 되신다는 사실을 잘 알고 있기 때문이다.

"나 바울은 친필로 문안하노니 이는 편지마다 표적이기로 이렇게 쓰노라"
(살후3:17)

- 계시를 받는 한 방편

바울은 서신의 마무리 단계에서 친필(親筆)로 데살로니가 교회 성도들에게 문안한다는 사실을 언급하고 있다. 이 말 가운데는 서신을 계시받아 기록하면서 바울이 구술로 전달한 내용을 다른 사람이 받아 기록하게 되었다는 사실을 의미한다. 아마도 그것을 기록한 사람은 실루아노와 디모데 둘 가운데 하나 혹은 두 사람이었을 가능성이 크다. 만일 두 사람이 기록했다면 번갈아 가며 받아적었을 것이다.

그리고 바울은 '편지마다 표적이기로 이렇게 쓴다'라는 점을 말하고 있다. 이에 대한 다른 번역본을 보면 자기가 친필로 쓴 것은 편지에 서명하는 표가 된다는 사실에 연관지어 언급했다.[4] 즉 자기가 친필로

4) 한글 표준새번역 성경에는 이 말씀이 다음과 같이 번역되어 있다: "나 바울이 친필로 문안합니다. 이것이 모든 편지에 서명하는 표요, 내가 편지를 쓰는 방식입니다"(살후3:17).

마무리함으로써 그것이 자기가 계시받은 편지라는 사실을 확인하는 의미를 지니고 있다는 것이다. 또한 그렇게 하는 것이 자기가 편지를 계시받아 쓴 방식이라는 것이다.

우리가 여기서 반드시 기억해야 할 바는 그가 문안을 전하며 친필로 쓴 글 자체도 하나님의 계시적 성격을 지니고 있다는 사실이다. 구약시대와 신약시대에 하나님의 말씀을 계시받아 기록한 방식은 다양한 형태를 띠고 있다. 어떤 경우에는 하나님으로부터 계시받은 내용을 한 사람이 한 자리에 앉아 기록한 경우가 있다.

또 다른 어떤 경우에는 한 사람이 여러 차례 여러 자리에서 하나님의 계시를 받아 기록한 것을 한 권으로 모으기도 했다. 또한 한 사람이 계시받은 내용을 다른 사람이 대필하여 받아 기록한 경우도 있다. 이처럼 하나님께서는 다양한 환경 가운데서 여러 믿음의 사람들을 통해 다양한 방식으로 자신의 뜻을 전달하셨다.

우리는 이를 통해 하나님께서는 자신의 말씀을 계시하면서 인간들에게 얽매이는 분이 아니라는 사실을 알게 된다. 하나의 단일한 방법이 아니라 다양한 방식을 동원하심으로써 전체적인 의미를 드러내 보여주셨다. 분명한 사실은 어떤 경우라 할지라도 하나님으로부터 계시된 말씀이 하나님께서 친히 택하여 특별한 직무를 맡긴 성도들에 의해 그 소중한 일이 진행되었다는 사실이다.

"우리 주 예수 그리스도의 은혜가 너희 무리에게 있을찌어다" (살후3:18)

- 교회 가운데 존재하는 주 예수 그리스도의 은혜

지상에 존재하는 교회가 온전한 모습을 유지하는 것은 인간들에게 달린 것이 아니다. 교회는 끊임없이 변천하는 역사의 소용돌이 가운데 존재하게 되며, 비록 동일한 시대라 할지라도 각 지역의 특성에 따라 다양한 모습을 보일 수밖에 없다. 그러다 보니 이 세상에 대처하는 방식에 상당한 차이가 난다.

외적으로 심한 박해가 있는 시대와 지역에 살아가는 성도들은 그에 따라 적절한 대처를 해야 하며 그렇지 않고 평온한 여건 가운데 살고 있는 자들은 나름대로 그에 잘 대응해야 한다. 그리고 경제적으로 풍요로운 주변 환경을 누리는 교회가 있는가 하면 살아가기 힘든 교회들도 많이 있을 수 있다.

우리는 물론 정치적인 박해를 받는 시대와 지역 교회가, 그렇지 않은 교회보다 낫다고 말하기 어렵다. 또한 풍요롭고 부유한 지역의 교회가 가난하고 열악한 배경 가운데 있는 교회보다 낫다고 할 수 없다. 중요한 사실은 제각각 자기가 처한 상황 가운데서 온전한 믿음으로 살아가야 한다는 점이다.

이는 지상 교회에 본질적으로 존재해야 하는 것은 '주 예수 그리스도의 은혜'라는 사실을 말해주고 있다. 이미 하나님의 은혜로 말미암아 영원한 구원에 참여한 성도들로서 그리스도의 은혜를 통해 세상의 박해를 극복하며 참된 평강을 누릴 수 있게 된다. 하나님의 은혜가 없이는 참된 교회를 유지하거나 상속해 갈 수 없는 것이다.

육체적인 핍박을 당하는 환경 가운데 처한 교회와 성도들은 그 고통을 감당해야만 한다. 한편 육신적으로 풍요롭고 평온한 시대적 환경에 처해 있는 교회는 세상의 외형적이며 물질적인 것에 빠져들 우려가 있다. 어쩌면 세상의 유혹이 가득한 그 환경을 이겨내는 것이 더 어려울 수 있다. 따라서 전체적으로 맞추어보면 전자나 후자나 그들이 겪는 어려움과 극복해야 할 과제는 마찬가지라 할 수 있다.

그러므로 악한 세상의 모든 유혹을 이겨내고 그것을 극복하기 위해서는 하나님의 은혜가 절대로 필요하다. 그로 말미암아 세상을 능히 이겨낼 수 있으며 하나님의 나라에 속한 성도로서 영원한 기쁨을 소유하게 되는 것이다. 지상 교회에 속해 살아가는 모든 성도는 이에 대한 분명한 깨달음을 가지는 것이 중요하다.

그러므로 사도 바울은 데살로니가 교회를 향해 주 예수 그리스도의 은혜가 교회의 무리 가운데 있기를 기원하며 그의 서신을 마무리하고 있다. 그 기원은 특정한 교회를 위한 기원에 그치는 것이 아니라 세상에 존재하는 모든 교회들에게 공히 해당한다. 따라서 오늘날 우리 시대의 참 교회들 가운데도 하나님의 은혜가 항상 존재하고 있다. 만일 그 은혜가 존재하지 않는 기독교적 종교집단이라면 참된 교회라 말할 수 없다.

성구색인

데살로니가전서

데살로니가후서